尽善尽美  弗求弗迪

精益质量管理

方法、工具与推行指南

中国制造专精特新管理升级丛书

占必考 著

电子工业出版社
Publishing House of Electronics Industry
北京·BEIJING

内 容 简 介

本书阐述了基于顾客需求的全过程质量管理的理念、方法、工具和最佳实践。

在全员参与质量经营的时代背景下，制造企业需要将顾客需求转化为产品特性，并在上下游建立稳定可控的质量管控体系，最终生产出达到顾客期望的产品。基于这样的前提，本书从全员质量经营、顾客需求管理、设计质量管理、来料质量管理、过程质量控制、成品质量管理、质量成本管理、质量可靠性管理、质量改进管理和质量教育与培训这十个方面进行了全面、精细、严谨的分析。选用真实数据，采用图表、质量统计与改进工具、权威案例全面剖析，让读者深入了解精益质量管理的内涵，提升质量管理认知水平，走出常见的质量管理误区。此外，通过参照本书，读者可以快速掌握质量管理的方法和工具，并用于实践之中。

本书适合制造企业的高层决策者、质量管理者、质量变革人员、质量管理咨询顾问等阅读使用。

未经许可，不得以任何方式复制或抄袭本书之部分或全部内容。
版权所有，侵权必究。

图书在版编目（CIP）数据

精益质量管理：方法、工具与推行指南 / 占必考著. —北京：电子工业出版社，2022.7
（中国制造专精特新管理升级丛书）
ISBN 978-7-121-43454-9

Ⅰ. ①精… Ⅱ. ①占… Ⅲ. ①制造工业－精益生产－工业企业管理－生产管理－研究－中国 Ⅳ. ① F426.4

中国版本图书馆 CIP 数据核字（2022）第 080674 号

责任编辑：杨 雯
印　　刷：三河市鑫金马印装有限公司
装　　订：三河市鑫金马印装有限公司
出版发行：电子工业出版社
　　　　　北京市海淀区万寿路 173 信箱　邮编：100036
开　　本：720×1000　1/16　印张：18.75　字数：315 千字
版　　次：2022 年 7 月第 1 版
印　　次：2022 年 7 月第 1 次印刷
定　　价：79.00 元

凡所购买电子工业出版社图书有缺损问题，请向购买书店调换。若书店售缺，请与本社发行部联系，联系及邮购电话：（010）88254888，88258888。

质量投诉请发邮件至 zlts@phei.com.cn，盗版侵权举报请发邮件至 dbqq@phei.com.cn。
本书咨询联系方式：（010）57565890，meidipub@phei.com.cn。

"专精特新"从精细管理入手

刘九如

习近平总书记2021年7月主持中共中央政治局会议分析研究当前经济形势、部署下半年经济工作时,提出要"发展专精特新中小企业"。由此,工业和信息化部发布规划,明确"十四五"期间,将重点培育孵化带动百万家创新型中小企业、培育10万家省级专精特新企业、1万家专精特新"小巨人"企业。

所谓专精特新"小巨人",是指专业化、精细化、特色化、新颖化的中小企业,是既专注于制造业各领域细分市场,又在质量、品牌、技术、创新和市场占有率方面有突出表现,真正做到质量创新能力强、市场占有率高、掌握关键核心技术、质量效益优的行业"排头兵"。因此,经济效益好、专注细分专业领域、具备较强的创新能力和优秀的企业管理是专精特新"小巨人"推荐评选的基本条件。截至2021年7月底,工业和信息化部评选发布了三批专精特新"小巨人"企业,共计4762家。

中国是制造大国,制造业由大变强,是新阶段制造业高质量发展的主要任务。目前,我国制造业原创产品少、高端产品少,专利产品少,在工业软件、航空发动机、芯片、农业机械等方面与先进国家差距较大,在传感器、实验精密设备、高压柱塞泵、高端电容电阻、高端轴承钢、精密抛光等专业制造领域仍被部分国外产品垄断。化解这些难题,不能仅靠大企业和科研机构,也不能靠规模化或举国体制,有效的解决办法,就是在量大面广的中小制造业企业中培育专精特新"小巨人"企业。

　　培育专精特新，首要的就是鼓励创新。创新是专精特新的灵魂，是其最鲜明的特色。我国经济发展到今天，科技创新既是发展问题，更是生存问题。工业和信息化部的相关统计数据显示，现有专精特新"小巨人"企业平均研发强度为6.4%，平均拥有发明专利近12项。这些企业长期深耕细分市场，创新实力强、市场占有率高、掌握核心技术，处于产业链供应链的关键环节，对补链强链、解决"卡脖子"难题等具有重要支撑作用。

　　此外，培育专精特新"小巨人"要从精细管理入手。精细精益化运营和数字化管理既是创新的基本前提，也是"小巨人"脱颖而出的关键。建立精细化管理思维，帮助企业在经营管理中建立精细高效的制度、流程和体系，实现生产精细化、管理精细化、服务精细化，真正向专精特新迈进，需要企业自身建立标准，树立标杆，不断强化质量基础，提高资源利用效率，化解管理粗放问题；同时也需要借鉴众多成功企业的经验，对标自身短板，持续改进提升。

　　"中国制造专精特新管理升级丛书"集合了华为、三星、海尔、三一重工、富士康等知名企业中高管的管理经验，遵循制造企业转型升级的成长逻辑，从"夯实基础管理—推进精益管理—走向智能制造"三个阶段，多层面、多维度地解构了制造企业转型升级的关键要点，为专精特新"小巨人"的培育提供了良好参照。

　　第一阶段，夯实基础管理。围绕工作现场生产要素的有效管理、质量控制和管理、"五星"班组建设等基础管理问题，精心策划实操性强、实效性高的研究课题，帮助企业系统掌握做好现场管理、质量管理、班组建设的方法和工具，夯实制造企业转型升级的基石。

　　第二阶段，推进精益管理。围绕打造理性组织，将精益理念、改善理念与流程和管理体系建设方法、工具等有机融合在一起，帮助企业快速习得精益管理、组织理性建设的具体实践方法，以之作为制造企业转型升级的系统保障。

　　第三阶段，走向智能制造。围绕推进信息技术与制造技术深度融合，强化供应链管理能力，持续普及供应链管理和精益智能制造的前沿理念与先进方法，引导企业加快构建智能制造发展生态，全面实现高质量发展。

推荐序

  本套丛书即将出版的《6S 精益管理》《精益质量管理》《全员精益文化》《激发一线活力》《流程赋能》《智能制造落地》《精益采购与供应商管理》等书籍，涵盖了制造企业管理的方方面面，对于培育专精特新"小巨人"、助力制造企业转型升级有重要的指导作用，其中的思想智慧、方式方法，值得广大制造企业经营者、管理者深度学习与借鉴。（本序作者系电子工业出版社有限公司总编辑兼华信研究院院长、工业和信息化部电子科技委产业政策组副组长）

前言

当下全球化产业链竞争越发激烈，企业一方面要努力占据高精尖的技术高地，向制造业的两端延伸，另一方面还必须做好全要素的精益管理，在效率竞争和质量竞争上保持优势，才能让企业立于不败之地。

质量管理是一项系统工程，质量责任也不仅限于制造部门，而应由整个企业来承担，企业内所有部门都对质量结果负有责任。基于此，越来越多的企业实施全企业范围内的质量管理，让企业每个员工都做到全身心地投入质量改善和质量保障工作中。

笔者有多年的质量管理经历，以及对诸多企业的管理咨询服务经验，对于企业如何推动全员和全过程的质量管理，有着一些深刻的思考，笔者总结了以下几点。

一是全员质量经营如何定义和实施。常见的就是引入标杆企业的先进管理理念和方法，但实际上，最后都不了了之，尤其是到了执行层面。显然这种质量管理理念没有融入企业的战略之中。这需要企业高层在考虑企业战略的时候就确定企业的质量方针是什么，它与企业战略的关系如何，又怎样发挥作用等。

二是顾客需求如何转化。一些企业在产品设计中对质量要求非常高，最后发现量产十分困难，因为自身的制造能力远未达到产品设计所要求的。实际上这就是一种质量浪费，企业管理层和研发部门在设计产品时没有平衡好内外部顾客的需求。

三是来料 100% 良品率如何保证。有人认为只要生产就会产生不良品，100% 的良品率是不可能的。这种想法源自"质量是检验出来的"的质量观念，认为可控范围内的损失是可以接受的。而在全过程质量管理中强调将顾客放在首位，不接受不良，不制造不良，不流出不良。要做到这些，除了需要技术能力上的提升，还需要我们在思想意识上有着根本性的转变。

四是质量统计与改进如何进行。过程控制、抽样、标准化以及质量改进等都离不开质量统计。笔者发现大多数企业都能够熟练使用各类统计工具，但最大的问题是数据的来源，例如返修记录、质量履历、质量数据记录等，很多企业没有或不完善，这就导致数据统计不真实，更重要的是企业无法利用这些数据完成工艺、质量等方面的改进。这是企业亟需改善的地方。

当然，构建先进质量文化也是企业需要重点关注的方面。企业是产品和服务的提供者，也是承载质量文化的主体。通过质量文化建设提高经营管理者和生产者质量意识和质量素养，可以帮助企业建立更加完善的质量管理体系与更加高效的质量管理模式，推动全面质量管理上新台阶。

带着这些思考笔者在本书中从全员质量经营、顾客需求管理、设计质量管理、来料质量管理、过程质量控制、成品质量管理、质量成本管理、质量可靠性管理、质量改进管理和质量教育与培训这十个方面出发，选用权威案例和真实数据，通过统计工具应用和图表诠释等呈现形式，深入浅出地为读者解读了精益质量管理的方法和工具，致力于帮助读者提升质量管理能力和管理实践水平。

笔者一直致力于提供质量管理建设与改善、组织流程优化、供应链优化和制造效率提升等方面的咨询服务。多年的咨询服务经历，使笔者积累了大量的质量管理的成功案例，包括为三星电子、海尔、OPPO、新北洋、中国建材、威胜集团等企业提供的管理改善咨询服务。这也是笔者能够撰写本书的基础，希望能够将自己多年的管理经验与大家分享，并对大家的工作有所帮助。本书的出版，还得到了企业界朋友以及众多咨询行业伙伴的帮助，他们提供的资料以及提出的优化意见，都让本书增色不少。在此，一并表示感谢！

因笔者水平有限，书中难免存在疏漏错误之处。如果您发现书中有不足之处，还请提出宝贵的意见和建议。

占必考

目录

第1章 全员质量经营

1.1 质量的内涵 2

1.1.1 质量的定义 2

1.1.2 质量管理的演变 3

1.1.3 质量管理的价值 8

1.2 质量经营理念 9

1.2.1 全流程质量管理 9

1.2.2 全生命周期质量管理 11

1.2.3 以顾客为中心的质量经营 13

1.3 全员质量责任 15

1.3.1 质量组织结构 16

1.3.2 质量组织成员职责 19

1.3.3 强化全员质量责任 21

1.4 质量行动标准 24

1.4.1 形成系统的评价标准 24

1.4.2 建立多维的动态评价规则 26

1.4.3 完善数字化的评价平台 30

第 2 章
顾客需求管理

2.1 顾客的定义 36

2.1.1 外部顾客识别 36

2.1.2 内部顾客识别 39

2.2 顾客需求共识 40

2.2.1 顾客需求作用 40

2.2.2 产品质量需求 41

2.2.3 服务质量需求 44

2.2.4 顾客需求共识 46

2.3 顾客信息收集 47

2.3.1 电话与网络 47

2.3.2 焦点小组讨论 48

2.3.3 问卷调查 50

2.4 质量竞争策略 55

2.4.1 洞察竞品质量水平 55

2.4.2 对标先进,弥补差距 56

2.4.3 构建质量竞争优势 58

第 3 章
设计质量管理

3.1 研发质量验证 62
3.1.1 设计流程细分 62
3.1.2 工艺与质量标准 65
3.1.3 质量功能展开 72

3.2 质量标准统一 78
3.2.1 质量与效率的平衡 78
3.2.2 研发部门与内部顾客达成共识 80
3.2.3 形成可量产质量标准 83

3.3 质量源头改善 85
3.3.1 质量责任划分 86
3.3.2 设计是质量的源头 88
3.3.3 合理推进设计变更 90

3.4 质量履历管理 94
3.4.1 记录产品质量履历 94
3.4.2 质量问题的管理与规避 95
3.4.3 用质量履历推动零件标准化 98

第 4 章
来料质量管理

4.1 供应商质量对标 100
4.1.1 掌握供应商工艺 100
4.1.2 质量标准前移 105
4.1.3 供应商质量培训 107

4.2 供应商重点工程监督 108
4.2.1 供应商重点工程确定 108
4.2.2 重点工程标准化 110
4.2.3 供应商质量督导 113

4.3 来料质量风险预防 117
4.3.1 重点物料管理 117
4.3.2 质量问题处理机制 120
4.3.3 对供应商定期检查 122

4.4 来料质量检验管理 123
4.4.1 来料检验内容 123
4.4.2 来料检验流程 124
4.4.3 来料检验过程控制 126

第 5 章
过程质量控制

5.1 质量控制点 130
5.1.1 质量控制点的定义 130
5.1.2 质量控制点设置 131
5.1.3 质量控制点管理 133

5.2 制程检验 135
5.2.1 制程检验内容 135
5.2.2 制程检验流程 135
5.2.3 制程检验过程控制 136

5.3 标准化管理 140
5.3.1 标准化的定义 141
5.3.2 标准化与质量 143

5.3.3 标准化体系的建立 145
5.3.4 标准化成功的要点 147

5.4 过程能力评估 148

5.4.1 过程能力的定义 148
5.4.2 过程能力分析流程 150
5.4.3 过程能力计算 151
5.4.4 计量值控制图 156
5.4.5 计数值控制图 159
5.4.6 控制图的应用 160

5.5 返修与质量记录 163

5.5.1 异常分析 164
5.5.2 改善对策实施 165
5.5.3 重点关注事项 167

第 6 章 成品质量管理

6.1 成品检验 170

6.1.1 成品检验范畴 170
6.1.2 成品检验流程 170
6.1.3 成品检验过程控制 171

6.2 第三方检查 172

6.2.1 第三方检查接待 173
6.2.2 对检查标准与第三方达成共识 173
6.2.3 配合第三方完成质量检查 174

6.3 不合格品控制 175

6.3.1 不合格品范畴 175

6.3.2　不合格品处理流程　176

6.3.3　不合格品过程控制程序　177

6.4　顾客投诉信息利用　179

6.4.1　信息收集与分类　179

6.4.2　问题宣导与培训　183

6.4.3　新检查计划编写　184

第 7 章　质量成本管理

7.1　质量成本概念　188

7.1.1　质量成本定义　188

7.1.2　质量成本分类　188

7.2　质量成本分析　191

7.2.1　质量成本特性分析　191

7.2.2　质量成本优化分析　192

7.2.3　质量成本趋势分析　193

7.3　质量成本控制　193

7.3.1　质量成本控制原则　194

7.3.2　质量成本控制流程　194

7.3.3　质量成本预测和计划　196

7.3.4　质量成本科目设置与核算　198

7.3.5　质量成本报告　202

7.4　错误纠正和预防　205

7.4.1　工作实施范围　205

7.4.2　各部门责任划分　206

7.4.3　纠正措施实施程序　207

7.4.4　预防措施实施程序　209

第 8 章 质量可靠性管理

8.1 可靠性的内涵 212
8.1.1 可靠性的定义 212
8.1.2 产品的预期价值梳理 213
8.1.3 保障产品安全与品牌价值 214

8.2 可靠性目标设定 215
8.2.1 规划关键检测点 215
8.2.2 检测标准设计 216
8.2.3 达到可靠性国家标准 218

8.3 可靠性设计方法 221
8.3.1 假设极端条件 221
8.3.2 研发检测设备和测试方法 222
8.3.3 模拟体验场景 225

8.4 产品潜在故障分析 226
8.4.1 失效模式与效应分析 226
8.4.2 失效模式与效应分析的实施 229
8.4.3 进行破坏性验证 231

第 9 章 质量改进管理

9.1 质量改进概述 234
9.1.1 质量改进定义 234
9.1.2 质量改进的理论支持 235
9.1.3 质量改进活动的原则 237

9.2 重点工程识别 237

9.2.1 工艺复查 238

9.2.2 全工程数据收集点优化 239

9.2.3 识别重点工程 242

9.3 验证问题与分析问题 245

9.3.1 验证问题 245

9.3.2 分析问题 246

9.3.3 输出问题报告 251

9.4 问题改善活动 251

9.4.1 选定课题 252

9.4.2 成立课题组 254

9.4.3 改善实施与验证 257

9.5 标准化与扩展应用 260

9.5.1 形成流程与规范 260

9.5.2 标准宣贯和应用示范 261

9.5.3 横向纵向扩展应用 262

第 10 章 质量教育与培训

10.1 质量培训体系 264

10.1.1 质量培训组织 264

10.1.2 质量培训责任 265

10.1.3 质量培训方式 266

10.2 质量培训计划 267

10.2.1 年度培训计划 267

10.2.2 临时专项培训计划 268

10.2.3　复合型人才培训计划　269

10.3　质量培训实施　269

10.3.1　培训需求调查　270
10.3.2　培训设计和策划　271
10.3.3　培训的执行　273
10.3.4　培训效果评价　275

附录 A　精益质量管理工具和表单明细　278

参考文献　279

第1章
全员质量经营

大质量管理体系需要介入公司的思想建设、哲学建设、管理理论建设等方面,形成华为的质量文化。

——华为公司创始人 任正非

1.1 质量的内涵

制造业领域的不同时期人们对质量的定义也不同,这反映了人们对追求高质量的重视与思索。

1.1.1 质量的定义

质量是什么,好的质量又是什么,不同的人和制造企业考虑的维度是不同的。朱兰认为质量是指产品在使用上的适合性;克劳士比认为是指与要求条件的一致性;ISO9000 对质量的定义是一组固有特性满足要求的程度。

传统的质量定义强调规格的符合性,现在则是指产品质量要满足或超过顾客期望。以顾客需求为导向的质量内涵如图 1-1 所示。

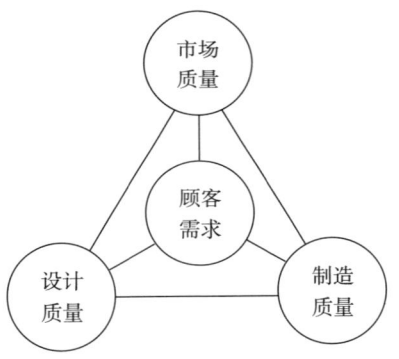

图 1-1 以顾客需求为导向的质量内涵

在此观念下,市场质量、设计质量和制造质量相辅相成,缺一不可,构成了新的质量定义。

(1)市场质量。指顾客要求的质量,即经过调查,具有某种水平的产品会畅销,这种水平决定了市场质量。

(2)设计质量。在掌握消费者的要求基础上,能够预测到制造工程能力,并达到所要求的质量。

(3)制造质量。以设计质量为目标在工厂实际生产过程中制造的质量。

在新的质量定义下,顾客使用其制品时能够达到顾客的要求,企业能够制造出满足顾客需求的产品。以顾客为导向的质量管理如图 1-2 所示。

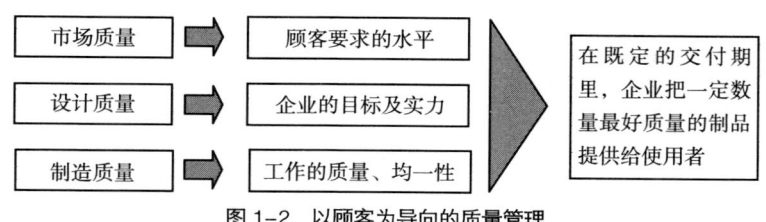

图 1-2 以顾客为导向的质量管理

过去产品一旦制造出来都可以售出，现在只能制造能够销售出去的产品。不顾及消费者，缺乏标准化管理的产品只能被淘汰。

1.1.2 质量管理的演变

早在手工生产时期，"质量"这一名词就已经产生。随着社会的发展，人们对质量管理的认识也发生着改变，并赋予它新的内涵。质量管理发展阶段如图 1-3 所示。

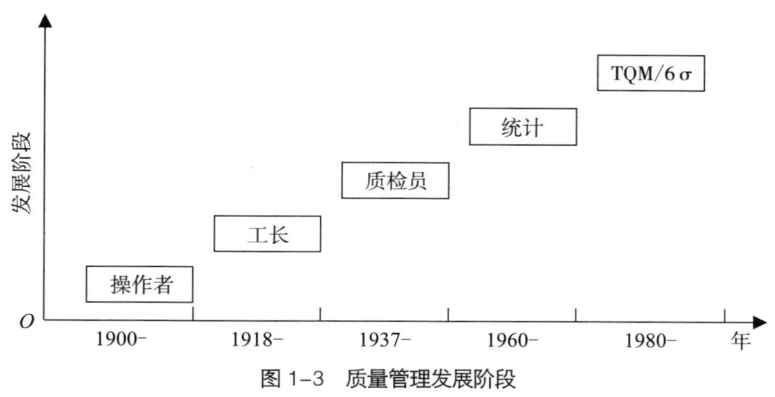

图 1-3 质量管理发展阶段

从图 1-3 中我们可以清晰地看到质量管理的各发展阶段，从最早的操作者自己进行质量管理到现在的全面质量管理（TQM），经历了五个阶段的演变，时间跨越了近百年。

1. 操作者质量管理阶段

19 世纪末以前的质量管理大多由操作者自行完成，如在手工作坊中，手工艺人自产自销，他们既是生产者也是检验者，在制造过程中依据个人经验判断手工艺品的质量。这些随着工业革命的到来，逐渐被标准化生产所取代。

2. 工长质量管理阶段

20世纪初，被誉为科学管理之父的F.W.泰勒提出了一套新的生产理念，将计划职能与执行职能相分离。这促使产品的质量检验从加工制造中分离出来，表现为质量管理的职能由操作者转移给工长，由工长负责质量管理。

3. 质检员质量管理阶段

随着产品的技术标准、公差制度日趋完善，各种检验工具和检验技术也不断发展，专门的检验部门和人员出现了。他们的出现给质量管理带来了极大的提高，越来越多的产品缺陷被检测出来，阻止了这些产品向市场投放。

这一时期强调品质是检验出来的，质量检验（Quality Inspection，QI）观点认为质量是质检人员的责任。常见技法包括标准化、量测方法、抽样技巧、检查表等。

美国贝尔公司成为最早的质量检验管理的先驱，20世纪20年代，它在其西方电气公司设立了质检部支持贝尔的运营。

质检部门虽然改善了质量管理，但另一方面，现场的生产人员不再肩负质量责任，导致工人和管理者漠视质量，认为质量是质检部门的事情，造成了"质量是检验出来的"的印象，这极大地损害了产品的制造质量。

4. 统计质量控制阶段

1924年，任职于西方电子公司（Western Electric Co.）的休华特（Shewhart）发明了统计过程控制（Statistical Process Control，SPC）以持续监控制造质量。在第二次世界大战期间，美国军队为了保证军用采购物资符合标准，例如士兵的服装，开始采用统计抽样程序。这间接促进了企业普遍采用统计抽样方法进行质量控制，统计质量控制超越了检验的范畴，它可以在过程中就能识别和解决引起产品缺陷的问题，而不是事后检验。统计质量控制阶段质量观说明如表1-1所示。

在一定程度上统计质量控制局限于制造和检验部门，忽视了辅助部门对质量的影响，如采购、运输部门等，使质量成本问题得不到完全控制。

表1-1 统计质量控制阶段质量观说明

质量观	理　念	策　略	重　点	常见技术
质量保证（Quality Assurance, QA）	质量是设计出来的	源流导向（设计）	产品品质	可靠性工程 试验计划/田口方法 产品企划 品保体系 质量信息系统等
质量控制（Quality Control, QC）	质量是制造出来的	过程导向（制程）	产品品质	管制图 QC工程（4M1E） QC七手法 防错（Fool-proof）

5. 全面质量控制

从上面几个阶段可以看出，原有的质量管理随着新事物的发展及自身弊端的显露，不断催生出新的理念及方法。

到了20世纪五六十年代，一方面，生产力得到了前所未有的发展，科学技术日新月异，火箭、宇宙飞船、人造卫星等精密、复杂的产品相继出现，使用者（政府、企业、大众）对产品的可靠性、安全性、经济性等要求越来越高；另一方面，随着经济危机的出现和市场竞争的加剧，消费者选购产品更加谨慎，不再仅仅看重产品的单一质量，他们更注重从整体价值（综合考虑质量、服务、价格、需求）角度考虑。这要求企业运用"系统工程"的概念，把"质量管理"作为一个有机整体进行综合分析和研究，实施全员、全过程、全企业的质量管理。

1961年美国通用电气公司质量经理费根堡姆在他的著作《全面质量控制》（*Total Quality Control*）中指出：质量是企业全体人员的责任，应该使企业全体人员都具有质量意识和承担质量的责任。这是最早明确提出全面质量管理的理论。

显而易见，费根堡姆主张整个组织的人员都要参与到质量管理及改进中来，这是全面质量管理的最重要体现。费根堡姆的质量改进要点如表1-2所示。

费根堡姆提出的全面质量管理理论，还处于理论阶段，更注重质量控制。真正将全面质量管理发扬光大的是日本。

表 1-2　费根堡姆的质量改进要点

费根堡姆"质量改进"的 19 个要点		
1. 将全面质量控制定义为一个改进系统	6. 期望质量	13. 质量成本是一种衡量质量控制活动的方法
2. 全企业对全面质量控制的承诺要比生产线上的改进重要	7. 人影响质量	14. 组织质量控制
	8. 全面质量控制可用于所有产品和服务	15. 管理者是质量控制者
3. 控制是一个四步骤的管理工具	9. 质量是对全生命周期的考虑	16. 致力于持续改善的承诺
	10. 控制过程	17. 使用统计工具
4. 质量控制需要对无协调性活动进行整合	11. 全面质量体系涉及企业整个运营结构	18. 不盲目相信自动化
5. 质量创造利润	12. 质量包含运营和财务收益	19. 从源头控制质量

6. PDCA 质量改进

20 世纪 60 年代，费根堡姆提出的全面质量管理理论，逐渐被各国接受，并在此过程中得到了进一步的发展。

"日本制造"在第二次世界大战后被公认为质量低劣的代名词。为了扭转这一局面，日本各大公司开始寻求质量改进的方法。这时它们选择了戴明博士，他是世界公认的质量管理大师，其思想对当时的日本产生了深远的影响。戴明博士始终强调"持续不断地改进"，并开发了一套改进系统，即 PDCA：P（Plan）——计划，D（Do）——执行，C（Check）——检查，A（Action）——行动（或处理）。一个 PDCA 循环结束后，再进入下一个 PDCA 循环，周而复始。

PDCA 循环适用于任何一项活动，不论是一个大的过程（生产），还是一个小的过程（不良品的改善）。除了 PDCA，戴明 14 点管理方法也阐述了全面质量管理的思想。戴明 14 点管理方法如表 1-3 所示。

表 1-3　戴明 14 点管理方法

戴明 14 点管理方法	
1. 建立坚定和正确的目标	8. 驱除恐惧，勇于质疑
2. 采纳新的哲学（质量观念）	9. 打破部门之间的壁垒
3. 停止依靠大批量的检验来达到质量标准	10. 取消口号
4. 废除"价低者得"的采购准则	11. 取消计数目标
5. 持续生产及服务	12. 消除妨碍员工工作的因素
6. 建立现代的岗位培训方法	13. 制订教育及培训计划
7. 提升领导能力	14. 让所有员工参加

戴明博士的这两个理论体系为全面质量管理的发展和实践做出了极大的贡献。其质量管理思想均体现出了全面质量管理理念。当然朱兰的质量三部曲也为全面质量管理做出了重要贡献。在这些全面质量管理理论的指导下，日本企业开创了一个质量管理的新时代。

7.TQC 集大成阶段

20 世纪 70 年代，TQC 使日本企业的竞争力得到了极大的提高，诸如轿车、家用电器、手表、电子产品等占领了国际市场大量份额。日本企业的成功，使全面质量管理在世界范围内产生了巨大影响，促使各国开始重视全面质量管理。美国在感慨日本制造的品质之时，派遣大量人员前往日本学习质量管理，最后发现，日本的这些理论都来自美国。至此，美国掀起了轰轰烈烈的全面质量管理热潮，如设立马尔科姆·鲍德里奇奖，规范和奖励对质量有贡献的企业。

20 世纪七八十年代，各种质量管理理念以及质量管理工具不断涌现，尤其是日本质量管理学家对全面质量管理的理论和方法的发展做出了巨大贡献，为全面质量管理提供了丰富的内涵。质量管理的贡献者如表 1-4 所示。

表 1-4　质量管理的贡献者

贡献者	贡　献	意　义
北大西洋公约组织	制定质量管理系列标准	引入了设计质量控制的要求
石川馨	撰写《质量控制》（*Quality Control*）	全员参与质量改进 提出质量控制七种基础工具
田口玄一	创立田口法	产品稳健性设计
菲利浦·克劳比	提出"零缺陷"的概念	高质量将给企业带来高的经济回报
英国制定了国家质量管理标准 BS5750	将履行军方合同中使用的质量保证方法引入市场环境	标志着质量保证标准对整个工业界产生影响

对质量管理的贡献者远不只是表中这些，正是他们的努力使全面质量管理越来越全面和规范。这一时期产生的管理方法和技术还包括准时制（JIT）、看板（Kanban）、持续改善（Kaizen）、质量功能展开（QFD）、新七种工具（关联图法、KJ 法、系统图、矩阵图、矩阵数据分析法、PDPC 法以及箭条图），后面有详细介绍。

20世纪80年代，质量运动在许多国家展开，不仅被引入生产企业，而且还被引入服务业。许多企业高层开始关注质量管理，全面质量管理作为一种战略管理模式进入企业。

8. 全面质量管理

20世纪80年代后期，全面质量管理得到了进一步的扩展和深化，最明显的标志就是1987年ISO9000系列国际质量管理标准问世。企业质量管理也逐渐由早期的全面质量控制（Total Quality Contrl，TQC）演化成全面质量管理（Total Quality Management，TQM），其含义远远超出了一般意义上的质量管理。

20世纪90年代，全面质量管理成为许多企业获得核心竞争力的管理战略。质量的概念也从狭义的"符合规范"转变为以"顾客满意"为目标，成为一种综合的、全面的经营管理方式和理念。

直至今日，全面质量管理仍在不断发展，我们不能在此确切地指出它的最终阶段是什么。朱兰博士提出："即将到来的世纪是质量的世纪。"我们应不断探索和充实全面质量管理理念和方法。

随着时代的发展，质量管理的方法愈发丰富，除了我们前面提到的全面质量管理，还有20世纪90年代出现的新的质量改进工具六西格玛（6σ）。

1.1.3 质量管理的价值

质量管理对企业运营有着深远而积极的影响，最好的例子就是日本，通过全面质量管理，日本企业得到了更多的"实惠"。

美国质量管理专家J.M.朱兰博士估计，1962—1972年，日本企业通过质量控制（QC）小组活动得到合理化建议约500万项，大概可为企业增加250亿美元的收益，比日本1955年的国内生产总值（GDP）还要多。我们从这一点可以看到实施质量管理的巨大效益。全面质量管理的作用如表1-5所示。

毋庸置疑，如果实施得当，质量管理能够帮助企业在激烈的竞争中获取极大的竞争优势。

在了解质量管理发展的同时，我们需要注意的是后一个阶段质量管理理念的兴起，并不意味着上一个阶段的理念就此消亡，它们往往会融入下一个阶

第1章　全员质量经营

段，不断充实质量管理内涵。

表1-5　全面质量管理的作用

全面质量管理的作用	
1. 顾客满意度、忠诚度提升	9. 员工质量意识增强
2. 产品生命周期延长	10. 企业对员工的承诺得到实现
3. 产品质量缺陷减少	11. 销售及售后服务得到改善
4. 产品设计得到改善	12. 产品市场的接受程度提高
5. 生产过程流畅	13. 质量成本降低
6. 各部门配合协调	14. 经营亏损减少
7. 员工的士气高涨	15. 责任事故减少
8. 员工技能提高	16. 改善成为常态

1.2　质量经营理念

质量经营理念源于TQM，在一定程度上是TQM的延续。20世纪90年代，在全球化浪潮下，跨国企业不断涌现，顾客需求发生了前所未有的转变。强调以顾客为导向的TQM被赋予了新的内涵，于是以顾客为中心的全流程质量管理的质量经营理念顺势而起。

1.2.1　全流程质量管理

许多日本企业接受全面质量控制（TQC）这一理念，并在实践中，提出了更为广泛的"公司范围的质量控制"（Companywide Quality Control），将全面质量管理的概念广泛应用于整个管理领域。具体体现在以下四个方面：

（1）质量前伸到顾客需求、产品设计，不只限于生产阶段。

（2）生产部门及其他辅助部门（采购、仓储、行政、销售）都要关注产品和服务质量，而非只有质量部门重视。

（3）质量从顾客需求和顾客期望从发，前者设计顾客满意的产品，后者满足顾客持续购买的愿望。

（4）下一个工序是上一个工序的顾客。

1. 全面质量管理的定义

1992年，美国首次提出了"全面质量"（Total Quality）的概念，它被描述为：

全面质量是高层战略的组成部分，它以人为中心，在不断降低成本的基础上提升顾客满意度。其活动包含了组织所有职能部门和员工，无论职位高低，并囊括了顾客（市场）及供应链。全面质量强调持续改进和学习，以获得成功。

全面质量的执行在于注重其理念——强调个人尊严和共同行动的力量，在此基础上运用系统、方法、工具。

这个定义是由多人联袂提出的，他们有企业 CEO、著名学院院长和咨询专家。今天，关于全面质量管理较权威的定义，是 ISO 8402—1994《质量管理和质量保证——词汇》中的定义。

全面质量管理（TQM）：组织以质量为中心，以全员参与为基础的管理方法。其目的是通过使顾客满意、使组织的所有成员及社会受益而达到长期成功。

在 TQC 基础上，全面质量管理的含义有了更多的延伸。

2. 全流程管理的实现

随着自身质量管理的发展及来自对日本竞争的担忧，美国企业开始认识到质量管理不仅局限于生产过程。1987 年，美国设立鲍德里奇奖，质量管理开始进入经营改革的中心。鲍德里奇奖评估模型如图 1-4 所示。

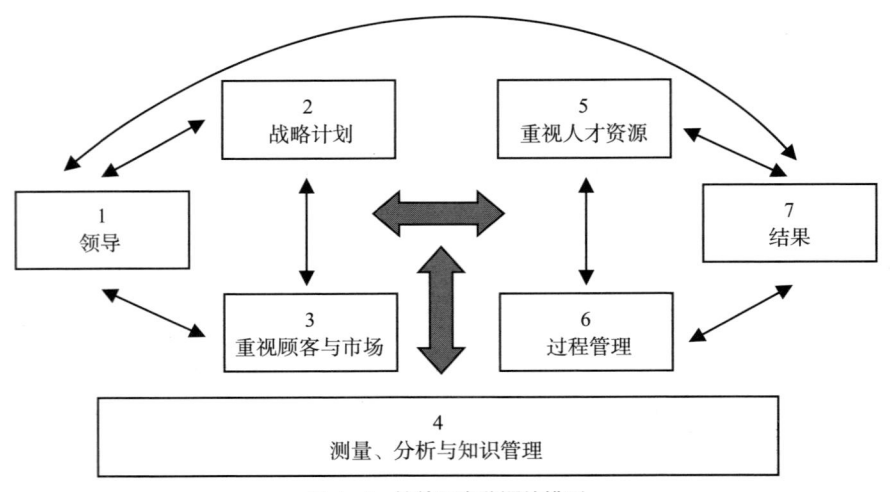

图 1-4　鲍德里奇奖评估模型

鲍德里奇奖涵盖了从产品决策到结果的各个阶段的评价，形成了标准化的评价准则，极大地推动了将全面质量管理原则纳入组织的日常管理文化中。

1.2.2 全生命周期质量管理

产品全生命周期质量管理是指把产品的质量管理与缺陷预防贯穿产品的整个生命周期，构建一个以产品一体化质量管理系统为主线的全生命周期质量管理模式。

该模式通过全生命周期质量管理系统的运行来实现，涵盖了产品从设计到使用完成的整个生命周期，主要包括新产品设计、来料质量管理、生产质量管理、物流分销管理、顾客服务管理、产品回收六个阶段。产品全生命周期质量管理模式如图 1-5 所示。

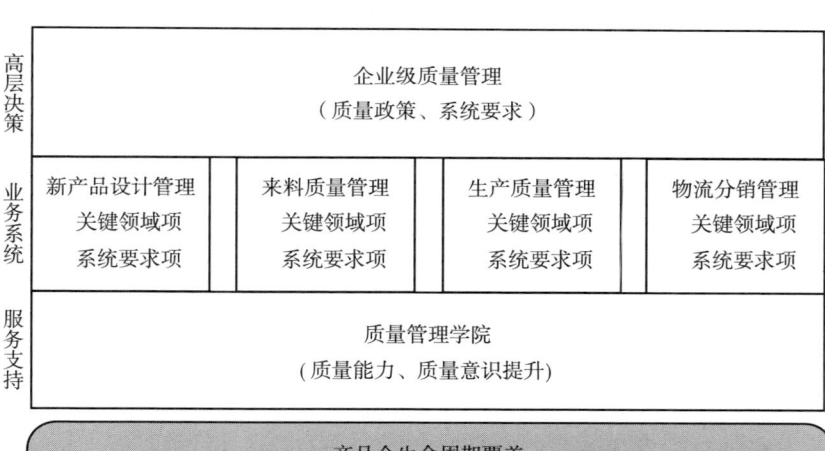

图 1-5 产品全生命周期质量管理模式

产品全生命周期质量管理围绕企业全流程质量管理系统，综合了 ISO、TQM、SSOP、计算机信息系统等多种质量管理系统及理论、方法和工具，确保产品设计、来料质量控制、生产制造、物流分销、市场销售、环境管理、质量绩效等满足市场质量、设计质量和制造质量要求。其主要包括八个系统。

1. 企业级质量管理系统

从企业层面制定质量政策与各关键质量领域。其中质量政策是各业务子系统制定系统要求的纲领性文件。

2. 新产品设计管理系统

在新产品开发过程中将产品的质量功能、安全性以及法律法规符合性、顾客需求放在首位。新产品开发的各个阶段都设定新产品的成功标准并验证确认，评审通过后上市，以确保新产品全过程质量可控。

3. 来料质量管理系统

保证来料质量安全，做好供应商的准入和退出，做好来料的验收、禁/限用物质监测，严格把控供应商质量考核、检查评审，强化对供应商工艺的管理。针对核心供应商实施质量管理前移，确保来料质量稳定。

4. 生产质量管理系统

保证产品在生产制造阶段的质量安全，同时实现在制品、成品的零缺陷管理。在一般情况下，生产过程产品质量控制由质量管理部门和各生产单位质量管理科室来管理组织。前者制定质量保证方案及日常质量预防措施，后者对生产过程中在制品质量关键控制点实施监控。

5. 物流分销管理系统

针对产品储存、搬运、装卸、运输制定详细的制度和规范，建立完整的物流分销质量管理体系。必要时设立专职质量经理，保证产品在物流环节的质量安全。

6. 顾客服务管理系统

注重顾客服务，制定完善的顾客投诉与服务流程。从最初的被动接受、处理投诉，变为主动开展产品质量调查，走访核心经销商，建立邮件、电话等多种反馈渠道，以主动获取产品的质量信息，进而在新产品的设计中进行重点改善与提升。在市场终端提升服务质量，维护产品市场质量。

7. 产品回收系统

随着人们的环保意识不断提升，以及各国际组织和国家对环境管理的要求日趋严格，企业在产品设计之初就要考虑产品的可回收性，同时建立产品及零部件回收系统。

8. **质量管理学院**

通过质量管理学院开展培训，提升质量管理技能。该平台不仅面向质量管理部门和质量管理人员，而且对其他部门的管理者和核心骨干也开放。质量培训可以提升全员质量意识、改进企业质量绩效，为产品全生命周期质量管理提供支持。

产品全生命周期质量管理模式具有系统管理、质量过程管理、标准化管理、风险管理、预防管理和质量持续改进六大特点。在该模式下各环节环环相扣，互相支撑和控制。在内部，自上而下地推广质量文化，形成全员参与的质量管理氛围；在外部，与合作伙伴结成利益共同体，全方位保证产品质量。

1.2.3 以顾客为中心的质量经营

质量经营要求企业须以顾客为出发点，展开各项活动。顾客在购买过程中享受到的服务、产品功能将成为购买产品的动力。过去产品一旦制造出来都可以售出，现在只能制造能够销售出去的产品。

1. **不顾及消费者的产品只能被淘汰**

20 世纪 70 年，美国通用公司进行了一个调查——关于产品线上员工对质量的认知程度。

调查小组选择了两条相同的产品线。第一条产品线没有强调顾客要求，第二条产品线则不断强调顾客要求。调查结果表明，第一条产品线生产的产品遭到了顾客（外部消费者、内部顾客）的批评；而第二条产品线的产品则得到了较高的评价。

调查显示，第一条产品线由于缺少对顾客要求的关注度，在质量方面，将公差小作为规范，即不合格率低意味着质量优秀。

第二条产品线则通过顾客需求调查，将顾客的要求融入产品特性之中，获得了顾客较高的满意度。

调查表明，单纯关注产品的生产过程是对质量的一种误解，即使检验符合规范，但在其他方面，如美观度、舒适度不能得到顾客的认可，那么产品的质量也应视作不合格。

2. 顾客满意是质量经营的主要要素

质量经营就是通过满足顾客而创造利润，促使企业长期发展。施乐公司认为推行顾客至上可以为企业带来三个好处：获得更大财务成果，提高员工的满意度，保持持续的竞争优势。顾客满意度与质量满足关系模型如图 1-6 所示。

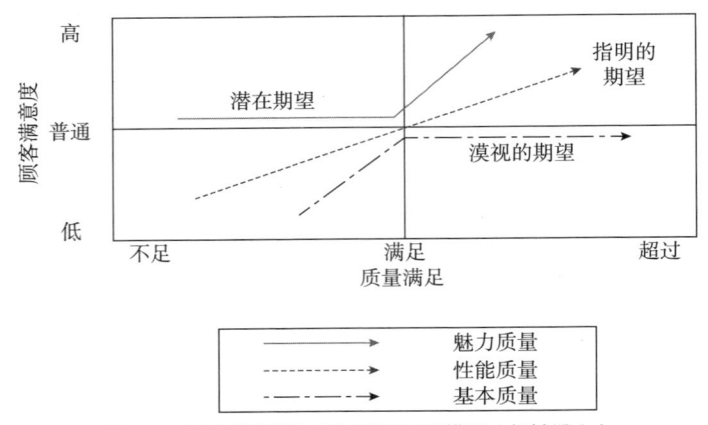

图 1-6　顾客满意度与质量满足关系模型（加纳博士）

顾客对产品质量体验度越高，满意度就越高，忠诚度也越高。满足顾客需求要做到以下几个方面：

（1）收集顾客与市场信息。

（2）了解顾客满意度，改善顾客关系（听取不满，进行顾客满意度调查）。

（3）站在顾客的立场设计并制造产品。

（4）设计让顾客感到欣喜的产品。

（5）快速应对市场及顾客需求的变化。

（6）能够预测顾客尚未表述出来的需求。

（7）不断开发强化顾客关系的新方法。

（8）整备销售、服务体系，认真实行售前售后服务。

3. 越早满足顾客，质量损失越低

企业在生产、经营过程中发生的质量问题会导致内、外部损失。田口玄一

博士把这种损失分成有形损失和无形损失。有形损失是指由于内部返工、修理、运输、报废等产生的成本；无形损失是指由于顾客不满意而发生的潜在销售损失，例如失去顾客，丧失信誉等。

质量经营要求企业经营各个环节要有顾客意识，满足顾客。三星公司提出了顾客满足"1:10:100"法则，如图1-7所示。

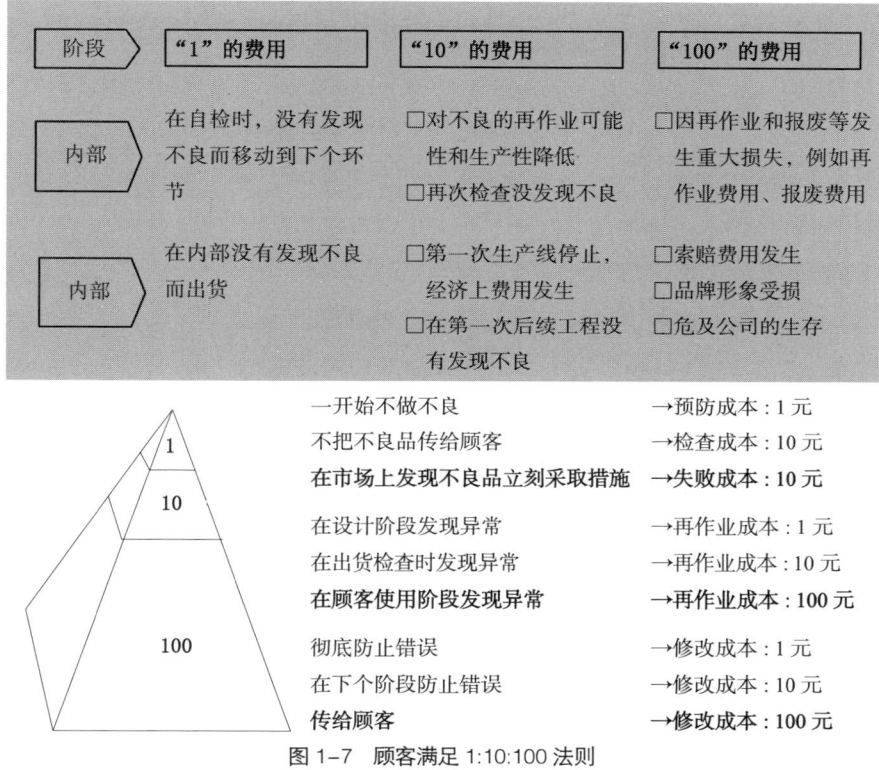

图1-7　顾客满足1:10:100法则

该法则反映了质量损失由1到100递增的过程。质量经营中将顾客放在首位，不接受不良、不制造不良、不流出不良，就不会发生无法承受的质量损失。

以顾客为中心的全流程、全生命周期管理是质量经营的关键内涵。

1.3　全员质量责任

随着工业形态的不断发展，质量责任不再局限于某个特定的职能领域。企业清醒地认识到全员参与质量管理能够输出性能稳定的产品，同时提升顾客满意度。

1.3.1 质量组织结构

全面质量管理具有全员参与、全过程循环改善的特点，也就是说质量组织包含了所有的职能机构、人员。TQM 质量组织与传统质量组织的区别如表 1-6 所示。

表 1-6 TQM 质量组织与传统质量组织的区别

比较项	TQM 质量组织	传统质量组织
组织	扁平化	垂直化
联络	协调沟通	行政命令
运行	灵活、主动	等待命令、被动
决策	底层员工参与进来	中、高层参与
激励	多样化，以作业活动为主	固定考核
部门界线	模糊、重叠	壁垒森严
职能	大质量	小质量

企业的组织结构也由金字塔状转变为水平的网络结构，质量管理架构对外，尤其是面向顾客、投资者和其他利益相关者时透明度最大。

1. 以职能型结构设计质量组织

常见的企业质量组织结构如图 1-8 所示。

在图 1-8 中，QA 表示质量保证（Quality Assurance）。

2. 质量委员会

质量委员会的主要职责是协调、督导、提供支持和消除阻力，它是一个虚拟的组织形态，不列于企业正式职能机构中，它的存在是各职能部门的质量职能体现。质量委员会结构如图 1-9 所示。

质量委员会的组织结构和职能应在质量文件中有明确的说明，但不作为质量评审内容。

第1章 全员质量经营

图 1-8 企业质量组织结构

图 1-9 质量委员会结构

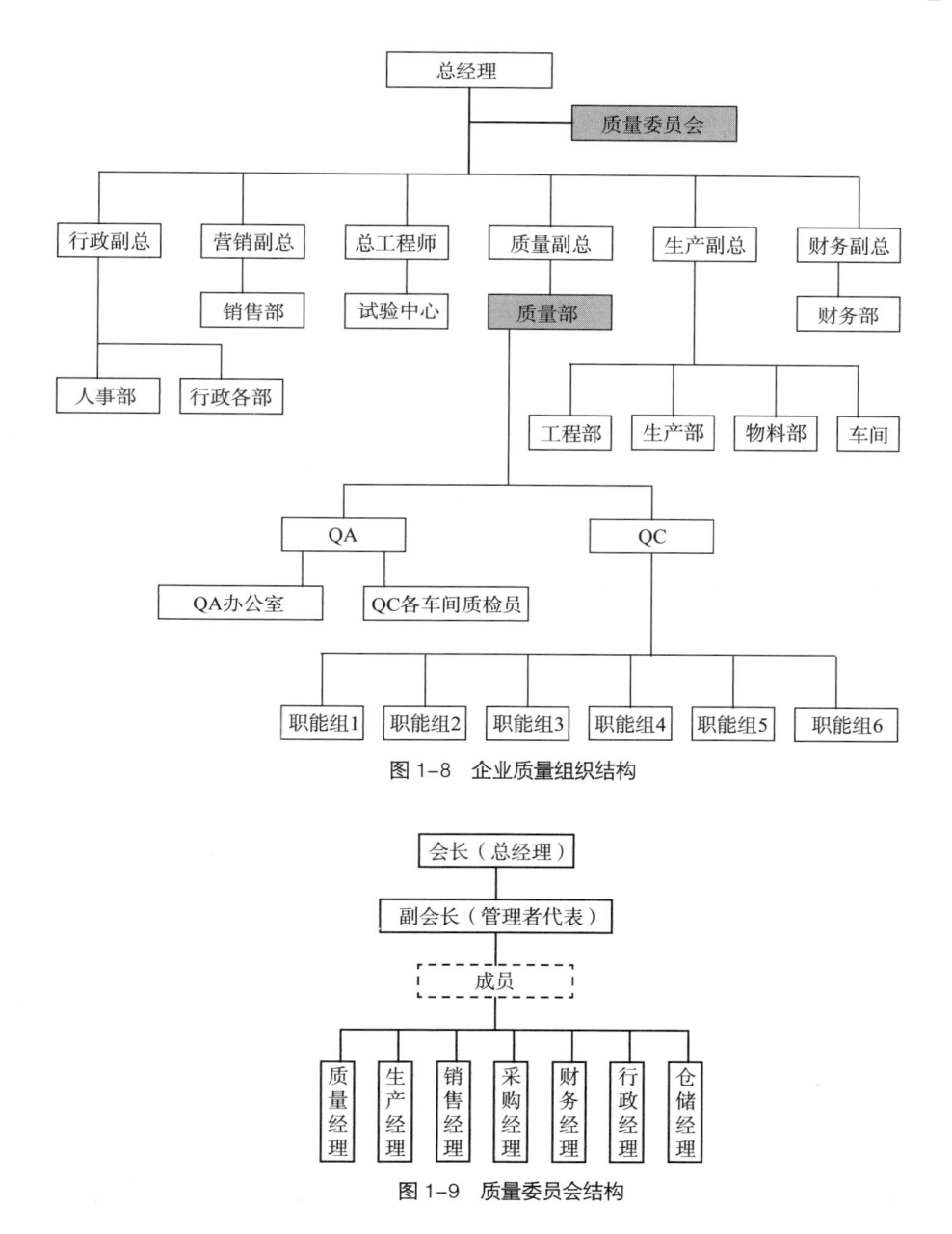

3. 质量部

质量部可按照产品线、工作事项等，分为矩阵式质量部组织结构、单一型质量部组织结构、多产品线的质量部组织结构、单一工厂多产品的质量部组织结构，以及多科室的质量部组织结构类型。全员参与的质量组织结构偏向于矩阵式组织结构。

矩阵式质量部组织结构是在质量管理控制点的基础之上，再增加一种横向的质量管理职能（专项产品工程师或针对特定顾客的跟单员），实现专人负责产品质量的集成化管理。矩阵式质量部组织结构如图1-10所示。

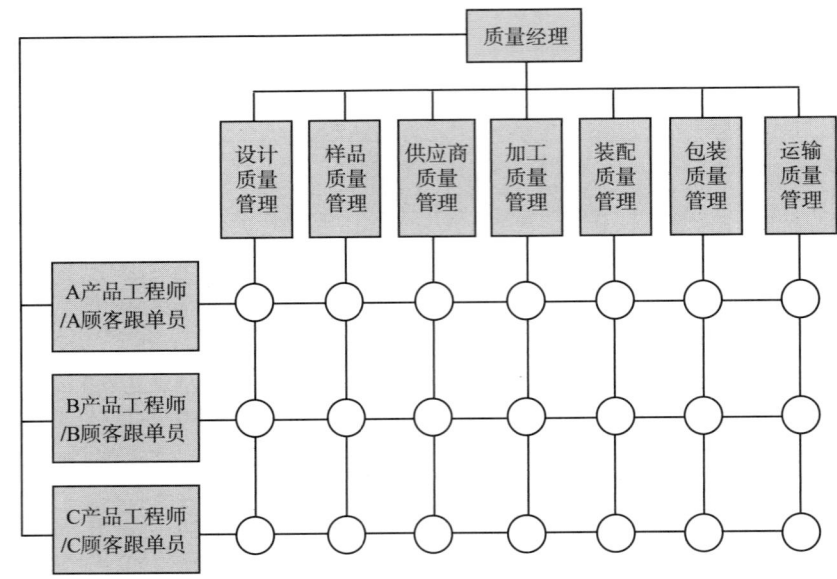

图1-10 矩阵式质量部组织结构

矩阵式质量部组织结构受到众多跨部门协作以及集成式外协作业的生产企业青睐。企业在设计质量部门时，考虑是否推行矩阵式质量管理，需要依据以下三个条件加以判断：

（1）拥有多条产品线（多顾客）的大中等规模企业，其频繁的外部变化和部门之间的高度依存要求无论在纵向还是横向上都要进行大量的协调与信息处理。

（2）需要在不同产品之间共同灵活地使用质量人员和检验设备，达到降低使用质量人员的费用以及减少重复购买昂贵的检验设备的目的。

（3）需要对每个单一产品进行集成式质量控制，避免多流程或多控制点的分割式质量管理模式弱化对整体质量的一体化控制。

实行矩阵式质量组织结构的难点有三个：纵向质量管理人员职责交叉，提高了工作难度；对横向质量工程师的工作技能和协调能力要求较高；横向质量工程师与纵向质量管理人员容易产生权限冲突。

1.3.2 质量组织成员职责

明确质量组织成员所担负的质量职责，能够保障质量组织有效运作。

1. 制造部门职责

制造部门负责产品的生产，同时也承担着比其他部门更大的质量责任，以生产出满足顾客质量要求的产品。制造部门的主要职责如表1-7所示。

表1-7 制造部门的主要职责

职　责	说　明
生产计划拟订	依据订单拟订生产计划，确保准时交付
过程能力稳定	负责与统计人员一起监控生产过程的稳定性，发现波动及时调整
工序质量监控	负责确定有效的工序质量控制点，以保证过程可控
工序流程设计	负责协同研发部设计科学合理的工序流程，保证产品质量符合设计规范
产品试制、工艺验证	负责协同研发部、质量部进行生产质量文件的编制、新产品的试生产和工艺验证，以保证所使用文件的正确、完整、统一
工艺检查	负责对各车间工艺规程、工艺纪律和标准文件执行情况进行监督检查，使整个生产处于受控状态
工序时间管理	负责做好产品工序工时标准和劳动定额的管理
生产调度	定期组织生产调度会议，调度和核实生产计划安排的执行情况，解决生产过程中的难点问题
设备、工装管理	负责做好设备的维护、保养、点检，生产设备、检验设备、工装工具、计量器具等处于完好和受控状态
设备改造	做好现有设备的改造更新工作，不断提高企业技术装备的现代化水平，降低质量成本
供应商管理	参与外加工供应商的评审、管理
员工培训	采取各种方法培训数量足够的设备管理与维修人员，提高设备管理人员的技术水平与质量意识

2. 质量部门职责

合理的质量组织职责设计对全面质量管理有着重要的作用，因此企业必须围绕质量职责的有效性进行设计。质量部门的主要职责如表1-8所示。

表 1-8 质量部门的主要职责

职责	说明
对质量管理部门的组织管理	设计质量管理部的组织结构，建立质量管理工作团队并明确各岗位的职责
拟定质量管理制度	制定企业质量管理方针，确定质量管理的目标，拟定质量控制、质量检验标准等管理制度
制订质量管理计划	按照年、季度和月，编制质量管理计划，把工作计划落实到具体执行人员，并组织实施、协调、检查和考核。质量管理计划包括质量策划、质量计划与控制计划等内容
管理质量检验设备	控制检验测量和试验设备，定期检定计量仪器设备，确保产品质量满足规定要求
管理质量信息	搜集和掌握国内外先进的质量管理经验，向企业员工传递质量信息
配合制订质量管理教育培训计划	协助人力资源部制订全员质量管理的教育培训计划，并配合培训工作的开展
建设全面质量管理体系	建设和完善质量管理体系，组织企业内部管理体系的策划、实施、监督和评审
管理供应商质量	参与供应商开发、评审、辅导、管控等

3. 其他部门职责

其他部门包括研发部、采购部、工程部、市场部、销售部等。各部门的主要职责如表 1-9 所示。

表 1-9 各部门的主要职责

部门	市场部	研发部	采购部	工程部	生产部	质量部	仓储部	销售部
顾客需求调查	●	●			○	○		△
开发、设计	●	●	○	●	●	●	○	○
产品标准确定		●		●		●		
工艺标准确定		●		●		●		
采购、供应商控制	●	●	●	●	●	●	●	●
工序控制		●		○				
检验					○	●		
测试		○	○		●	●		
交付			●		○	○		●
顾客满意度调查	●					○		
质量体系设计与执行	●	●	●	●	●	●	●	●
说明	●主要执行者；○辅助参与；△提供资源支持							

企业可以参考责任矩阵，依据实际经营情况确定这些部门的质量职责。

4. 外协厂质量职责

质量组织是否要把诸如供应商之类的外部顾客纳入管理，有待进一步探讨，这涉及更为复杂的沟通、成本等。不过就全面质量管理的过程而言，将他们纳入进来是必要的。

组织的广义定义指出，组织是指由诸多要素按照一定方式相互联系起来的系统。这意味着，组织并不仅仅局限于企业内部。

例如，三星电子与供应商建立了密切合作的关系，甚至持有核心零部件供应商部分股份。三星电子帮助供应商解决问题，提供技术、管理标准、流程指导，甚至将管理理念渗透到供应商中。

毫无疑问，三星电子与供应商之间是一种控制、协作、合作的关系，这恰恰也是组织的表现形式。将供应商纳入质量组织体系，具有以下优势：

（1）稳定原材料供货渠道。
（2）稳定原材料质量，准时交货。
（3）稳定产品质量。
（4）质量成本可控。
（5）能持续改善。

将外协厂商、零售商、代理商纳入质量组织也是可行的。除了采用常规手段，如技术援助、管理交流、关系维护、考核，还可采用强有力的手段，即控制，如控股（可以相互持股）、设置标准（规格）、提供专利等。

1.3.3 强化全员质量责任

为了有效地促进质量经营，企业要号召所有部门的所有人都参加相关的质量工作，分阶段推动全面质量管理。

1. 第一阶段：表明高层管理人员对于质量经营的强硬意志

在整个质量组织成员中，高层管理人员所扮演的角色至关重要，他们关系到全面质量管理能否顺利实施。

李健熙在执掌三星后居安思危，通过一系列铁腕手段迫使整个三星的管理层克服自满情绪，改变惯性思维，把品质作为企业发展的根本保证。

1993年，李健熙会长率领三星的高层领导团队，到国外的主要市场考察，发现三星的产品无人问津。这一次考察对公司经营团队的触动非常大，他们开始反思：公司必须进行改革，改变以前重数量、轻质量的思想。为了在艰难的环境下实现公司的生存与发展，李健熙会长喊出了"除了老婆和孩子，一切都要变"的口号，拉开了三星"新经营运动"的序幕。

三星的质量革新由李健熙会长主导，从集团战略到经营意识，全面推行质量第一的管理策略。从2000年起，三星花费数亿美元，培养质量专家和寻找适合公司的质量管理策略，并引进六西格玛管理理念，培养了数千名"黑带"，然后让他们到各个工厂组织制订质量改善计划。

因为对质量的重视，对质量成本的革新管理，在2008年金融危机时，三星凭借其高质量的产品一改大众对三星的印象，三星多个产业在全球名列前茅。三星取得的成功，很大程度上得益于三星掌门人李健熙的创新改革和铁腕手段，这使得三星从一家韩国的本土企业成长为全球性的一流企业。

三星集团的高层认识到质量的重要性，制定了一系列策略，实施质量控制计划，并有效地保证了质量计划的全面推广和实施。数年的六西格玛专家培养计划，数千名的"黑带"培育，也是高层支持的表现。通常高层管理人员在质量组织中的作用表现为以下五个方面：

（1）高层管理人员参与，意味着可以制定与企业战略相一致的质量战略。

（2）从全局的角度把握全面质量管理，避免多头领导或偏离目标。

（3）作为质量管理组织的一员，从高层内部改善一些问题。

（4）为全员参与质量管理提供支持，如资源配置和协调、质量培训、政策调控、奖惩体系建立。

（5）主导全面质量管理的过程改善。

高层管理人员每年至少要花费10%的时间在质量管理活动上。

2. 第二阶段：明示质量方针和全员的行动指南并集结所有力量

质量方针是由组织的最高管理者正式发布的该组织的总的质量宗旨和方向。质量管理委员会应让企业上下全面理解质量方针。

质量方针是企业开展全面质量管理活动的总的宗旨和方向，也体现了企业对顾客的质量承诺。对于员工来说，质量方针可以从整体提升全员质量意识，在工作中贯彻质量方针的要求。为了使质量方针得到贯彻落实，必须做好宣传、落实、检测、评审和改进五个环节的工作。

（1）宣传。制定的质量方针要让所有员工都了解和接受。

（2）落实。在质量方针基础上，制定质量目标，建立质量管理体系，评审质量管理体系是否适宜、充分和有效。

（3）检测。质量管理者要定期对质量方针的实施和落实情况进行检测。检测内容包括对顾客和其他相关方满意程度的测量，对产品质量的测量等。必要时，质量管理者可通过考试、现场提问等方式对员工进行考核。

（4）评审。质量方针的制定要求明确指出质量方针应在持续的适宜性方面得到评审（评审依据其ISO9001质量管理体系）。

（5）改进。质量方针的评审是持续性的，以保证质量方针的适宜性。要关注在评审活动或其他活动中存在的问题，如存在问题，最高管理者应及时对质量方针进行必要的修正和改进。

3. 第三阶段：实行整体检查（问题点的发现和改善课题的设定）

质量管理委员会或质量部门发起质量改善活动前应确定质量改善方向。问题点应基于现场诊断、质量过程审核、质量统计分析、客诉信息统计等来确定，确保问题是真实存在的。问题点确定之后，质量管理委员会和质量部门设定相应的改善课题，例如现场精益化改善、抽样技术改善等。质量部门负责实施，质量管理委员会负责提供支持。跨流程改善需要成立专门的项目管理委员会，例如精益5S管理、顾客关系管理改善等。

4. 第四阶段：全员参加经营课题和体系改善课题

质量管理委员会通过提案改善制度、QC小组活动、5S管理、4M1等活动促进全员参加经营课题和体系改善课题。

提案改善是最简单有效的全员参与的形式。它鼓励员工提交建议，管理层进行评估和实施改善，目的是降低成本、提高质量。

在三星集团，员工每年会向公司提出数百万条建议，平均每名员工贡献60条，其中约有85%的建议被管理者采纳。

这对于三星集团而言是一笔巨大的财富，这些建议不仅改善了问题，提高了组织效率，更重要的是提案改善成为一种良性循环，在这个过程中还形成了"分任组"——由一线成立的改善组织，它们不断地进行改善活动，驱动三星的组织绩效持续提升。这些质量改善活动有很多节约了数千万美元的成本，规避了多次风险。

三星集团每年还组织分享大会，由各个地区组织发表工厂的提案成果，最后每个地区的几支代表团队，到韩国总部进行交流，最终评选出改善效果最好的几支队伍，给予奖励。

1.4 质量行动标准

质量行动标准是指质量经营活动中实现质量目标需要的评价标准或准则。常见的质量行动标准有质量过程审核（Quality Process Audit，QPA）、环境质量体系审核（Environmental Quality System Audit，EQSA）、供应商质量保证体系（Supplier Quality Assurance System，SQAS）、质量管理计划（Qualitative Management Program，QMP）等。

1.4.1 形成系统的评价标准

企业在制造过程中需要建立系统的工程评价标准，这里的工程也被称作工序，确保所有工序及重点工序的质量可防可控，做到制造过程"三不"，即不接受不良、不制造不良、不流出不良。

质量评价包括四个部分，分别是评价工程、评价标准、评价点数及评分。

1. 评价工程及评价标准

依据产品工艺流程确定评价工程（工序），然后针对评价工程细分评价内容。评价标准要包括工程工艺要求、环境要求等。以金属物加工为例，包括入库检查/出库检查，成型/挤压/调整，模具管理，紧箍，加工工程，镀金工程，注塑工程七道工序。

评价工程及评价标准（成型工序）示例如表1-10所示。

表1-10 评价工程及评价标准（成型工序）（示例）

序号	评价工程			区 分	评价细则	合格与否	备 注
2	成型/挤压/调整				2.1 成型/挤压/调整		
				一般	是否指定使用材料保管区域且具备材料的成分分析表		
				一般	作业基准书是否放置在适当位置		
				CTQ	成型机的融液温度、模具温度是否指定为CTQ项目进行管理		
	区分	项目数	合格数	一般	成型条件表与设定值是否一致？（冷却时间、模具、取出温度、速度、区间、压力等）		
	全体			一般	成型条件表及设备点检表是否备置且对变更履历进行管理		
	必须+CTQ			必须	初、中、终物管理是否按照制定的基准运营 ・检查日志及样品状态确认 ・对样品是否保管3个月确认（样品上的日期、时间、次数、机号记录） ・确保对场所进行测量及物料得到妥善保管		

评价工程中分为一般、必须和CTQ（Critical-To-Quality，关键质量特征）项。必须项与CTQ项是评价工程的重点，需要逐项检查和统计，不能漏检。发生问题时，要及时追踪，直至问题解决。

2. 评价点数及评分

针对评价工程的评价结果，统计各工程的合格率以及最终分数，为质量改进提供改善点。评价点数（金属物加工）示例如表1-11所示。

最终分数=全体合格率×（CTQ+必须）合格率。评价工程"CTQ+必须"项目数为"0"时，"CTQ+必须"合格率以"100%"表示。表中，Cut Off为基准达标值。

3. 雷达图

绘制雷达图可以直观地看到各项评价工程工艺水平的高低，是系统评价标准不可或缺的一部分。雷达图依据评价点数和评分绘制。评价工程雷达图（金属物加工工艺）示例如图1-11所示。

表 1-11 评价点数（金属物加工）（示例）

No	评价工程	全 体 项目	全 体 合格	CTQ+ 必须 项目	CTQ+ 必须 合格	合格率 全体	合格率 CTQ+ 必须	最终 分数	Cut Off
1	入库检查/出库检查	25		3					70%
2	成型/挤压/调整	6		2					70%
3	模具管理	5		1					70%
4	冲孔/立柱	4		0					70%
5	加工工程	9		2					70%
6	镀金工程	14		3					70%
7	嵌入注塑工程	6		1					70%
	总分	69	0	12	0				70%

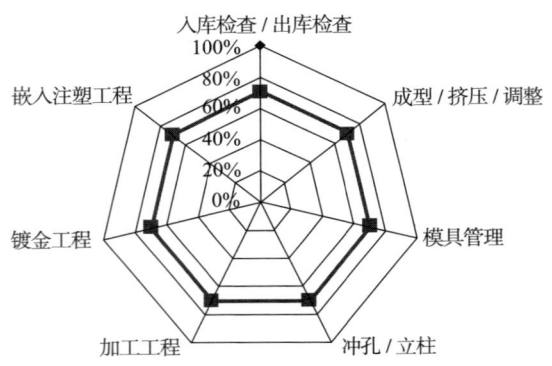

图 1-11 评价工程雷达图（金属物加工工艺）（示例）

评价工作最后一项是检查成果展示，即将优秀的事例和不合格的事例逐项列举出来，向相关部门或供应商反馈，并作为质量考核的依据。雷达图中粗黑线为基准达标线，评价各项指标时参照此线即可。

1.4.2 建立多维的动态评价规则

在质量经营中，不同部门需要站在自己的角度考虑规则，例如生产要考虑效率，采购要考虑成本等。通过各部门的参与建立起适度的质量评价规则，这些规则一般与价格、成本和生产率有关。

1. 质量与价格

通常质量较高的商品售价也高，但其质量成本、采购成本也会大幅增加。

这是企业在设计产品时需要着重考虑的一个因素。综合分析市场竞品，定位自身实力，确定竞争策略，避免生产高质量却卖不出去的产品。价格区间越接近的商品，消费者购买其中价格较低的商品可能性越大，此时质量经营水平高的企业就会占据上风。

2. 质量与成本

质量高意味着企业需要投入大量的人财物控制产品的质量，成本也会相应增加，这种情况在短期内较为明显。不过当质量水平有了显著提升后，成本会大幅下降。正如田口玄一博士指出的那样："成本比质量更重要，但是质量是降低成本的最佳途径。"最好的例子就是丰田公司，其在将精益化生产与质量改进结合之后，成本不断下降，而车的质量却在提升。

3. 质量与生产率

良好的质量管理水平可以提升生产率，减少生产线停顿。丰田的精益化生产，通过现场改善及准时制，极大地提高了生产率，且产品质量获得了极大的提高。需要指出的是工程顺序发生太多变化时，生产率会暂时降低，例如模具切换过于频繁等。

4. 多维度评价

质量对经营成果产生的影响较为复杂。有些企业很成功，有些则不尽如人意，这在很大程度上归因于设定各项指标时，是否考虑了质量、产量、运营成本、采购成本之间的联系，是否考虑了变量因素等。

我们以一家服务过的水泥企业为例，简要介绍如何确定多维的动态评价指标。该水泥企业评价指标如表 1-12 所示。

表 1-12 某水泥企业评价指标

指标大类	指标名称	数据来源	计算方式/评估标准	单 位	目 标
质量	熟料 28 天强度	品质部	略	MPa	1 号窑 ≥ 55.5
					2 号窑 ≥ 55.5
	熟料 3 天强度	品质部		MPa	≥ 28.5
设备运转	有效运转率	品质部			1 号窑 ≥ 97%
					2 号窑 ≥ 97%

续表

指标大类	指标名称	数据来源	计算方式/评估标准	单位	目标
设备运转	窑临停	品质部		次	1号窑 0
					2号窑 0
	水泥磨故障率	品质部			≤ 2.5%
成本	熟料实物煤耗	品质部		kg/t	≤ 135
	吨熟料机物料消耗	财务部		元/吨	6.5
	吨水泥机物料消耗	财务部		元/吨	3.0
	熟料电力成本	行政部		元/吨	1号窑 29.90
				元/吨	2号窑 28.00
	水泥粉磨电耗	品质部		kWh/t	32.5R 水泥 ≤ 31
					42.5R 水泥 ≤ 35
					52.5R 水泥 ≤ 50
	石灰石单价	财务部		元/吨	11.8
产量	熟料产量计划完成率	品质部			100%
	吨熟料供电量	品质部		kWh/t	≥ 28

水泥企业通常有以下几个需要考虑的因素：

（1）水泥强度因素。水泥强度越高，运营成本及采购成本也越高。

（2）运营成本因素。水泥强度、产量增加，电耗、维修等成本也相应增加。

（3）质量因素。检验频率、器具、人力随着质量强度的增加而增加。

（4）采购成本。原材料品质越高，采购成本就越高；产量增加时，备品备件库存也会增加。

（5）环境因素。由于国家环境保护政策的规定，粉尘排放不能超标，需要定期停产。

在这些因素中，采购成本、环境因素是较大的不确定因素，确定评价指标时，需要着重考虑。

我们与各部门部长、管理人员讨论了几轮之后，综合了原有指标，设定了新的评价指标。为了确保指标符合实际并能够顺利运行，我们还参照了近一年各类指标数值，并取最近三个月的数值作为参照指标。该水泥企业20××年各指标实际完成值如表1-13所示。

第 1 章　全员质量经营

表1-13　某水泥企业20××年各指标实际完成值

20××年		单位	提供部门	1月	…	6月	7月	8月	9月	10月	平　均	近三月平均值
熟料28天强度	1号窑	兆帕	品质部			55.60		56.00	56.10	55.50	55.66	55.87
	2号窑	兆帕	品质部			57.00		56.40	56.00	55.80	55.92	56.07
熟料3天强度		兆帕	品质部				28.00	28.10	26.60	28.40	27.57	27.70
熟料实物煤耗		千克/吨	品质部	137.60			132.74	132.30	133.60	134.43	133.61	133.44
吨熟料机物料消耗		元/吨	财务部				5.92	15.56	14.71	4.73	8.71	11.67
吨水泥机物料消耗		元/吨	财务部			1.95	2.13	1.27	0.67	1.58	1.60	1.17
化验材料消耗		元/吨	财务部				0.04	0.12	0.10	0.02	0.09	0.08
吨熟料铲车机物料消耗		元/吨	财务部				0.39	0.52	0.76	0.57	0.51	0.62
水泥配料成本	32.5R水泥	元/吨	财务部			131.60	127.68	124.50	124.12	123.10	125.50	123.92
	42.5水泥	元/吨	财务部			171.50	170.27	163.00	162.62	161.77	165.90	162.46
	2号窑	元/吨	品质部				27.65	28.98	26.54	27.42	27.42	27.65
水泥粉磨电耗	32.5R水泥	千瓦时/吨	品质部	32.10		33.91	32.15	28.86	33.33	31.96	31.97	31.38
	42.5R水泥	千瓦时/吨	品质部	36.27		35.43	35.04	31.82	36.95	34.92	34.84	34.56
	52.5R水泥	千瓦时/吨	品质部	51.53		52.24	47.95	41.11	49.77	46.62	50.59	45.83
	1号窑	千瓦时/吨	品质部				100.00	100.00	100.00	100.00	98.89	100.00
	2号窑	千瓦时/吨	品质部				0	0	0	0	0.20	0
水泥磨故障率（%）		—	品质部			2.26	0.74	2.80	0.77	1.89	1.48	1.82
石灰石单价		元/吨	财务部				10.08	10.99	12.89	21.10	13.96	14.99
吨熟料供电量		千瓦时	品质部				26.08	27.67	28.40	29.57	27.06	28.55

1.4.3 完善数字化的评价平台

在大数据时代，企业的质量执行标准应充分与数字化平台融合。当企业需要质量信息时，只需要从信息系统中抓取。建立各种信息的数字化管理平台能够为质量决策提供信息，保证质量信息流畅通，调节和控制生产过程，为质量考核和检查提供依据，建立质量信息档案。

质量信息是反映产品或服务质量的状态、变化及其与各种有关因素之间关系的数据、报告和资料的总称。它包括与产品质量有关的全部活动，即质量环内的各个阶段中所产生的反映产品质量的有关信息。

例如，从度量缺陷率中分析出缺陷的分布变化情况，再通过与历史基线数据及之前数据对比，来评估当前软件测试的充分性和缺陷收敛情况，分析结果可以输出成质量评估报告给领导，作为该软件版本是否发布的判断依据。

又如，在考核供应商质量时，分析出SPC（统计过程控制）质量分布变化情况，再通过与历史基线数据及之前数据对比，来评估当前质量过程中缺陷收敛情况，分析结果输出成供应商质量评估报告，作为判断依据。供应商业绩评分系统信息自动化统计计算如图1-12所示。

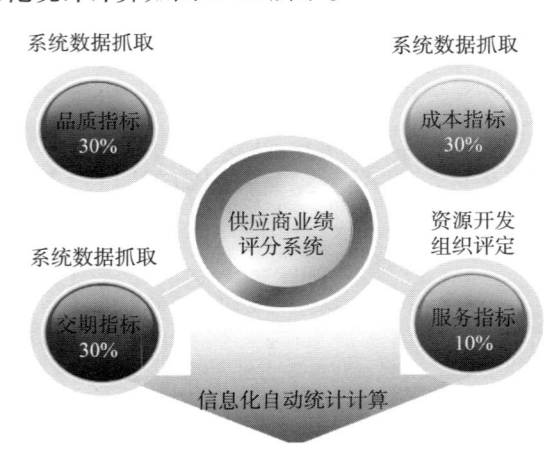

图1-12 供应商业绩评分系统信息自动化统计计算

企业每天都会产生大量的质量信息，这些信息必须得到有效的管理和应用，才能形成系统的评价标准。

1. 质量信息的内容

质量信息包括产品研究开发、生产和试验中的质量信息及产品使用中的信息等，如表 1-14 所示。

表 1-14　质量信息的内容

信　息	信息内容
产品研究开发、生产和试验中的质量信息	使用的技术指标、产品性能（可靠性、维修性、测试性、保障性）、安全性、实用性、可生产和经济性，安全性大纲、质量保证大纲等及其评审结论，故障模式、影响危害度分析报告、关键件和重要件清单，设计定型与生产定型时的产品质量分析报告，性能环境试验、耐久性试验、功能测试记录，包装、储存、装卸、零件和赠品的检查记录，不合格品分析、产品改进与改型情况，产品验收合格率，质量成本分析报告，其他有关信息
产品使用中的信息	产品的使用信息，故障报告，分析和纠正措施以及结果，可靠性情况；维修时间、费用以及其他维修性信息，产品的储存检测信息；产品的使用寿命信息；质量问题，分析、处理以及结果，产品质量的综合分析报告；其他有关信息
其他与产品质量有关的信息	市场对产品质量的需求以及发展趋势，国内外同类产品的质量状况，与产品质量有关的标准、报告、手册以及最新技术成果的文献资料，与产品质量有关的政策、法令、规定等

2. 质量管理信息体系架构

质量管理信息体系构架是将质量信息的各个模块加以细分，实现质量信息的统一管理。在初期，质量信息的传递是依照组织结构进行的。质量信息按照组织结构形成的体系如图 1-13 所示。

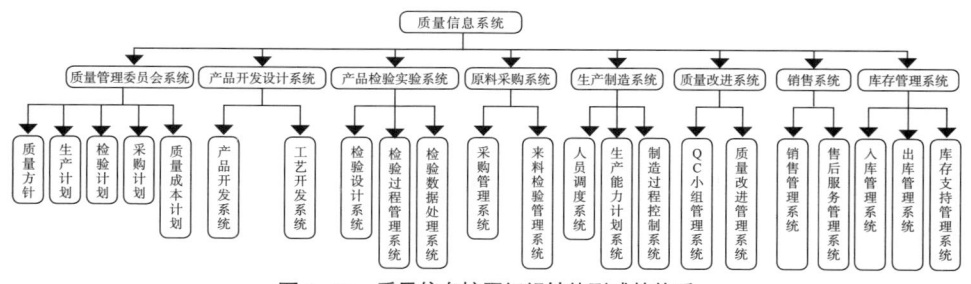

图 1-13　质量信息按照组织结构形成的体系

从图 1-13 中可以看出，质量信息按照组织结构形成了基本的传递体系。

3. 实施信息化的智能操作管理

质量管理信息系统（Quality Management Information System，QMIS）是通过计算机软件、硬件和网络将整个质量体系结合起来，进行智能化、网络化信息管理的形式。其在产品各个阶段都被涉及，并且和企业资源计划（Enterprise Resource Planning，ERP）、办公自动化（Office Automatic，OA）等数据库系统有直接接口。

质量管理信息系统的信息流程遵循信息管理的基本原理，经过事先设计作为信息传递准则的流转程序。信息流程示意如图1-14所示。

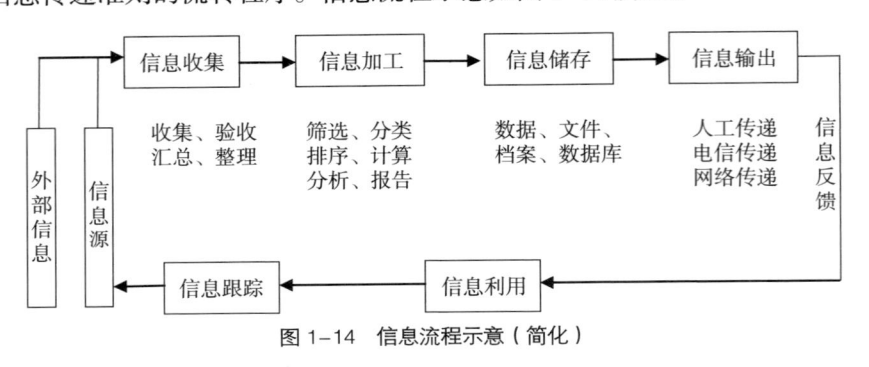

图1-14 信息流程示意（简化）

从图1-14中可以看出，信息流程的要素有信息源、信息收集、信息加工、信息储存、信息输出、信息反馈、信息利用和信息跟踪等。

4. 采集数据建立全面的质量数据库

质量管理中会涉及很多数据，采集时首先要做好数据的分类工作，然后对数据进行科学管理。数据根据其不同性质大致可分为以下几类：

（1）计量值数据。如长度、重量、电阻值等连续取得的数据。

（2）计数值数据。如不合格数、缺陷数、事故数等可以0个、1个、2个一直数下去的数据。

（3）顺序数据。把10类产品按评审标准顺序排成1，2，3，…，10，这样的数据就是顺序数据。

（4）点数数据。以100点或10点记为满点进行评分的数据。

（5）优劣数据。如有甲、乙两种商品，通过比较品质而得出的结果。

（6）顾客反馈数据。顾客使用后反馈的数据。

质量管理要注重用数据说话，尽量用数值把调查对象表示出来。数据收集包括自动采集、手工录入和数据转换与共享。常用数据采集装置有计量器、测量器、条码读卡机、无线射频扫描仪等。

5. 运用计算机处理质量数据

质量信息处理可以利用计算机及功能软件，实现全企业质量信息以及信息流的集成化管理，并同时完成质量信息的自动分析以及自动传输和自动反馈控制。

例如，统计过程分析，完全可以由控制系统收集数据，由分析软件系统完成数理统计分析。SPC 工序控制界面如图 1-15 所示。

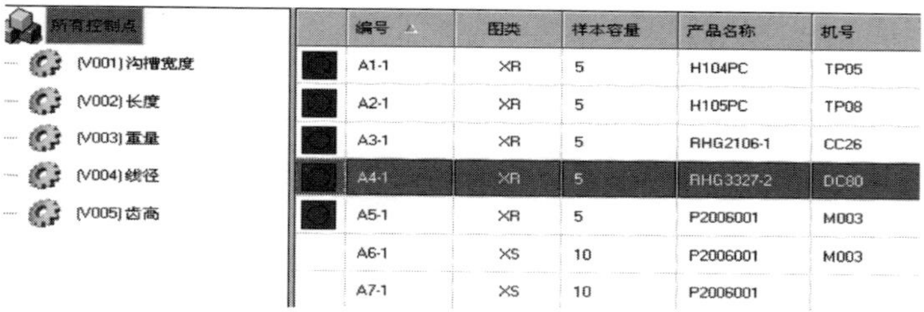

编号	图类	样本容量	产品名称	机号
A1-1	XR	5	H104PC	TP05
A2-1	XR	5	H105PC	TP08
A3-1	XR	5	RHG2106-1	CC26
A4-1	XR	5	RHG3327-2	DC80
A5-1	XR	5	P2006001	M003
A6-1	XS	10	P2006001	M003
A7-1	XS	10	P2006001	

图 1-15　SPC 工序控制界面

数据录入界面如图 1-16 所示，形成某工序或者产品的总体数据。

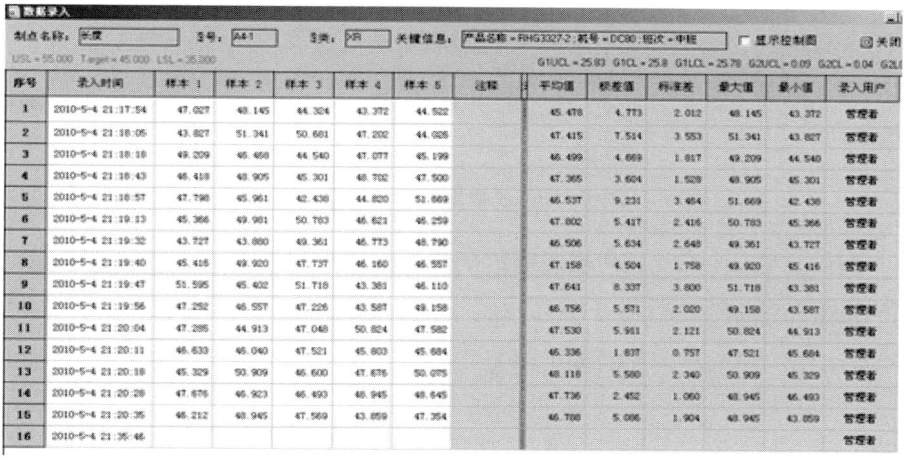

序号	录入时间	样本 1	样本 2	样本 3	样本 4	样本 5	注释	平均值	极差值	标准差	最大值	最小值	录入用户
1	2010-5-4 21:17:54	47.027	48.145	44.324	43.372	44.522		45.478	4.773	2.012	48.145	43.372	管理者
2	2010-5-4 21:18:05	43.827	51.341	50.681	47.202	44.026		47.415	7.514	3.553	51.341	43.827	管理者
3	2010-5-4 21:18:18	49.209	45.458	44.540	47.077	45.199		46.499	4.669	1.817	49.209	44.540	管理者
4	2010-5-4 21:18:43	46.418	48.905	45.301	48.702	47.500		47.365	3.604	1.528	48.905	45.301	管理者
5	2010-5-4 21:18:57	47.798	45.961	42.438	44.820	51.669		46.537	9.231	3.464	51.669	42.438	管理者
6	2010-5-4 21:19:13	45.366	49.981	50.783	46.621	46.259		47.802	5.417	2.416	50.783	45.366	管理者
7	2010-5-4 21:19:32	43.727	43.880	49.361	46.773	48.790		46.506	5.634	2.648	49.361	43.727	管理者
8	2010-5-4 21:19:40	45.416	49.920	47.737	46.160	46.557		47.158	4.504	1.758	49.920	45.416	管理者
9	2010-5-4 21:19:47	51.595	45.402	51.718	43.381	46.110		47.641	8.337	3.800	51.718	43.381	管理者
10	2010-5-4 21:19:56	47.252	46.557	47.226	43.587	49.158		46.756	5.571	2.020	49.158	43.587	管理者
11	2010-5-4 21:20:04	47.285	44.913	47.048	50.824	47.582		47.530	5.911	2.121	50.824	44.913	管理者
12	2010-5-4 21:20:11	46.633	46.040	47.521	45.803	45.684		46.336	1.837	0.757	47.521	45.684	管理者
13	2010-5-4 21:20:18	45.329	50.909	46.600	47.676	50.075		48.118	5.580	2.340	50.909	45.329	管理者
14	2010-5-4 21:20:28	47.676	46.923	46.493	48.945	48.645		47.736	2.452	1.060	48.945	46.493	管理者
15	2010-5-4 21:20:35	46.212	48.945	47.569	43.859	47.354		46.788	5.086	1.904	48.945	43.859	管理者
16	2010-5-4 21:35:46												管理者

图 1-16　数据录入界面

产品资源以及指标信息如图 1-17 所示。

设备	批次	样本1	样本2	样本3	样本4
#01	sd	0.901	0.906	0.903	0.928
#02	sd	0.915	0.899	0.923	0.925
#03	sd	0.935	0.915	0.909	0.870
#04	sd	0.942	0.883	0.888	0.906
		0.927	0.927	0.919	0.920
		0.965	0.890	0.918	0.911
		0.936	0.901	0.908	0.929

图 1-17　产品资源以及指标信息

点击工序能力分析图按钮进入工序能力分析界面，观察和分析本工序能力。齿轮长度能力分析界面如图 1-18 所示。

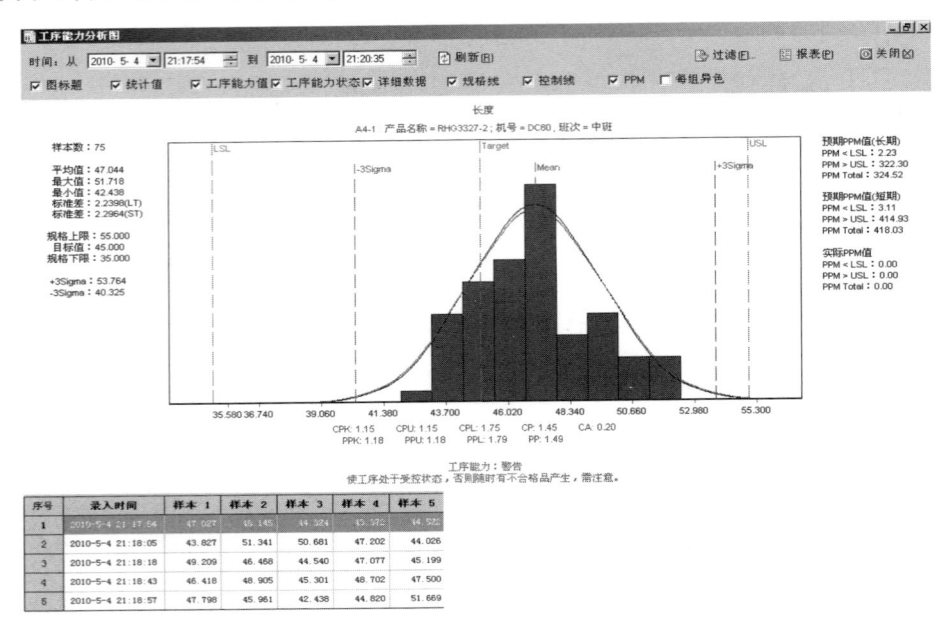

图 1-18　齿轮长度能力分析界面

操作员可以利用这些数据和输出的信息进行观察和分析，得出关于该工序生产质量问题的结果。

数字化的评价平台里的相关信息需要跟踪和反馈，确保信息的准确性和及时性。

第 2 章
顾客需求管理

我们的品质工作就是要百分之百把用户当朋友，多站在用户角度想问题，把顾客满意度放在最重要的位置。

——小米公司创始人　雷　军

2.1 顾客的定义

我们要了解顾客的需求，就要知道顾客是谁。一直以来人们都认为顾客就是购买企业产品的人，事实上并不是这样的。例如，商品出厂之后，并不是直接到了顾客手中，而是会流转到超市、门店里，然后被顾客购买。顾客可以分为外部顾客和内部顾客。

2.1.1 外部顾客识别

外部顾客是相对于内部顾客而言的，它包括与企业有输入、输出关系的形形色色的人、团体或公司。并不是所有的顾客都会给企业带来建设性意见或帮助的，如那些偶尔购买企业产品的顾客，可能不愿意在需求调查上花费精力，据此得到的结果是不准确的。我们要进一步识别顾客，顾客分类有助于企业依据不同对象展开调查，获取相关领域的信息。

顾客细分的维度比较多，关键要能结合调查需要的变化，随时动态地细分顾客，及时抓住顾客的需求、期望特征。在识别外部顾客时，我们必须先对顾客对象进行细分，以保证后续活动能够有针对性地展开。

AT&T 公司创建了一个模型，专门供员工进行顾客需求管理。AT&T 公司顾客模型如图 2-1 所示。

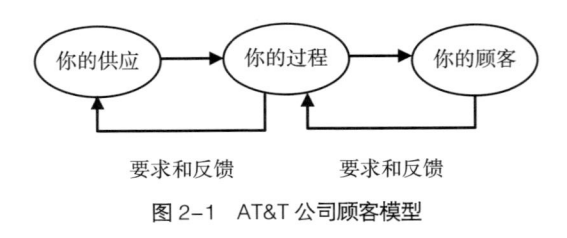

图 2-1 AT&T 公司顾客模型

公司据此模型将与公司发生输入、输出关系的都列为顾客并进行了分类。他们分别是产品购买的终端消费者、企业顾客、第三方零售商。

1. 终端消费者

终端消费者（顾客）是最终购买企业产品或服务的个体消费者，也就是大众。公司为这类顾客提供满足个人需求的产品或服务。AT&T 公司为个人提供的产品及服务（部分）如表 2-1 所示。

表 2-1　AT&T 公司为个人提供的产品及服务（部分）

产　品	服　务
电话机	短途电话通信服务
路由器	长途电话通信服务
网络设备	手机上网服务
网卡	家庭/个人宽带

终端消费者作为一个庞大的消费群体，购买动机、时机、频率都不尽相同，如何能为企业提供准确的需求呢？只有将他们进一步细分，如麦当劳将顾客分为儿童和成人，这二者的需求有着明显的差异，区分后，可以得到准确的对食物口感、内容的需求。

1）群体识别

区分年龄是识别顾客需求最常用的手段之一，据此产品研发及服务的适合性往往非常高。针对年轻女性设计的 Hello Kitty 系列，风靡世界 30 年依然屹立不倒，Hello Kitty 系列以年轻女性为消费对象，产品迎合了她们喜欢粉色、可爱的、淑女的心理需求。依据群体识别顾客有大致有三种情形。

（1）年龄：幼儿、儿童、青春期、青年、中年、老年等。

（2）职业：都市白领、政府职员、体力劳动者、从事农业劳动的人员等。

（3）性别：男性、女性。

当然，在考虑顾客需求的时候，对这三种情形可以先独立思考，然后综合考虑，如设计一款手机样式时，分别进行如下思索或调查：

➢ 青年人普遍的个性是什么？

➢ 男性青年需要怎样的款式体现自己的男性特征？

➢ 男性白领需要怎样的款式搭配自己的身份？

这样进行顾客需求调查或考虑，准确性就会大大提高。除此之外，消费者的购买力也是一个重要的识别手段。

2）购买力识别

对于需求较少的产品或服务，就需要用购买力来衡量顾客了。如航空公司的头等舱服务，就充分考虑了经理、总裁等商务人士需求。一名总裁需要不停地到各地开会、视察，旅途中需要充分的休息、安静独立的空间、思考的时间，在人数众多的时候这些显然不可能，头等舱就此应运而生。依据购买力识别顾客可通过橄榄球模型进行。橄榄球模型如图2-2所示。

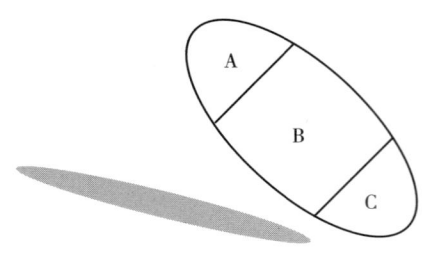

图2-2 橄榄球模型

A部分：高消费群体，占20%左右。这个群体需要在产品功能、服务水平上有更高的提升。

B部分：普通消费群体，占60%左右。此类消费者认为产品满足基本需求，并提供匹配的服务即可。

C部分：低购买力群体，占20%左右。此类消费者偶尔购买或满足其单一需求即可。

以笔记本电脑为例，市场上有高中低档配置，可以满足不同收入人群的需求。值得注意的是，购买力还体现在购买频率上，否则获取的信息就会失准。

这里需要指出的是，顾客识别是建立在既成事实的基础上进行的。企业还可以依据产品使用方式、购买方式、地域等进行顾客的识别。

2. 企业顾客

企业顾客是直接购买企业产品或服务的顾客。这类顾客通常会集中大宗购买或使用产品或服务，是较为稳定的客源。AT&T公司为企业顾客提供的产品及服务（部分）如表2-2所示。

表2-2 AT&T公司为企业顾客提供的产品及服务（部分）

产品	服务
电话	电话通信服务
通信设备	企业网络服务
服务器	培训
网络设备	商业数据服务
零部件	租赁服务

对于企业顾客，我们可以根据企业的规模、所需服务的种类和使用量进行划分。

3. 第三方零售商

第三方零售商也是企业重要的顾客，企业将零售商品分销至商场、超市、零售店，如沃尔玛、国美等，由它们将商品销售给消费者。作为企业与消费者之间的渠道，它们希望获得更多的折扣、准时交货、有保证的产品质量等。

对于第三方零售商的判别主要依据三个维度，分别是诚信度、地域和销售能力。细分是为了更好地了解不同顾客群的需求，以提供更有针对性的产品和服务。

2.1.2 内部顾客识别

从对象来看，内部顾客包括企业内部所有人员、部门甚至股东。识别他们的需求对满足外部顾客需求有着重要的意义。内部顾客关系如图 2-3 所示。

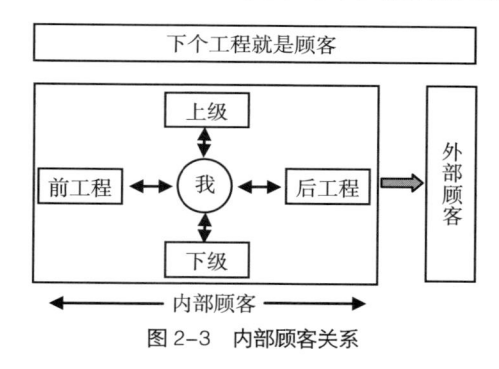

图 2-3 内部顾客关系

企业为了满足外部顾客需求，先要满足内部顾客需求。

1. 职级顾客

职级顾客是建立在职责和权力基础上的一种顾客关系，例如质量经理与质量主管、质量主管与质量工程师之间的关系。职级之间的顾客关系不是固定不变的，而是随着活动的变化而发生相应的改变。

1）上级是下级的顾客

上级下达任务目标，下级要保质、保量完成任务，让上级满意，此时上级就是下级的顾客。

2）下级是上级的顾客

上级为保证下级让自己满意，就要为他们提供必要的支持，例如授权、资源和工作指导等，让下级无障碍执行任务，此时下级就是上级的顾客。

上级识别下级在工作中的需求，并提供必要的支持；下级在执行任务时，识别上级的期望，并努力实现。将上级（或下级）视为自己的顾客，认识对方的需求，并尽可能满足，将极大地提高双方的工作质量意识。

2. 职能顾客

存在相互合作、配合关系的职能部门在活动中互相为对方提供服务，它们之间的这种关系，构成了一种顾客关系。

3. 工序顾客

在产品加工过程中各工序提供与被提供关系，构成工序顾客。简单来说，就是下一道工序是上一道工序的顾客。

树立这种理念，意味着上一道工序要提供满足规格和要求的零部件，而下一道工序则有权力拒绝上一道工序不合格品，这样，上一道工序为了满足下一道工序的需求就要认真做好工作，保证品质。

在整个过程质量控制中要使内部顾客满意，就要时刻秉持"下一过程就是顾客"的内部顾客理念，保证让顾客满意的宗旨得到具体的贯彻和落实。

2.2 顾客需求共识

科学、系统地认识顾客需求，有助于企业准确把握全面质量管理过程中的各个环节。

2.2.1 顾客需求作用

顾客需求适应是指顾客需求对企业的重要性，或企业发展对顾客需求的必要性。企业所生产的产品（或服务），得到顾客的认可（满足顾客需求），才能在市场上取得成功。

2001年，华为拿出新一代综合交换机iNET时，中国电信相关部门劈头盖脸地指出"华为根本不懂新一代电信网络！"，不允许华为的产品入网。

究其原因，隐患早已埋下。在2000年，受当时互联网和IP业务的影响，下一代电信网络的发展有两种演进策略：ATM（基于电信的实时高可靠性传输技术）和IP（基于互联网的简单传输技术）。

核心网研发团队在C&C08机128模块的成功和惯性思维模式的影响下，坚持认为前一个策略才是顾客真正需要的，而后者只是IT厂商的玩具。在整个开发过程中，它也没有及时听取顾客的需求，还不断批判软交换的演进方案，甚至在与顾客交流时也是如此，导致顾客彻底失望。

由于偏离顾客需求、盲目自信，产品不被顾客接受，两年的巨额投入打了水漂，研发团队也面临被解散的局面。就在整个研发团队彷徨和绝望时，公司重新调整战略方向，选择IP技术，重做平台。研发团队从解散的边缘重新组建，成立了新的软交换平台团队。

"要想正名，唯有胜利。"一切都要从头开始，团队成员们全力投入。2003年，软交换平台渐渐成型，在关键技术和性能竞争力上，大幅超越了友商并最终得到了中国电信相关部门的认可。

华为最后能取得成功，归功于其及时调整方向，重新审视顾客需求，并以顾客需求为方向重新研发产品。

2.2.2 产品质量需求

在顾客的需求中，产品质量是最基本的需求。一件残缺不全或功能失灵的产品只会招来顾客的抱怨和不满。顾客产品质量需求如表2-3所示。

表2-3 顾客产品质量需求

顾客产品质量需求	
1. 性能	6. 生命周期
2. 特征	7. 可维修性
3. 可靠性	8. 耐磨性
4. 安全性	9. 美观性/质地
5. 符合性	10. 质量感知

这是在加文的 8 个质量维度上，设计的顾客对产品 10 个质量需求维度，它们基本上涵盖了顾客对质量的需求。

1. 性能

性能是产品达到设计的预期或标准的程度。如电磁炉的面板能够承受允许的温度范围，电话的音效最佳。这是顾客选择产品时首先会考虑的。

2. 特征

特征是反映产品除基本性能外的功能属性，如手机外观。产品的一些特征能够为顾客带来意想不到的惊喜，这往往成为顾客选购的标准。

3. 可靠性

可靠性是指产品在不违反使用规则下，能够顺利实现规定功能，例如电磁炉可以成功点火、换挡等。衡量可靠性的一个重要指标是产品的"故障率"，故障率低说明可靠性较高，反之则可靠性较低。顾客显然不愿意购买一件故障频发的产品。

4. 安全性

安全性是当今顾客在众多产品质量需求中最为关注的一点，成为顾客是否下决心购买的关键因素。安全性包含两个方面，一个是产品自身安全，在使用时是否会发生损毁，或在闲置时是否出现老化等问题，这是十分普遍的；另一个就是产品发生故障对使用者造成的伤害，这在现实中屡见不鲜，如轮胎缺陷、刹车失灵，极有可能让人失去生命。

5. 符合性

通俗地讲，符合性就是购买的产品是否像说明书或宣传中的那样。精确地说，就是产品的质量是否在国家、国际标准允许的范围内，如饮料中的添加剂是否在限定范围内。对于这些指标消费者很难判断，但如果产品特性不符合相关规范，一经曝光，企业的损失将是惨重的。

6. 生命周期

顾名思义，产品生命周期就是产品的使用寿命（保质期），如一辆汽车行驶多少千米就要报废。顾客往往希望产品的使用时间越长越好，因此这也是反映顾客需求的一个指标，在设计产品时要充分考虑这一点。

7. 可维修性

产品在使用中会由于种种原因发生故障，这也是顾客购买产品之后，最担心的问题。一旦发生故障，大多数顾客的第一个反应就是"能不能修好"，如果无法修理，顾客会认为产品不好。在设计产品时要综合考虑产品易损坏的部位，损坏后是否可以维修。

8. 耐磨性

耐磨性指的是产品是否经得住碰撞或压力（主要指性能）。虽然很多产品一碰就碎，如杯子，但顾客还是会因此而心疼的。如果是贵重的产品，如汽车、计算机受到碰撞，顾客的情绪变化是非常复杂的。如果产品就此报废，顾客会把不满转移到产品上，觉得买了一件"次品"。

9. 美观性／质地

美观性／质地来自顾客的主观感觉。"这辆汽车太漂亮了"，当顾客发出这样的呼声，往往意味着颜色、车型、装饰符合他的审美观。我们在关注产品性能的同时，也要考虑顾客的心理需求、身份、满足感。一辆汽车性能优越，但造型丑陋，会让人觉得"没面子"。

10. 感知质量

感知质量是顾客对产品的瞬间感受。简单地说就是顾客在购买产品时能否"一下子"就选中它。顾客的感知质量形成是较为复杂的，通常由以下因素决定：

（1）使用习惯。

（2）心理偏好。

（3）广告宣传。

（4）产品造型、颜色、质感、闪光点。

对顾客产品质量需求要充分重视，对顾客服务质量需求同样需要重视。

2.2.3 服务质量需求

顾客对服务质量越来越关注，无论是在制造行业，还是服务行业，它已经成为决定顾客是否购买的重要因素。来自 A&M 大学的三位著名市场营销教授总结了顾客服务质量的 10 个维度。顾客服务质量维度如表 2-4 所示。

表 2-4 顾客服务质量维度

顾客服务质量维度	
1. 可靠的	6. 可用的
2. 有形的	7. 专业的
3. 及时响应	8. 适时的
4. 有保证的	9. 完整的
5. 情感关怀	10. 愉悦的

很多企业用这些维度来测量顾客服务质量。我们可以从这些维度出发，认识和把握顾客对服务质量的需求。

1. 可靠的

这里的可靠完全与产品质量中的可靠性不同。服务中的可靠性要求对顾客做出承诺，并能够尽快实现。很多时候顾客需要这样的承诺，这样他们才会安心。

2. 有形的

服务的有形性体现在具体的服务过程中，包括礼仪、服务设施、沟通、接待等。比如很多顾客在购车时，服务员爱答不理的，顾客便会感到生气，继而愤然离去，根本没有关注车子的质量、性能。

3. 及时响应

"永远不要让顾客等你"，这是顾客服务的"至理名言"。顾客等了一个上午也没能等到订购的照相机，其心情以及接下来的行为可想而知。我们要尽可能快地为顾客提供帮助和服务。

4. 有保证的

为顾客提供服务要力所能及，不要超出自己能力或服务范围。例如，为顾客介绍两款产品的差异时语无伦次，想必顾客不仅对该服务员的能力有所质疑，而且对产品的质量也会怀疑。

5. 情感关怀

情感关怀就是要求在销售产品的过程中，不要一味地催促顾客购买，还要给予顾客更多的关怀。一味地催促会让顾客反感且会觉得服务员"有问题"。

6. 可用的

可用的，即使用的服务手段适合顾客。例如，在服务过程中，服务人员化妆过浓或衣着随意，会给顾客留下不良印象。我们要确保使用的服务手段能够让顾客赏心悦目、称心如意。

7. 专业的

在服务过程中的言行举止都要有专业性，如接待、介绍要符合规范。试想一下，哪位顾客希望享受从来没有接受过美容训练的美容师的服务？只有专业化的服务，才能得到顾客的信任。

8. 适时的

在顾客需要的时候出现并提供帮助，既是对顾客的尊重，也是赢得顾客好感的方法。顾客在工作繁忙时，售后服务人员打电话要求对服务进行评价，顾客大多会敷衍了事或挂断电话。

9. 完整的

完整的就是指顾客服务要有始有终。例如，在召开公司周年庆典活动时，邀请了众多的顾客参加，在前半程服务很到位，但临近尾声时却搞得乱糟糟的，顾客无人招呼，这样顾客如何能感受到企业的热情？

10. 愉悦的

愉悦的是指在服务中让顾客感到愉悦、心满意足。这时顾客才可能出手购买服务，即使服务有些缺陷或顾客之前根本没有打算购买。

2.2.4 顾客需求共识

在产品设计过程中要就顾客需求达成共识，找到质量与成本、制程能力之间的平衡点，确保达到合适的质量水平。

1. 面向产品的设计

开发团队在顾客可接受成本下，提供最佳性能的产品。在设计阶段，开发团队还要考虑产品性能、材料上的局限性等。对不确定因素与顾客充分沟通，就产品质量特性达成一致。

2. 面向生命周期的设计

当下，随着产品生命周期的缩短，产品过时成为开发者最大的痛点。为了避免产品开发过程中生产力的浪费，企业可以着手开发相近的产品，与新产品形成互补。该类产品具有季节性强、地域性强、顾客群体特殊的特点。这样做可以让企业在全年保持一定的生产率。

3. 面向可制造的设计

开发团队设计的产品必须是可制造的，一味追求高性能，而忽略生产环节是否具备相应的生产能力，可能导致严重的财务问题。开发团队应尊重内部顾客，也就是制造团队，在开发时与它们充分沟通，确定双方都可以接受的指标。许多企业采用 ERP 系统来跟踪产品设计、制造、维修等。

4. 面向可维修性的设计

新产品是否容易维修是满足顾客的一个重要特性。尤其是性价比较高的产品，一旦维修成本接近售价，那么顾客就会认为产品质量有问题，这类产品顾客的忠诚度极低。在产品开发阶段应重视可维修性，比如使用容易更换的零部件、可非破坏性地拆卸部件等；此外售后服务也是设计时要考虑的因素，要制定符合顾客成本效益的维修服务制度。

5. 面向环境的设计

环境是当下产品设计和上市必须关注的因素。例如，德国倡导绿色制造，在产品设计时考虑使用绿色材料，重视在产品生命周期结束后产品的处理问题。在面向环境设计的场景下，催生了面向可回收、可拆卸、再制造的设计。这些产品设计理念都是随着不断发展和变化的顾客需求而产生的。

2.3 顾客信息收集

主动收集顾客信息，是指企业主动接触顾客，以获取信息。使用的方式包括电话与网络、焦点小组讨论和问卷调查。

2.3.1 电话与网络

电话与网络是常见的顾客信息收集方式。拥有熟练的沟通技巧以及制订有针对性的沟通计划，能够提升顾客信息收集的有效性。

1. 电话联系

电话联系是时下比较流行的调查方法。它具有成本低、反馈快的特点。使用得当可以很快就得到相关信息。

电话联系前要做好准备，即要有清晰的调查内容、想获得的答复。电话调查中常见的问题有被顾客牵着走，表达不流畅，无话可说，遗忘问题等。为了避免这些问题，我们要就调查内容进行充分准备。某剃须刀顾客电话调查内容如表 2-5 所示。

表 2-5 某剃须刀顾客电话调查内容

产品特性	服务
1. 胡须是否剃得干净 2. 噪声是否可接受 3. 清洗是否方便 4. 刀片拆换是否方便 5. 是否有更好的建议	1. 送货是否及时 2. 对送货员服务是否满意 3. 有哪些地方需要改进

在设计调查内容时，要从以下几个方面考虑：

（1）调查内容能够反映顾客需求（产品质量和服务质量需求），以保证信息能用于产品改良、市场推广等。

（2）调查内容要以问题的形式反映出来。

（3）问题是封闭式的，便于顾客有针对性地回答，例如，"噪声是否可接受"。因为在短暂的时间里，开放性问题顾客可能无心（时间）去想。

（4）注意问题的数量，一般不超过 5 个，过多顾客会感到不耐烦。如果想要得到更多的信息，可以将最后一个问题设置为开放式的，由顾客自行发挥。

做好准备之后就立即付诸实施，为了保证电话沟通的成功，还需要使用一些小的技巧，如选择好打电话的时机、精神饱满地打电话等。在电话调查结束后，及时整理通话记录。

2. 网站咨询

网站咨询也是较为普遍的顾客信息收集的方式。与顾客服务热线相比，网站咨询的成本比较低，效果却不相上下。

1）单一的

单一的是指企业针对某个产品或服务设立评价平台。不过这种做法已经越来越少了，因为这很难吸引顾客的注意力，尤其是刚创立的企业。

2）多元化组合

多元化组合不仅包含为顾客提供评价平台，还包括提供其他信息服务，如商品属性、价格信息、网络投诉渠道。如今，网络咨询已成为一个综合平台，即集宣传、销售、售后于一体，目的是吸引更多顾客的关注，使其乐于提供自己的评价。

为了吸引顾客评价，还需要使用一些手段，例如会员注册、会员升级、参与评价获取礼包（积分、兑换券）等，这些都会提高顾客的参与兴趣。

2.3.2 焦点小组讨论

焦点小组（Focus Group）讨论类似于集体讨论，只是参加人员要有不同的特点（年龄、性别、职业）。焦点小组就某一产品、服务、市场等，发表各自的意见并进行讨论，企业可以获取特别的观点和评价。

在顾客需求管理中，我们要通过焦点小组获取顾客对产品特性、服务、市场等做出的评价，以确认产品开发方向等。

1. 实施流程

焦点小组讨论应按步骤规范地进行。

（1）确定焦点。焦点小组讨论中只能有一个"焦点"，焦点由质量组织或质量功能团队发起，如产品研发团队、QC 小组。

（2）选择目标群体。目标群体可以是内部顾客，也可以是外部顾客。人员通常为 6～9 人。

（3）抛出话题。由主持人给出"焦点"，并说明讨论规则及纪律。

（4）多场讨论。采用轮流发言与头脑风暴并行的方式进行。

（5）寻找共同主题。在讨论接近尾声之际，主持人归纳、总结出共同主题。焦点小组讨论记录如表 2-6 所示。

表 2-6 焦点小组讨论记录

焦点：					
相关话题	A 的看法	B 的看法	C 的看法	D 的看法	……
1.××× 2.××× 3.×××					
共同主题					

2. 实施要点

焦点小组在具体的实施过程中，还需要关注以下几个要点。

1）主持人引导

焦点小组讨论需要主持人有足够的引导和变通能力。其主要任务有：

➢ 制定会议纲要。主持人在会议开始前制定会议纲要（或议程），在会议开始后宣布会议议程，保证会议有序、顺利地进行。

➢ 引导众人讨论。如通过鼓励激发大家踊跃发言，在会议陷入僵局时巧妙破局，保证讨论围绕主题进行。

➢ 维持会议纪律。恰当维持会议纪律，而不破坏会议氛围。

➢ 总结归纳。会议中时时总结、记录，会后分析相关数据，找出共同主题。

2）讨论规则

在正式讨论前，主持人要宣布讨论规则，确保会议顺利召开。

- 围绕焦点自由讨论,任何人都是平等的。
- 尊重他人意见及人格。
- 讨论时,按顺序发言。
- 主持人不得随意评价发言人的观点。
- 知之为知之,不知为不知,不勉强凑数。
- 发言过长、跑题或违反会议其他规则时,主持人要进行提醒。

3)设施、设备准备

在召开焦点小组会议前,要准备好相应的设备、设施,如场地、音响设备、纸笔、白板等。

3. 注意事项

由外部顾客组成的焦点小组是一个特殊的群体,组员之间互不相识,与企业的联系并非很紧密,而且参加的动机也不尽相同。因此焦点小组讨论可能存在一些偏差。

- 取悦企业。参加焦点小组的某些人可能为了得到企业的一些好处,会取悦主持人,以换取好感。
- 缺少信任。信任是充分讨论、发表意见的前提,缺少信任,人们的表现将很谨慎,因而对于某些问题意见会有所保留。
- 没有充分思考。也许很多人对议题根本就不感兴趣,发言只是应付一下,其观点缺乏可信度。
- 感知不足。有观点认为,"大多数影响消费者行为的想法和感觉都存在于无意识当中",因而在短时间内无法准确感知。

总之,焦点小组使用恰当的话,可以取得惊人的效果。

2.3.3 问卷调查

与焦点小组讨论相比,问卷调查是从定量的角度进行调查的,注重数据的统计分析。问卷调查法的运用,关键在于编制问卷,选择被试和分析结果。问卷调查依据调查对象的不同分为外部顾客调查和内部顾客调查。

1. 外部顾客调查

外部顾客调查是为了获得外部顾客对本企业的产品和服务是否能够满足其需求的相关信息，以改善企业的产品品质及服务，满足顾客需求。外部顾客调查应由市场部进行，相关部门配合并执行改善。

1）问卷设计

问卷的内容直接关系到调查信息的准确性和顾客的填写意愿，而问卷中最关键的两个因素是调查项目选择和题目形式的设计。调查项目和题目形式设计准则如表 2-7 所示。

表 2-7 调查项目和题目形式设计准则

调查项目	题目形式
1. 调查项目必须符合客观实际 2. 围绕调查课题和研究假设设计最必要的项目 3. 考虑被调查者回复的能力 4. 考虑被调查者回答的意愿 方法：焦点讨论	1. 开放型。不提供具体答案，由被调查人员自由填写 2. 封闭型。设计几种固定答案，由被调查人员依据实际发生情况选择 3. 混合型。开放型与封闭型混合组成 选择：依顾客关系而定

注：调查项目可依据顾客需求的两个维度——产品需求和服务需求来确定。

外部顾客满意度调查如表 2-8 所示。

表 2-8 外部顾客满意度调查（示例）

文件编号：×××××-02

一、评分											
序 号	项 目		很满意		满 意		一 般		不满意		极 差
			10	9	8	7	6	5	4	3	2	1
1	产品质量	外观										
		性能										
		尺寸										
2	供货	交付										
		包装										
		服务										
3	新品开发	进度										
		数量										
		资料										

续表

序号	项目		很满意		满意		一般		不满意		极差	
			10	9	8	7	6	5	4	3	2	1
4	价格	单价										
5	顾客信息	反馈速度										
		反馈内容										
		反馈态度										

二、对本公司的评价
三、对同行公司的评价
四、您的期望

企业：	顾客：
电话：	电话：
传真：	传真：
联系人：	E-mail：
E-mail：	日期：
日期：	签字：
（说明：盖章回传）	

调查问卷的内容主要如下：

➢ 问卷名称。反映调查目的的标题。

➢ 文件编号。每份问卷都有一个唯一确定的编号，以保证问卷的唯一性。

➢ 题目及编码。问卷中的每一个问题、每一个答案都有确定的、唯一的编码，便于后期对问卷进行分析、处理。

➢ 本企业信息。便于被调查者确认，同时便于信息管理。

➢ 被调查者的信息。便于后期服务和沟通，并用于企业的信息管理。

➢ 盖章。在调查结束后盖章回传，保证调查程序的合法性，同时便于信息管理。

2）实施调查

问卷设计完成以后要着手进行调查，以尽快收集顾客信息，间隔时间过久，所设计的调查项目就会过了有效期，不能为产品或服务改善带来合理性建议。调查对象说明如表2-9所示。

表 2-9 调查对象说明

调查对象		适用范围	数据可信度	新想法
1. 终端消费者	经常购买	产品和服务改善	高	建设性的
	偶尔购买	产品和服务改善	较高	一般性的
	从未购买过	产品和服务推广	低	有一点
2. 企业顾客		产品和服务改善	高	建设性的
3. 第三方零售商		产品和服务改善	高	建设性的

需要注意的是，表 2-9 仅供参考。问卷调查的方式有邮寄问卷、现场走访两种，其中顾客关系较好的两种方式都可以采用，如果较疏远或陌生则采用现场走访的方式。不论哪种方式都要保证高回复率、低成本。

此外，除了调查数据的可靠性，还要保证数据的准确性，这需要进行几次重复调查。因为一份问卷夹杂着很多偶然性因素，例如顾客只是应付一下，其填写的问卷准确性就大大下降。重复调查可以尽可能排除非真实的数据，验证真实的数据。

3）问卷分析

在完成问卷调查之后，首先就问卷的有效性进行分析，将填写内容不完整、填写随意的问卷剔除，然后对剩余问卷进行统计分析。顾客满意度统计分析如表 2-10 所示。

表 2-10 顾客满意度统计分析

文件编号：××××× -03

一、统计

顾客名称	产品质量	纳品供货	新品开发	价格	顾客信息反馈	平均值
A 顾客						
B 顾客						
C 顾客						
……						
平均值						

续表

调查项目分析	(满意度柱状图：产品质量、纳品供货、新品开发、价格、顾客信息反馈)
顾客分析	(满意度柱状图：A顾客、B顾客、C顾客、D客户、E顾客、F顾客、G顾客、H顾客、I顾客、J顾客、K顾客、L顾客)
二、结果分析	
三、改善措施	
编制： 　日期：	批准： 　日期：

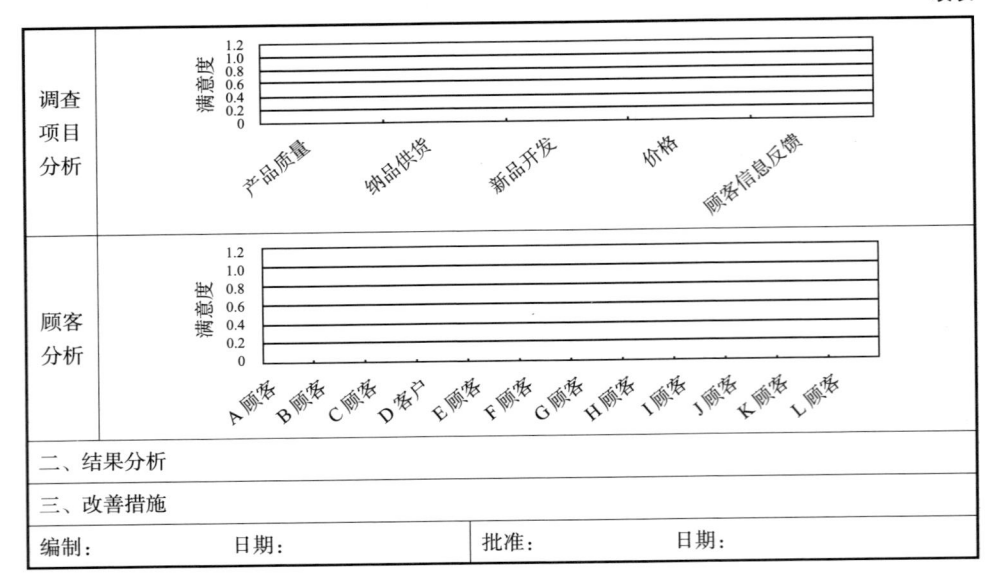

为了保证数据的可靠性和准确性，要对所得数据进行平均或加权平均。可从两个维度进行平均：一是项目，即对不同顾客对同一项目的评分进行平均；二是顾客，即对同一个顾客对所有项目的评分进行平均，然后再用折线图或柱状图表示出来，例如表2-10中的调查项目分析和顾客分析。

2. 内部顾客调查

内部顾客调查能够让企业获取来自内部的信息，以便企业高层进行决策和改善。内部顾客满意度调查如表2-11所示。

表2-11　内部顾客满意度调查

满意度调查指标	满意度调查指标
1. 个人能力的发挥	11. 道德标准
2. 成就感	12. 企业对员工的奖惩
3. 能动性	13. 个人责任
4. 企业培训和自我发展	14. 员工工作安全
5. 权利	15. 员工所享受的社会服务
6. 企业政策及实施	16. 员工社会地位
7. 报酬	17. 员工关系管理和沟通交流
8. 部门和同事的团队精神	18. 企业技术发展
9. 创造力	19. 企业的多样化发展
10. 独立性	20. 企业工作条件和环境

内部顾客问卷调查可以依据表 2-11 中的内容进行编排。在做完调查分析之后，企业要汇总信息，将数据发送给相关部门，并展开改善工作。

2.4 质量竞争策略

质量能够帮助企业获得和扩大竞争优势。那些能够提供优秀质量、服务，以及善于利用质量竞争策略的企业往往占有较大的市场份额，而且都是这些市场的早期进入者。

2.4.1 洞察竞品质量水平

了解竞争对手产品的质量水平对产品设计有着重要意义。首先，可以认清企业的产品在市场中处于何种水平；其次，通过对标分析竞品的质量特性，为产品设计提供参考；最后，有助于确定未来产品质量特性的理想值和临近值。

1. 调查竞争标杆顾客需求

我们可通过过程控制反馈、产品售出后顾客反馈、竞争标杆顾客群反馈获取顾客需求。其中最后一项需要标杆管理团队针对竞品进行顾客满意度调查，同时观察竞品在市场上的表现及反馈。可以通过关联图汇总数据，确定重要的顾客需求。竞品顾客需求记录如表 2-12 所示。

表 2-12 竞品顾客需求记录

编 号	顾客需求	重要度	单 位	竞争对手 A	竞争对手 B	竞争对手 C
说明：重要度由产品开发团队讨论确定，范围值为 1~5，5 为重要度最高值							

表 2-12 可以反映竞品在顾客群中的重要度。需要指出的是，竞品顾客需求调查会是一个相当漫长的过程，需要对标企业做好合理的成本预算。

2. 收集竞争标杆质量特性

购买竞争对手的产品，并进行拆卸和测试，同时做好记录。竞品质量特性记录如表 2-13 所示。

表 2-13 竞品质量特性记录

编 号	质量特性	重要度	单 位	竞争对手 A	竞争对手 B	竞争对手 C
说明：重要度由产品开发团队讨论确定，范围值为 1～5，5 为重要度最高值						

这一过程要注意竞品的生命周期。对标企业出于对成本或执行难度等因素的考虑，无法制作竞品顾客需求记录表时，至少要做一张竞品质量特性及特性值记录表，用来分析竞品的质量水平。

3. 设置质量特性的理想值和临界值

通过分析竞品质量特性，得出质量特性的临界值和理想值，作为产品设计的依据。表达度量的方法有五种，分别是"不小于 X""不大于 Y""在 X 与 Y 之间""正好为 X""一组离散值"。质量特性的理想值和临界值分析如表 2-14 所示。

表 2-14 质量特性的理想值和临界值分析

编 号	质量特性	重要度	单 位	临界值	理想值
说明：重要度由产品开发团队讨论确定，范围值为 1～5，5 为重要度最高值					

通常，要想掌握竞品的质量水平，需要将这三张表组合使用。

2.4.2 对标先进，弥补差距

企业进行标杆管理的动机从学习成功企业、借鉴经验、成为最佳企业、突破行业标准，到成为行业引领者，目的各不相同。一家企业设计一款新产品或改进产品时，最省事的办法就是对标先进企业的产品，包括逆向工程或分解对方产品，以发现它的优异之处，从而为新产品的设计和改进提供可借鉴的思路。

需要注意的是，标杆管理不只是针对产品质量，还要关注竞争对手的其他方面，这对制定质量竞争策略十分重要。

1. 常见的标杆管理评价指标

企业选择的评价指标必须是可靠的、可测量的，能够被追踪并能够改善企业绩效。这就要求企业确定能够影响企业绩效的关键要素，这些要素与企业成功至关重要。标杆管理中常见的评价指标有以下几种：

（1）生产率指标。为了便于评价，大多数企业采用全要素生产率指标作为计算依据。

（2）与顾客有关的指标。包括顾客满意度、顾客投诉情况。

（3）运营指标。运营指标涉及市场占有率、减少浪费指标、交期指标、产品从设计到上市时间指标、人力资源指标等。

（4）质量指标。常见的指标有工艺管理指标、报废与返工率指标、产品缺陷指标、过程控制指标、出货不良指标、质量成本指标、供应商来料质量指标等。

（5）财务指标。这类指标较为容易获得，有资产收益率、投资回报率、盈亏指标等。

2. 指标的测量与计算难点

对标中最困难的就是评价指标的计算方式。企业必须弄清楚竞争对手的指标计算方式，并采用相同的计算方式来计算。若对方采用单一要素计算生产率，而企业采用全要素计算生产率就会导致结果失真。这样的对标毫无价值。因此，企业在比较时，尤其是将对标结果作为重要决策依据时，要格外谨慎。

3. 标杆管理的过程

罗伯特·坎普开发的标杆管理流程对企业实施标杆管理十分关键。开展标杆管理的步骤如图2-4所示。

```
确定标杆管理的内容
        ↓
确定标杆管理对象
        ↓
制订计划并展开调查
        ↓
找出当前绩效差距
        ↓
预测未来绩效水平
        ↓
沟通并指出差距
        ↓
修正绩效目标
        ↓
制订改善或超越行动计划
        ↓
实施计划并监控进展
        ↓
再次校正标杆
```

图 2-4　开展标杆管理的步骤

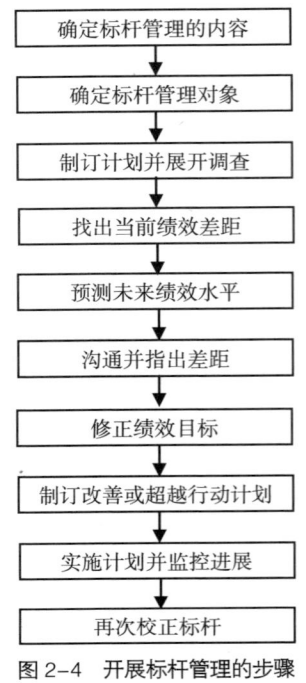

标杆管理是一个长期的过程，非一次性的活动。企业高层必须予以足够的重视，要了解标杆管理的过程、参与人员及目标，并建立相应的制度，提供相应的培训。

2.4.3　构建质量竞争优势

竞争优势意味着企业具有超过竞争者并获得市场优势的能力。这种能力是企业的核心竞争力，是其他企业所没有的。只有具备核心竞争力的企业才能够建立竞争优势。企业的竞争优势与质量密切相关。

美国 PIMS 公司研究了 1200 家公司案例数据库，以分析质量对企业的绩效影响。结果表明：

➢ 产品质量是企业利润的决定性因素。
➢ 通常提供良好的产品质量和服务的企业，占有较大的市场份额。
➢ 质量与投资回报成正相关性。
➢ 提供高质量产品与服务的企业，能够获取更高的价格。

企业获取质量竞争优势主要有以下几个来源。

1. 性价比

在短期内，企业的竞争优势源于现有产品的性价比特性。但是在第一轮全国性、区域性竞争中存活下来的企业，现在都已趋向于采用相似的严格的产品成本和质量标准。这些标准已经成为继续留在竞争行列的最低要求，对于形成差异化优势，其重要性已越来越小。

五菱宏光 Mini EV 自 2020 年上市以来，已经销售约 20 万辆。在现在新能源汽车竞争如此激烈的情况下，五菱宏光 Mini EV 的推出在市场上的表现甚至一度超过特斯拉，凭借的就是找准市场爆点，将性价比做到极致，并且还能达到合适的质量标准，所以能在稳定消费群体后，逐步推出新的产品。这和该企业战略定位的关系很大，在做到高性价比的同时，坚守合适的质量底线。

可见，企业在性价比和质量中找到一个合适的平衡点，是长期发展的必要因素。

2. 成本领先

从长期来看，企业竞争优势将取决于以更低的成本和更快的速度获取核心竞争力，依靠这些核心竞争力开发出满足或超越顾客期望的新产品。

质量是降低成本、增加利润的最直接方式。克劳士比在《质量免费》一书中指出：质量不仅仅是免费的，它还真诚地对待每一个利润追逐者。如果一美分没有被投入错误的决策中，那么就会在盈亏平衡线上多出半美分的盈利。如果专注于确保质量，就有可能增加相当于 5% ~ 10% 销售额的利润。这是一笔免费的钱。

日本在 20 世纪七八十年的质量改进活动中厚积薄发，向欧美企业发起了挑战。它们不再满足于新产品质量特性，掀起了一场改进产品特性及功能的变革，把新技术引入日用品中，例如，佳能的传真机、台式激光打印机，汽车制造商率先推出的四轮驱动、车内导航系统等。这些变革超越了顾客期望，也让日本企业占据了市场先机。

3. 产品差异化

让产品专注于一个或几个质量维度，以区别于竞争对手，是获得竞争优势的一个重要手段。这时，对顾客群的定位就显得尤为重要了。以手机为例，在满足基本性能的前提下，针对不同的顾客群，质量维度的差异性表现在照相功能、游戏性能、注重隐私保护等方面。

4. 好的战略

管理层要有整合先进技术和生产的能力，确保能够及时把握不断变化的机遇，进而获得竞争优势。

从2000年开始，三星集团高层在考虑公司发展的战略时，提出质量"零不良"概念，认为随着社会的发展，消费者会越来越青睐有质量保障的产品，而不再单一地关注产品单价，未来产品质量会成为公司核心竞争力。

为此，三星集团成立质量管理委员会并将质量管理作为各个分公司领导者的核心管理指标。以当时的手机产业为例，分公司的质量管理者在进行质量决策时，可以直接绕开分公司领导者与韩国总部对接。也正是得益于这样的战略调整，一段时间后，三星的多个产品获得了市场认可，成为领先品牌。

出色的战略决策可以将技术快速转化为生产力并获取竞争优势。

顾客需求在质量管理中具有非凡的意义，越来越多的企业把满足顾客需求放在质量管理的首位。

第3章
设计质量管理

品牌价值并不是靠天花乱坠的吹嘘就可以传递给消费者的，相反，质量无忧的产品和体现人文关怀的设计才是真正能够打动消费者的地方。

——格力电器董事长 董明珠

3.1 研发质量验证

研发质量验证关系到产品市场竞争力、产品质量可制造性以及可靠性。

3.1.1 设计流程细分

设计流程细分即在产品正式设计之前，描述产品设计的流程及关键点，以指导产品设计并完成产品验证。某企业产品设计流程示例如表3-1所示。概括来说，产品设计流程大致如下所述。

表3-1 某企业产品设计流程（示例）

阶段	项目发起	概念定义	可行性评估	初步设计	最终设计	产品验证	工艺验证	发布	项目评估
目标责任	项目及商业需求分析	提出产品概念和章程	产品可行性分析	产品初步架构	产品细化与改进	验证产品性能	验证产品工艺	发布产品	建立质量履历，巩固成果
市场	分析市场机会、竞争优劣势	调查顾客需求，预测顾客需求	确定产品上市和销售计划	与顾客共同评审产品		顾客特殊需求验证	完成产品培训计划	定价与销售预测	顾客反馈与顾客关系管理
工程（研发）	识别风险因素	完成关键质量特性分析，开发产品概念	提出性能指标，评审产品概念，确定产品特性	初步设计评审，样品测试，产品失效模式评估	与内部顾客达成共识	完成产品设计文档，完成新样品并试验，申请批准	获得批准	展品达到所有指标	
质量保证			编制测试计划	测试新样品的稳健性	完成质量保证测试	实施工艺验证测试			
生产				编制工艺文件，评审工艺文件	完成物料清单制定，编制生产控制计划	完善生产控制计划	进行试产，完成生产控制计划		

续表

阶段	项目发起	概念定义	可行性评估	初步设计	最终设计	产品验证	工艺验证	发布	项目评估
采购				制定供应商参与标准，评估供应商资格	明确长周期物料		确认供应链是否准备好		
财务	提出企划案	完善企划案	完成财务准备工作						
项目管理	组建团队，识别项目时间和人财物，编制项目计划，表单呈批	评估团队能力，确定工作流程，表单呈批	确定产品开发进度、项目经理人选，交付成果检查与更新，表单呈批	交付成果更新，表单呈批	交付成果更新，表单呈批	交付成果更新，表单呈批	交付成果更新，表单呈批	交付成果更新，交付所有成果，表单呈批	项目评估与成果巩固，表单呈批

1. 产品概念形成

这是产品设计的第一步。在这个阶段，设计团队通过头脑风暴，激发出新的产品理念。产品理念的形成源自两个方面，即企业内部和企业外部。

1）企业内部

设计团队成员暂时回归本部门，在上级主管的协助下，开展本部门的头脑风暴活动。通过这样的形式，设计团队可以从多个角度获得产品设计理念，极大地提高产品的适应和生存能力。

下面以设计部门提出的产品设计理念与市场营销部门提出的产品设计理念为例，说明这样做的优点和用途。

（1）设计部门。在积累了大量技术经验和向外部观察后，往往能打破常规，提出新的技术，保证产品性能的优越性。

（2）市场营销部门。与顾客联系更为紧密，对市场有较为准确的感知力，如顾客喜欢何种外观设计，期待或希望有哪些性能。初步分析出产品市场能力等（为产品成本预估提供依据），并将其融入产品的具体设计中。

具体的执行可以由设计团队到成员所在的部门进行调研，开展头脑风暴。不过要依靠质量委员会来推进。

2）企业外部

企业外部包括供应商、顾客，以外部顾客为主。通过对顾客需求的调查，发现他们的需求。这种方法对于成熟的设计团队或企业最为适用，且优点颇多。

2. 顾客未来需求预测

利用数据预测顾客未来需求。对未来做出预测并不是容易的事情，但又不得不做，归根结底这是为了提高产品的竞争力。较为准确的预测有助于设计出有价值的产品，同时也能为产品设计输入准确的质量特性。顾客未来需求预测的数据来源于顾客调查。

3. 设计技术选择

这需要与上两个步骤衔接，考虑顾客对产品的性能需求、成本要求以及企业自身的制造能力，分析产品在开发过程中需要选择的技术，包括产品设计的参数、所需材料、制造工艺、工具、试验研究及特殊情况等。

4. 产品定型

产品设计最终完成，各类规格均已确定；初步编制产品规格表，标明产品的规格要求。产品设计的第一阶段告一段落，接下来要进行第二阶段的设计，即产品验证和改善阶段。

5. 产品验证

在实验室或现场验证产品的可靠性、安全性以及产品规格表中规定的内容。设计团队借助质量统计工具确认产品是否能达到设计要求或使用要求，其间所需要的资源由质量委员会协调。产品验证后要以图文的形式将产品设计固定下来。这些文件包括：

- ➢ 产品零件图、部件装配图和总装配图等。
- ➢ 产品零件、标准件明细表，外购、外协件目录等。
- ➢ 产品技术条件，包括技术要求、试验方法、检验规则、包装标志等。

在产品验证中，如发现质量问题，设计团队要及时修正相关数据，然后，再次验证。

3.1.2　工艺与质量标准

研发质量验证阶段必须确定工艺与质量标准，通过 QC 工程图反映出来，以便按顾客要求制造出优质产品。

QC 工程图是对控制零件和过程的体系的书面描述，一个单一的 QC 工程图适用于以相同过程、相同原料生产出来的一组和一个系列产品。实际上，QC 工程图描述了过程的每个阶段，包括进货、加工、出厂等阶段性的要求。它反映当前使用的控制方法和测量系统，且随着测量系统和控制方法的改进而被修订。

为了实现过程控制和改进的有效性，应建立一个多专业的小组来编制 QC 工程图，它通常包括：

➢ 流程图。

➢ 系统、设计、过程失效模式及后果分析。

➢ 产品特性。

➢ 从相似零件生产中得到的经验。

➢ 设计评审。

➢ 最优化方法（质量功能展开、实验设计）。

QC 工程图的益处有两个：一个是提升质量水平，利用 QC 工程图减少设计、制造和装配过程缺陷；另一个是提升顾客满意度，降低成本，利用 QC 工程图将资源集中用于对顾客而言重要的过程特性。

作为一个动态文件，QC 工程图（表的格式，行业中称为工程图）识别并传达了产品过程特性、控制方法和特性测量中的变化，如表 3-2 所示。

表 3-2 QC 工程图（部分）（示例）

样件:	试生产:		生产:		联系人/电话:					编制日期:		
零件号/更改级别					核心小组:					顾客工程批准/日期（如需要）		
零件名称					供应商/工厂批准/日期:					顾客质量批准/日期（如需要）		
工序号	工序名称	生产设备	特性		产品/工艺规范/公差	评价/测量技术	数据记录方法	样本		控制方法	反应计划	责任部门
			编号	产品 工艺				容量	频率			
1	进货检验	光谱仪	1	材料成分 符合顾客要求	见铝合金检验报告	光谱仪	检验报告单	1次	每批	压铸铝合金检查规定	退回供应商	采购部
			2	铝合金表面 无脏污、灰尘、杂物	见铝合金检验报告	目测	检验报告单	1次	每批	压铸铝合金检查规定	退回供应商	采购部
2	熔炼	熔炉	1	铝液 温度	670~690℃	目视熔炉显示器	投料记录表	1次	1次/2小时	熔炼工艺守则	调整并再检查	生产部
			2	投料(配料) 回炉料与铝锭的配比	铝锭：回炉料 6:4	目视磅秤	投料记录表	1次	1次/2小时	熔炼工艺守则	重新配料	生产部
			3	铝液 精炼除渣	精炼剂 1~2kg	目视	投料记录表	1次	1次/2小时	熔炼工艺守则	重新精炼除渣	生产部
3	压铸	压铸机	1	产品尺寸 全检尺寸	按图纸执行	3D测量机	3D测量报告	1件	首批	制定检查基准书	隔离，改善	生产部
			2	四边凸台 压铸工序检查尺寸(mm)	14×8.00±0.18	目视数显卡尺	品质检查记录表	1件	1次/2小时	制定检查基准书	通知领班，并隔离不良	品质部

续表

工序号	工序名	生产设备	编号	产品特性	工艺	产品/工艺规范/公差	评价/测量技术	数据记录方法	容量	样本频率	控制方法	反应计划	责任部门
3	压铸	压铸机	3	散热片厚度	压铸工序检查尺寸（mm）	2×2.00±0.18 24×1.50±0.18	目视数显卡尺	品质检查记录表	1件	1次/2小时	制定检查基准书	通知领班，并隔离不良	品质部
			4	柱直径	压铸工序检查尺寸（mm）	$\phi 6.00\pm 0.18$	目视数显卡尺	品质检查记录表	1件	1次/2小时	制定检查基准书	通知领班，并隔离不良	品质部
			5	孔径	压铸工序检查尺寸（mm）	$\phi 16.00\pm 0.19$ $\phi 17.00\pm 0.19$ $\phi 22.00\pm 0.21$ $\phi 13.50\pm 0.19$	目视数显卡尺	品质检查记录表	1件	1次/2小时	制定检查基准书	通知领班，并隔离不良	品质部
			6	总长	压铸工序检查尺寸（mm）	441.00±0.45	目视数显卡尺	品质检查记录表	1件	1次/2小时	制定检查基准书	通知领班，并隔离不良	品质部
			7	总宽	压铸工序检查尺寸（mm）	356.00±0.39	目视数显卡尺	品质检查记录表	1件	1次/2小时	制定检查基准书	通知领班，并隔离不良	品质部
			8	总厚	压铸工序检查尺寸（mm）	58.60±0.25	目视数显卡尺	品质检查记录表	1件	1次/2小时	制定检查基准书	通知领班，并隔离不良	品质部
			9	部件厚	压铸工序检查尺寸（mm）	7.70±0.18	目视数显卡尺	品质检查记录表	1件	1次/2小时	制定检查基准书	通知领班，并隔离不良	品质部
			10	产品平面度	压铸工序检查尺寸（mm）	<0.4	目视数显卡尺	品质检查记录表	5件	1次/2小时	制定检查基准书	通知领班，并隔离不良	品质部

续表

工序号	工序名	生产设备	编号	特性 产品	特性 工艺	产品/工艺规范/公差	评价/测量技术	数据记录方法	样本 容量	样本 频率	控制方法	反应计划	责任部门
3	压铸	压铸机	11	内部质量	压铸工序检查尺寸(mm)	所有加工位不能有气孔，非加工位飞孔直径小于1	用X光机检查	品质检查记录表	5件	1次/2小时	制定检查基准书	隔离并调整	品质部
			12	顶针印	压铸工序检查尺寸(mm)	0~0.5	目视数显深度尺	品质检查记录表	1件	1次/2小时	制定检查基准书	隔离并调整	品质部
			13	侧面字体	压铸工序外观检查	字体要清晰，不允许有小损伤、粘铝现象	目测产品	压铸生产记录表	100%	连续	制定检查基准书	隔离、改善	生产部
			14	产品表面	压铸工序外观检查	Ra2.5	目视粗糙度仪	品质检验记录表	1件	首批	制定检查基准书	隔离、改善	生产部
			15	成型工艺	压铸工序工艺卡检查	参数	在压铸机上设定	压铸工艺记录表	1次	每班	制定压铸工艺卡	隔离、并重新设定	生产部
			16	内腔波导型	压铸工序外观检查	不允许有崩塌、欠料、冷隔以及变形等现象	目测产品	压铸生产记录表	100%	连续	制定检查基准书	隔离、改善	生产部
			17	所有渣包	压铸工序外观检查	不允许有崩人及夹层现象	目测产品	压铸生产记录表	100%	连续	制定检查基准书	隔离、改善	生产部

第3章 设计质量管理

续表

工序号	工序名	生产设备	编号	特性 产品	特性 工艺	产品/工艺规范/公差	评价/测量技术	数据记录方法	样本 容量	样本 频率	样本 控制方法	反应计划	责任部门
3	压铸	压铸机	18	周边分模线以及披锋	压铸工序外观检查	不允许有夹层以及披锋过长现象	目测产品	压铸生产记录表	100%	连续	制定检查基准书	隔离、改善	生产部、品质部
			19	定模面凸台	压铸工序外观检查	要完整，不允许崩塌，欠料	目测产品	压铸生产记录表	100%	连续	制定检查基准书	隔离、改善	生产部、品质部
			20	裂纹	压铸工序外观检查	产品表面不允许出现裂纹	目测产品	压铸生产记录表	100%	连续	制定检查基准书	隔离、改善	生产部、品质部
			21	筋条、卡位槽	压铸工序外观检查	不允许有任何变形现象	目测产品	压铸生产记录表	100%	连续	生产操作工检查	隔离、改善	生产部、品质部
			22	气泡	压铸工序外观检查	允许小于ϕ1mm的气泡，数量最多为5个	目测产品	压铸生产记录表	100%	连续	生产操作工检查	隔离、改善	生产部、品质部
			23	所有表面所有字体	压铸工序外观检查	要完整清晰，不允许有崩塌、欠料、烧伤、小损伤、粘铝等现象	目测产品	压铸生产记录表	100%	连续	生产操作工检查	隔离、改善	生产部、品质部

续表

工序号	工序名	生产设备	编号	特性产品	工艺	产品/工艺规范/公差	评价/测量技术	数据记录方法	容量	样本频率	控制方法	反应计划	责任部门
4	除毛刺	锉刀、风磨	1	抽芯孔披锋	除毛刺工序外观检查	要磨穿，不允许打磨变形	目测产品	除毛刺生产记录表	100%	连续	作业指导书	通知技术员	生产部、品质部
			2	装夹基准位	除毛刺工序外观检查	不允许有碰伤以及打磨不平现象	目测产品	除毛刺生产记录表	100%	连续	作业指导书	通知技术员	生产部、品质部
			3	所有分模线	除毛刺工序外观检查	要磨得平整光滑，不允许有起级不平的现象	目测产品	除毛刺生产记录表	100%	连续	作业指导书	通知技术员	生产部、品质部
			4	产品表面扣伤痕、碰伤痕	除毛刺外观检查	要磨得光滑，不允许有凹凸不平现象	目测产品	除毛刺生产记录表	100%	连续	作业指导书	通知技术员	生产部、品质部
			5	产品表面转点、斑点	除毛刺工序外观检查	要去除干净，不允许有凸出现象	目测产品	除毛刺生产记录表	100%	连续	作业指导书	通知技术员	生产部、品质部
			6	所有波导柱表面冷隔	除毛刺工序外观检查	要打磨干净以及平整	目测产品	除毛刺生产记录表	100%	连续	作业指导书	通知生产部	生产部、品质部

第3章 设计质量管理

续表

工序号	工序名	生产设备	编号	特性产品	工艺	产品/工艺规范/公差	评价/测量技术	数据记录方法	容量	样本频率	样本控制方法	反应计划	责任部门
4	除毛刺	锉刀、风磨	7	所有顶针印毛刺	除毛刺工序外观检查	要打磨平整	目测产品	除毛刺生产记录表	100%	连续	作业指导书	通知生产部	生产部、品质部
			8	产品表面字体	除毛刺工序外观检查	要完整清晰,不允许有打磨现象	目测产品	除毛刺生产记录表	100%	连续	作业指导书	通知技术员	生产部、品质部
5	喷砂	喷砂机	1	色泽均匀,不起皮、发黑	喷砂工序时间检查(分)	3~5	目测产品	喷砂生产记录表	100%	连续	作业指导书	通知技术员	生产部、品质部
6	矫形	平台、塞尺	1	产品平面度	矫形工序检查尺寸(mm)	≤0.3	目视塞尺	矫形生产记录表	100%	连续	作业指导书	通知技术员	生产部、品质部
7	终检	人工	1	表面外观	外观检查	妥立信来料标准	目测产品	终检记录表	100%	连续	即时返工	通知生产部	生产部、品质部
			2	平面度	外观检查(mm)	≤0.3	塞尺以及平口刀辅助目测产品	检查记录表	100%	连续	即时返工	通知生产部	生产部、品质部

注:

3.1.3 质量功能展开

把顾客对产品的需求进行多层次的分析,并转化为产品设计特定的工程和质量特性。它是一种格式化的过程,能够将顾客需求贯穿于整个产品开发过程中的每个阶段。

1. 质量屋结构及展开原理

产品质量功能展开是围绕质量屋展开的过程,如图 3-1 所示。

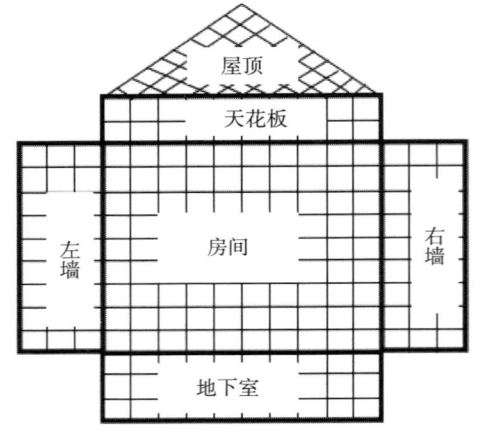

说明:
- 左墙表示顾客需求及需求的相对重要程度
- 天花板表示产品特性
- 屋顶表示产品特性之间的关系
- 房间表示关系矩阵
- 右墙表示市场竞争力评估
- 地下室表示技术竞争能力评估

图 3-1 质量屋结构及展开原理

2. 产品质量功能展开步骤

质量功能展开的各个环节是固定的。明确了它的操作步骤,就能够按部就班地进行产品设计了。

步骤 1:描述顾客需求。将经过 KJ 法(QC 七大方法之一,又称亲和图法,KJ 是该方法发明人川田喜二郎英文名的缩写)确认的顾客真实需求导入质量屋,并评估不同需求的重要程度。重要程度用 1~10 表示,1 为最不重要,10 为最重要。

步骤 2:竞争性分析。即顾客对企业及竞争对手的产品或服务进行评价。选取较为重要的竞争者,就产品或服务进行评估分析,用数值 1~5 进行能力评价。

步骤 3:产品或服务特性分析。分析可直接影响顾客需求的质量特性,且对这些特性的描述是可度量的、专业的。为了更好地满足顾客需求,特性需要提高或降低，用 + 或 - 来表示。

步骤 4：评估关系矩阵。确定顾客需求与产品质量或服务特性之间的关系。一般用符号表示它们之间的关系是正还是负，以及程度的强弱。

关系矩阵中的关系一般用 1、3、9 来表示强弱，为了便于识别，用符号代替 1、3、9。

◎表示 9，强相关；

○表示 3，中等相关；

△表示 1，弱相关。

步骤 5：评估技术竞争能力。将产品或服务特性与竞争者进行对标，找出差异。评估值用 1～5 表示，差异越大则分值越高。

步骤 6：评估产品质量特性之间的关系。综合平衡产品质量特性之间的关系。

3. 产品质量功能展开应用

某公司针对中低端市场设计了一款电动剃须刀，对其进行质量功能展开，其间所使用的数据不代表可用于实际的产品设计。

1）描述顾客需求

通过顾客需求调查和 KJ 法分析，确定顾客合理的需求，并输入质量屋左墙，依据调查结果描述各项需求的重要度。顾客需求描述如图 3-2 所示。

顾客需求	重要程度
易于使用	8
不易损坏	7
胡须剃得干净	10
噪声小	4
携带方便	5
手感好	4
易清洗	8
美观	6

图 3-2 顾客需求描述

同时，为了确保将来产品的市场竞争力，还需要对竞争对手的同类产品进行顾客满意度调查，即竞争性分析。

2）顾客满意度竞争分析

该公司选取了 2 个主要的竞争对手。对相同的顾客需求项目进行了调查。顾客满意度竞争分析如图 3-3 所示。

精益质量管理

顾客需求	重要程度	顾客评价 本公司U	本公司A	本公司B	目标值	卖点	绝对权重	顾客满意度评估 1	2	3	4	5
易于使用	8	5	4	3	3	2	48			B	A	U
不易损坏	7	4	5	3	3	1	21			B	U	A
胡须剃得干净	10	4	3	4	3	2	60			A	U	
噪声小	4	3	2	4	5	1	20	A	U		B	
携带方便	5	3	4	2	5	1	25		B	U	A	
手感好	4	2	3	4	5	1	20	U	A	B		
易清洗	8	4	4	2	5	1	40	B		U		
美观	6	4	4	3	3	1	18		B	U		

图 3-3　顾客满意度竞争分析

图 3-3 中目标值是指与竞争对手产品相比，该公司产品的期望值。目标值采用 5 分制，5 表示产品要超越竞争对手，3 表示要改进产品，1 表示产品维持现状。

卖点采用 2 分值，2 表示高的销售绩效；1 表示低的销售绩效。

绝对权重的计算方法是绝对权重＝顾客重要度 × 目标值 × 卖点

3）产品特性分析

依据顾客需求列出相应的产品特性并输入质量屋天花板。产品特性分析如图 3-4 所示。

◎强相关 ○中等相关 △弱相关 顾客需求	重要程度	产品特性 刀片硬度	电机	充电模式	部件可拆装性	颜色	形状	零件失效率	顾客评价 本公司U	本公司A	本公司B	目标值	卖点	绝对权重	顾客满意度评估 1	2	3	4	5
易于使用	8	○	◎	○	◎				5	4	3	3	2	48			B	A	U
不易损坏	7	◎	○					△	4	5	3	3	1	21			B	U	A
胡须剃得干净	10	◎	○					◎	4	3	4	3	2	60			A	U	
噪声小	4		◎					○	3	2	4	5	1	20	A	U		B	
携带方便	5		△	◎	○		○		3	4	2	5	1	25		B	U	A	
手感好	4						◎		2	3	4	5	1	20	U	A	B		
易清洗	8				◎				4	4	2	5	1	40	B		U		
美观	6					◎	◎		4	4	3	3	1	18		B	U		

图 3-4　产品特性分析

4）关系矩阵评估

用关系矩阵评估顾客需求与产品质量或服务特性之间的关系。关系矩阵评估如图 3-5 所示。

第3章 设计质量管理

		产品特性						
◎强相关 ○中等相关 △弱相关		安全性	材料强度	刀片硬度	电机	充电模式	部件可拆装性	颜色	形状	零件失效率

顾客需求	重要程度								
易于使用	8	◎		○	○	○			
不易损坏	7	○	○	○	○			△	○
胡须剃得干净	10	△		◎	○				
噪声小	4		○		◎				○
携带方便	5	◎	○		△	○	○		
手感好	4							◎	
易清洗	8					◎			
美观	6							◎	◎

图3-5 关系矩阵评估

5）评估技术竞争能力

该公司产品电动剃须刀在技术竞争力上的评估如图3-6所示。

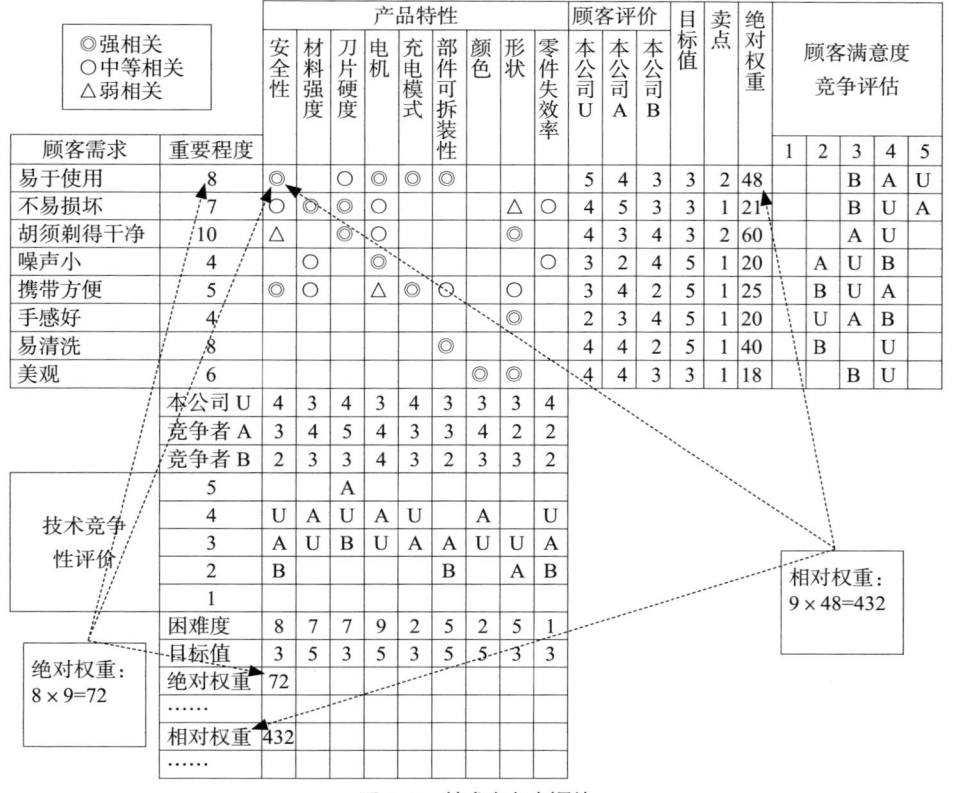

图3-6 技术竞争力评估

进行质量功能的最后评估,即通过绝对因子与相对因子反映产品质量特性之间的关系。计算公式为:

产品质量特性绝对因子＝单个质量特性绝对权重÷绝对权重之和

产品质量特性相对因子＝单个质量特性相对权重÷相对权重之和

质量功能展开还包括过程特性展开、过程控制特性展开。质量功能展开模型如图 3-7 所示。

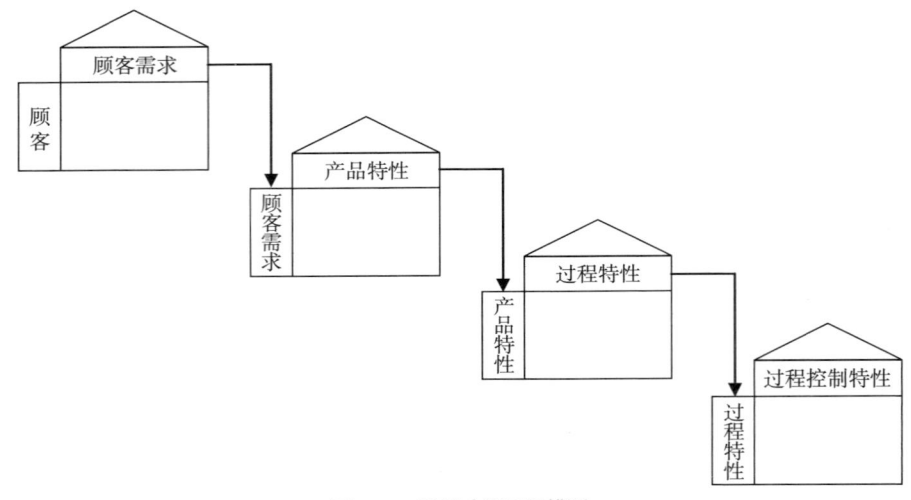

图 3-7　质量功能展开模型

我们只介绍了前两个阶段,后两个展开的原理与此相同。

4. 产品参数设计

在明确(输出)产品质量特性之后,需要对这些质量特性进行量化,即赋予这些质量特性唯一的目标值(参数),以满足可制造性。但在实际设计中会存在偏差,因而将公差也纳入产品参数设计中。

质量大师田口玄一提出,在保持均值与目标值相符的情形下变异最小;公差设计指确定目标值两侧的界限以确定参数的最佳公差的过程。田口方法强调对参数设计中存在噪声因子环境下的可控因子进行研究,以设定变异最小的参数目标值范围。

参数设计是指在产品的设计阶段就考虑其可制造性和稳健性(不受组件变化影响,减少目标值的变异),防止在制造过程中出现质量特性偏离目标造成损失的情形。

参数设计在技术和统计上都有一定的难度，但大部分活动可以通过团队工作、常规质量手法完成。参数设计流程如图 3-8 所示。

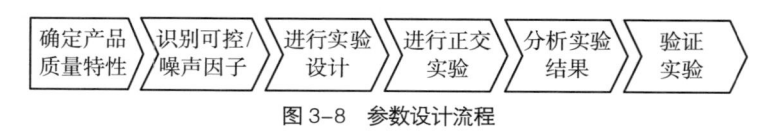

确定产品质量特性 → 识别可控/噪声因子 → 进行实验设计 → 进行正交实验 → 分析实验结果 → 验证实验

图 3-8　参数设计流程

上述参数设计流程是基于田口方法进行的，下面我们进行详细介绍。

1）确定产品质量特性

参数设计必须建立在产品的主要质量特性之上，产品的质量特性我们已经在前文进行过阐述。

2）识别可控/噪声因子

田口将产品设计过程中的变量定义为因子。其中，可以控制的变量为可控因子，不可控的变量为噪声因子。例如工艺、人工数量、温度是可控因子，环境变异、工人行为变化等为噪声因子。

在此步骤中要识别这些因子，以确定它们的水平。可采用头脑风暴法确定因子、因子可能的水平和它们之间的交互作用（制作交互表），并找出噪声因子。最后确定产品质量特性的目标值。目标值的判断有以下三种形式。

- 望大：期望结果的价值越大越好。
- 望小：期望的缺陷、错误的水平越小越好。
- 望目：期望的结果符合事先预测或测量的值。

具体采取何种形式要依据实验的对象来确定。

3）进行实验设计

实验设计即选择合适的实验方法、条件，以确保实验过程的可行性和实验结果的准确性。田口方法采用离线实验，即在实验室实验而非在现场实验。

4）进行正交实验

实施过程以正交实验为基础，在完成上述步骤后，利用内外正交表安排实验，采用 SIN 比进行数据分析，确定因子的最佳水平。

（1）选择恰当的正交表。正交表是用于保持田口实验中的连续实验结果之间的独立性工具。通常恰当的正交表由因子数和因子水平决定。

（2）重复实验数次，并记录结果。

（3）计算每个因子和因子水平的响应均值。

（4）绘制响应图，以观察与实验目标一致的最佳结果。

5）分析实验结果

参数设计是多因子选优的问题。在此步骤要确定所有因子的最佳水平，一般用信噪比来进行统计分析。分析中着重考虑每个因子之间的交互作用。

6）验证实验

在确定每个因子的最佳水平后，要排列所有因子的最佳水平进行实验，以验证结果（目标值）。

3.2 质量标准统一

质量特性、产能和成本三者关系到企业运营能力和竞争力。三者之间存在一定的制约关系，在研发阶段分配好三者投入的比例，能够确保后期制造出高质量的产品。

3.2.1 质量与效率的平衡

产品质量与成本、效率、运输时间息息相关，在三星公司，管理者们认为，其产品质量的70%～80%是在设计阶段就决定了的。

1. 简化产品设计

质量要可控，量产又要能出效率，这里面要找到平衡点。不能为了质量，致使生产效率很低，成本太高，这不符合经营逻辑，同时还要注意量产的难易度。

笔者在一次检查供应商手机壳注塑工程时发现，手机壳成型时，不良较多。经过分析发现，不良集中在手机壳卡柱上，模具成型较为麻烦，嵌套的顶针十分容易断。后来把顶针改为台阶形状，不良率就大幅下降，产量也上来了。

2. 了解工艺的制约因素

设计部门在产品设计阶段就要考虑工艺，不能因为工艺缺陷影响产品应有的特性。这要求设计人员充分深入现场调查，了解材料、零件的特性，以及现有工艺规范等，避免设计与制造不连贯导致重新设计、返工、材料浪费等。

例如在注塑工程中，经常因为浇口设计太小而导致喷射纹出现。注塑工艺的缺陷如图 3-9 所示。

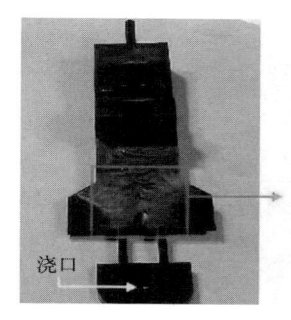

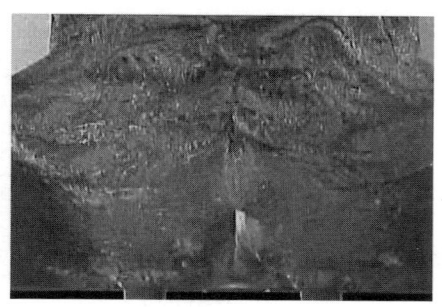

图 3-9　注塑工艺的缺陷

注塑时，熔融的树脂以喷流的形式从狭窄处流到宽阔处时，如果流速偏快，就会呈带状飞出，并且在不接触模具的情况下流动，此时便会产生喷射纹。这是产品工艺设计不佳的表现。经过分析发现，发生喷射纹的最大原因是浇口尺寸。孔（浇口）越小，熔融的树脂飞出时的压力越大，导致进入模具的树脂密度不均、冷却时间不一。

改进过程中尝试增大浇口尺寸，尽管这取决于产品的形状和大小，但在有余地的情况下，增加浇口尺寸，消除了喷射纹。浇口分流道采用短而宽的或呈扇形打开并带有角度的设计。浇口尺寸改进如图 3-10 所示。

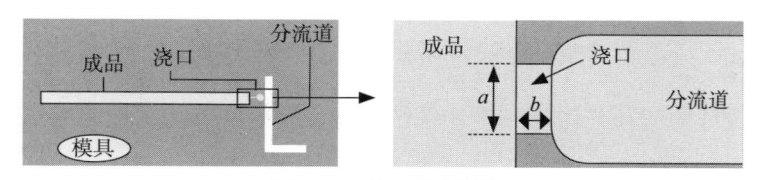

图 3-10　浇口尺寸改进

3. 降低装配难度

产品设计中有一个重要因素要考虑，那就是人因工程。不能因为注重质量而忽略产品零件的装配难易度。装配难度越大，越容易造成工人疲劳。产品前 100 个和 1000 个以后的生产难度是完全不一样的。

笔者在从事三星供应商管理中发现这样一个现象：手机上壳和下壳的组装看起来很简单，按压一下二者就合在一起了。但连续按一万个，甚至两万个，持续一周以后还在做这个工序，工人的手指会受伤、出血。

当我们改进成工装按压后，用身体力量去完成这道工序，消除了对人体局部（手指）造成的大压力和伤害。

在符合人因工程的前提下，为了避免质量损失，我们可以通过装配效率的核算来确定装配最佳方式。

$$装配效率 = \frac{理论最小组件数 \times 每件装配时间}{估计装配总时间}$$

4. 零部件标准化

产品设计阶段应关注零部件和工艺的标准化。无论是在规模经济下，还是小批多量生产，都应尽可能促成零部件的标准化。零部件的标准化可以提升标准化操作的水平，减少采购成本。实际上，零部件标准化可以显著提升质量和生产效率，例如提高产品可靠性、出货的一致性。在生产率方面，减少了因质量问题带来的生产线停顿的状况。

5. 减少工序

减少不必要的工序可以提升生产效率并降低质量事故发生的概率。例如铜制零件不需要刷漆，或者将一些零部件集成。有些车企采用大型铸造机，将车身一体铸造成型，零配件由原来的上百个简化为几个，昂贵的机械臂也一并节省了。减少不必要的工序最好在设计阶段完成，这样效益能最大化。

6. 防错

质量设计中应预先考虑到生产系统可能发生的故障并采取防错措施（防呆措施）。

3.2.2 研发部门与内部顾客达成共识

不同职能部门对产品设计的关注角度不同。设计部门强调新产品性能优越，生产部门希望新产品工艺能顺利推进，质量部门则关注新产品质量是否可控等。总之，研发部门应充分与企业内部各部门就新产品设计达成共识。

1. 新产品内部顾客评分

设计部门在完成新产品开发后需要多部门给予评估,以确认是否满足本部门的要求。三星公司的一些下属制造单位,一般采用百分制进行评估,每个部门对新产品打分。平均分 80 分以上才能试产,试产后还要进行优化,最终平均分达 90 分以上才能量产。新产品试产前内部顾客评分表如表 3-3 所示。

表 3-3 新产品试产前内部顾客评分表

部 门	指 标	评分(100 分制)	备 注
决策层	市场机会		
市场部	产品感知度		
研发部	新产品竞争能力		
生产部	可制造性		
质量部	产品稳健性		
采购部	采购成本		
财务部	预算及收益		
人事部	人力成本		
平均分			

每个部门都有自己的评价指标,这些指标都是从本部门运营角度出发制定的。

(1)市场机会。评估新技术的应用是否能带来新的利润增长点。

(2)产品感知度。衡量顾客对新产品各方面的满意度。

(3)新产品竞争能力。产品特性与竞争对手相比,是否全面占优或有局部优势。

(4)可制造性。对于新产品、新工艺,现有制造能力是否有制约因素。

(5)产品稳健性。在现有工艺下,新产品参数等是否能够达到预期。

(6)采购成本。原材料采购是否有成本溢出倾向。

(7)预算及收益。计算新产品的投入预算及回报率。

(8)人力成本。

2. 新产品试产改进

当新产品评分不足 80 分时，各部门要一起群策群力，找出问题加以改进。质量部要与供应商、技术部门、市场部门协商能否调整工艺，以达到质量要求。

当评分大于 80 分、不足 90 分时，对试产的产品要进行优化。质量部门要优化质量管控方式和检验方法，督促各个部门一起改善。然后各部门会签试产转量产评审报告，就质量标准达成一致，如表 3-4 所示。

表 3-4 试产转量产评审报告（示例）

产品型号		产品类型		顾客名称		顾客料号	
产品样式			□单面板 □双面板 □多层板				
产品规格	出货方式	□No SMT □SMT		表面处理		拼版：	
	□接受 □不接受	X-out 比例：≤ %				其他：	
	尺寸：		尺寸：			尺寸：	
制作周期							
市场负责人		工程设计		样品跟单人		编写人	
日期		日期		日期		日期	
主要不良总结							
投料数量（pcs）	良品数	主要不良项目		保护膜异物		Pad 内铜瘤	切片分析
产品良率（良率要等于或大于开发良率）	开发良率	转量产良率目标值		实际良率值		量产良率可提升项目	
						预计良率提升值	
产品超制程能力项目	项目序号	超制程能力内容		改善方向		责任人/时间	
	1						
	2						
量产工具或材料需求	精模	简易模/刀模	补强	电测		材料	其他
外协需求	外协工序						
	外协厂商	外协要求		外协周期		外协品质	
产品样式							
附样品结构图：							

续表

样品流程异常表		
工序	问题	备注
开料		
钻孔		
……		

样品异常问题分析与改善跟进表					
序号	问题	产生原因	改善对策	责任人	完成时间	结论
1						
2						
最终评估意见	□可大批量生产					
	□可小批量生产					
	□不可批量生产					
	□其他					
需要变更的项目	□文件　□流程　□工程资料　□工具　□参数　□其他					
序号	责任人	变更内容描述			完成时间	
1						
2						
报告人	审核	会签				批准
		品保部：　工程部：　生产部：　生管部：　生技部：				
表单编号：		版次：		保存期限：	

3.2.3　形成可量产质量标准

新产品量产前每个产品都要形成可控的质量标准，确保产品设计完成闭环，同时可保证实现量产。这些标准包括研发部门新品确认书、通用的质量标准表单、供应商供货与验收标准、每个型号的检验基准书、生产作业的 SOP 等。总之要配备齐全。可量产质量标准（部分）如图 3-11 所示。

品质规划小组可行性确认表

确认日期：	产品名称：	规格型号：	是	否
1. 产品的定义是否适当，以符合可行性评估				
2. 工程效率及规格是否符合书面要求				
3. 产品在制造时能否符合图面上指定允许公差				
4. 产品在制造时能否符合 C_{PK} 的要求				
5. 是否有足够的能力生产产品				
6. 设计是否考虑到有效的物料搬运技术				
7. 产品在没有遇到下列异常时能制造吗 • 主要设备成本 • 工具成本 • 替代性制造方法				
8. 产品是否使用指定的统计制程管制方法				
9. 目前同类产品是否使用统计制程管制方法				
10. 何种情况下同类产品应使用统计制程管制方法				
11. 这些制程是否稳定并在管制状态下				
12. C_{PK} 值是否大于 1.33				

结论：
☐ 可行。产品可在不指定任何修订情况下生产
☐ 可行。建议变更（视其附加情况）
☐ 不可行。产品的设计修订须符合指定的要求
小组成员： 职称： 日期：

零部件提交保证书

零件名称＿＿＿＿＿ 零件号：＿＿＿＿＿
安全和/或政府法规 ☐是 ☐否 工程图纸变更版本＿＿＿ 日期＿＿＿
附加工程变更＿＿＿＿＿
图纸编号＿＿＿＿＿ 采购订单编号＿＿＿ 重量＿＿＿
检查辅具编号＿＿＿ 工程变更日期＿＿＿ 日期＿＿＿
供方制造厂信息 提交信息
＿＿＿＿＿＿＿＿ ☐尺寸 ☐精料功能 ☐外观
供方名称和供方代码
＿＿＿＿＿＿＿＿ 顾客名称/部门＿＿＿＿＿
街道地址＿＿＿＿ 采购人员名/采购人员代码＿＿
城市＿＿ 邮政编码＿＿ 适用范围＿＿＿＿＿
注：该零件是否有任何限制的或需要报告的物质
塑胶件是否已标注相应的 ISO 编码 ☐是 ☐否

提交原因
☐首次提交 ☐改为其他选用的结构或材料
☐工程变更 ☐分供方材料来源变更
☐工装：转移、更换、整修或添加 ☐零件加工过程变更
☐精差校正 ☐在其他地方生产零件
☐工装停止使用期超过一年 ☐其他-请说明

要求的提交等级（选择一项）
☐等级 1- 只向顾客提交保证书（若指定为外观项目，还应该提交外观样件批准报告）
☐等级 2- 向顾客提交保证书及产品样品以及有限的支持数据
☐等级 3- 向顾客提交保证书及产品样品以及全部的支持数据
☐等级 4- 保证书以及顾客规定的其他要求
☐等级 5- 保留在供方制造场所，供审查时使用的保证书、产品样品以及全部的支持数据

提交结果
结果：☐尺寸测量 ☐材料和性能试验 ☐外观准则 ☐统计过程数据
这些结果满足所有图纸和规格要求：☐是 ☐否（如果选择"否"应解释）
模型/生产过程

声明
我在此声明，本次提交保证所使用的样品是我们代表性的零件，且已符合适用生产批准程序手册第三版的
要求。我进一步保证这些样品是在＿＿＿件/8 小时的生产速率上下所制造的。此外，我还附注了任何与要求
有偏差的内容于此声明之下。

解释/说明：
姓名＿＿＿＿ 职务＿＿＿ 电话号码＿＿＿ 传真＿＿＿
授权方代表签字＿＿＿＿＿ 日期＿＿＿

仅供顾客使用（若适用）
零件保证书处理意见：☐批准 ☐不批准 零件功能：☐批准
 ☐临时批准 ☐免除
顾客名称＿＿＿＿＿ 顾客签字＿＿＿＿＿ 日期＿＿＿＿

量产移行清单

顾客名称		顾客编号		日期	年 月 日
产品名称		产品编号			

NO.	移转评估点检内容	责任部门	确认结果 OK NG	确认者	移行数量	备注
1	部品是否已经顾客确认合格					
2	性能测试是否已完成					
3	样品是否完成					
4	控制计划是否完成					
5	作业标准书及记录表是否完成					
6	Ppk 值是否达到要求					
7	QC 是否确认品质合乎规格要求					
8	样件是否完成					
9	PFMEA 作业是否完成					
10	生产作业流程图是否完成					
11	物料清单（BOM）是否完成					
12	生产治具是否备齐					
13	单件、总成检具是否已检测确认					
14	生产设备是否规划完成					
15	供应商工程状况是否良好					
16	产品包装是否适当					

评估以"√"表示之：
☐量产前备项资料、条件、计划已准备完毕，可量产
☐部分准备事宜有待加强、追加时，须做特别管理
☐各项量产准备事宜欠周详，不予进行量产

各部门主管意见：＿＿＿＿＿

制造部 ☐可量产 审核
 ☐不可量产

零部件封装标准表

元件位置	正面覆盖	料号	丝印极性贴装方向
	是		
	是		
	是		

图 3-11 可量产质量标准（部分）（示例）

产品关键特性（CC）和重要特性（SC）管制清单如表 3-5 所示。

表 3-5　产品关键特性（CC）和重要特性（SC）管制清单（示例）

×× 有限公司												
顾客名称					顾客类别			本企业类别					
制程能力分析		No.	质量特性	特性类别	允收基准	C_{PK}	重要度	选定依据	抽样数	分析方法	异常处置	备注
初期	量产											

注：1. 特性类别分产品特性和过程特性。
　　2. 特性说明：
重要特性（Significant Characteristics，SC）：
关键特性（Critical Characteristics，CC）：

定期说明	符号	○	定期试验	核准	审查	制作	检查者会签
		△	定期精测				
		□	定期 C_{PK} 分析				

3.3　质量源头改善

企业提出并倡导质量是设计出来的，这意味着设计是质量管理的源头。研发部门要对设计负责，对最终产品质量负责。

3.3.1 质量责任划分

质量责任划分就是明确产品设计过程中参与部门、人员的责任，这样分工明确、各司其职，有助于工作的开展和协调。

1. 组建团队

企业设计的产品最终要满足顾客的需求，也就是说要满足顾客对产品质量和服务质量的需求。而这两大需求有许多不同的维度，因而产品设计不应仅仅由一名独立设计者或职能相同的几个人来完成。如果能够组建一个跨部门的设计小组，当然要以设计为主体，那么可以更好地将顾客需求融入产品设计中。

1）成员

设计团队的成员依据产品设计的复杂程度、成本来确定。一般设计越复杂，产品特性分得越细，对人员的专业知识和技能也就要求越高，因而需要的专业人员相对较多。

产品设计成本在一定程度上意味着风险和利润，这就不仅仅涉及产品设计本身了。例如，产品设计中采用了较高规格的零部件，这样一来，产品成本就会上升，产品价格也会上涨，而且对操作的要求也更高，而事实上采用中等规格的零部件就可以满足产品的性能。通常，设计人员很少考虑产品性能以外的东西，因此，产品设计需要来自其他门部门的人员参与，从各自可实现、成本角度提出设计意见。

2）领导者

设计团队的领导者的选定有两种方法：一种是由质量委员会指定，另一种是由团队成员推举。究竟选择哪种方法要视企业的情况而定。如果企业发展比较成熟，产品设计能力相对较强，可尝试团队成员推举的方法，但质量委员会要进行监督。对设计团队领导者要从以下四个方面来评估：

➢ 素养。品德、性格、修养。

➢ 组织。领导、协调、分工、调解。

➢ 技能。专业技能、其他技能。

➢ 思维。分析能力、逻辑推理能力、创新能力、接受不同意见的能力。

2. 划分责任

产品设计过程相关人员责任可以依据产品设计的内容及相关因素来确定，需要注意的是，划分责任时应挑选主要的工作内容或关键环节。由于团队成员来自不同部门，需要相互熟悉各人在产品设计过程中的工作内容，因而每个成员都需要明确知道其他成员的责任，以便完成配合。产品设计责任矩阵如表 3-6 所示。

表 3-6 产品设计责任矩阵

No.	任务内容	市场部	工程部	研发部	生产部	质量部	资材部	生管部
1	新产品估价及开发通知	●	△					
2	新产品开发可行性评估	△	●	△	△	△	△	△
3	新产品成本分析与估价	●	△	△				
4	新产品开发进度拟定	●	△	△			△	△
5	产品规格与图纸设计		●	△		△		
6	模治具设计与图纸绘制		●		△	△		
7	BOM（物料清单）编写		●	△			△	
8	样品制造流程制定及修订		●	△	△	△		
9	工厂布置与物料流程规划			●	△	△		△
10	DFMEA（设计失效模式与结果分析）制定及修订		●	△				
11	PFMEA（潜在失效模式与结果分析）制定及修订		△	●		△		
12	控制计划制订及修订			△	△	●		△
13	工艺参数/条件设定			●	△	△		
14	作业标准编制			●	△	△		
15	检查基准书编制		△	△		●		
16	包装指导书编制	△	△			△		
17	模治具委外制作		△			△	●	△
18	模治具验收及管理		△	△	●	△	△	
19	新产品制作			△	●	△		△
20	新产品试产评价，含 MSA（测量）/PPK（过程性能）			△	△	●		
21	ISIR（初期样品检测报告）供应商与顾客样件认可	△	△	△		△	●	
22	新产品开发终了宣言	△	△	●	△	△		
23	量产移行			●	△	△		△
24	量产可行性签证	△	△	●	△	△	△	△
符号说明：● 主办　△ 协办								

产品设计责任矩阵简单明了地显示了每个成员的主要责任和次要责任，同时也清晰了设计人员之间的协作关系。例如，在顾客需求方面，市场部负责具体的调查、分析工作，而质量部则可利用统计知识协助进行相关数据分析。

3.3.2 设计是质量的源头

质量是设计出来的，这就要求设计部门在产品设计伊始就关注产品质量，并承担相应的责任。设计部门在产品设计中必须完成和做好以下九项质量管理工作。

1. 设计失效模式及结果分析（DFMEA）

设计失效模式及结果分析是一种评定产品失效可能性及其失效影响的分析技术。DFMEA 的一种形式为系统失效模式及结果分析。失效模式及结果分析是一种动态文件，随顾客需求和期望的变化而不断更新。失效模式及结果分析为设计部门提供了评审前选择产品，以及对过程特性做出必要补充、改变和删减的机会。

2. 可制造性和装配设计

可制造性和装配设计是一种同步技术过程，用来优化设计功能、可制造性和易于装配性之间的关系。设计部门要考虑以下方面：

➢ 设计、概念、功能和对制造变差的敏感性（最佳参数设计）。

➢ 制造或装配过程。

➢ 尺寸公差（要求达到什么程度，分供方是否可接受，价格是否可接受）。

➢ 性能要求（要求达到什么程度，是否可接受）。

➢ 部件数（多或少）。

➢ 过程调整（优化）。

➢ 材料搬运距离（距离最小化）。

此外还需要考虑政府法规和服务要求带来的各种潜在因素。

3. 设计验证

设计验证就是检验产品设计是否满足顾客需求。它验证的主要对象包括材料、性能、寿命、尺寸、环境、外观。验证计划包括验证项目、时间、人员、验证方法、验证报告等。可执行的验证一般有材料规格和性能验证，产品规格、性能、可靠性验证，环境测试等。

4. 设计评审

设计评审以供应商设计技术活动为主，并且应包括其他被影响领域的定期安排的会议。设计评审是防止问题和误解的有效方法，而且还是监测进展及向管理者报告的途径。设计评审不只是技术检验，也是一系列的验证活动。设计评审应包括对以下方面的评价：

- 设计、功能要求。
- 正式的可靠性和置信度目标。
- 部件、子系统、系统工作循环。
- 计算机模拟和台架试验结果。
- 设计失效模式及结果分析。
- 可制造性和装配设计。
- 试验设计和装配产生的变差结果。
- 破坏性试验。
- 设计验证。

设计评审的重要功能是跟踪设计验证。

5. 样件控制计划

样件控制计划是对样件制造过程中的尺寸、材料与功能试验的描述。样件的制造为设计部门和顾客提供了一个很好的机会来评价产品或服务满足顾客愿望的程度。其具有以下作用：

- 保证产品或服务符合所要求的规范和报告数据。
- 保证已经对特殊产品和过程特性给予了特别注意。
- 使用数据和经验以制定初始过程参数和包装要求。
- 将关注的问题、费用等信息传达给顾客。

6. 工程图样

工程图样可包括在控制计划上出现的特殊特性。设计部门应对工程图样进行评审来确定是否具有足够的数据，以对每个零件进行全尺寸检验。应清楚地标识控制或基准平面、定位面，以便能为现有的控制过程设计适当的功能量具和装备。此外，应评价尺寸以保证可行性与工业制造和测量标准一致。

7. 工程规范

详细评审和了解控制规范有助于设计部门识别有关部件或总成的功能、耐久性和外观的要求。样本容量、频率和这些参数的接受标准一般在技术规范的生产过程中试验并予以确定，或者由供应商决定并列入控制计划中。在这两种情况下，供应商应确定哪些特性影响或控制满足功能、耐久性和外观要求的结果。

8. 材料规范

除了图样和性能规范，对于涉及物理特性、性能、环境、搬运和存储要求的特殊特性应规范评审材料，这些特性也应包括在控制计划中。此外，材料规范可包括样本容量、频率和这些参数的接受标准的评审。

3.3.3 合理推进设计变更

设计部门、质量部门依据量产等实际情况，在设计时要做迭代优化，即进行质量故障树分析、产品危险性分析。通常变更发生在三个阶段。

（1）试产阶段：量产性不高，要做变更，提升量产能力。

（2）量产阶段：为了降低成本，降低故障率，提升效率，进行变更。

（3）市场阶段：根据顾客使用反馈，变更设计以优化产品。

当需要更改图样和规范时，设计部门应保证这些更改能立即通知到所有受影响的领域并用适当的书面形式通知相关部门。

1. 产品安全性量化

面向安全性设计产品需要有清晰的、可衡量的参照指标，以确保产品能够制造出来，且满足安全要求。目前国际上通常采用危险频率和危险严重程度两个指标来反映产品的安全性量化内容。

1）危险频率

对产品设计而言，危险是指具有潜在伤害的零件、组件、条件或环境变化以及它们的任意组合。

危险频率指单位时间内的伤害次数,如汽车每百万小时的伤害次数。危险频率的引入,可以使产品在设计上科学验证相关部件及元件的质量特性,使达到安全指标成为可能。

2)危险严重程度

危险严重程度指对产品、过程、人员及环境等造成危害的程度。危险严重程度与等级如表 3-7 所示。

表 3-7 危险严重程度与等级

等 级	程 度	程度描述
一类	致命的	可能造成人员死亡,系统或产品损坏
二类	严重的	可能造成严重的伤害、严重的职业病、严重的系统(产品)损伤
三类	一般的	造成轻度伤害、职业病,以及系统(产品)轻度损坏
四类	轻微的	基本不会对人员、系统(产品)造成伤害

注:参照 MEL-STD-882D 设计。

不同国家、行业对产品危险严重程度的划分不尽相同,但表 3-7 反映了一般的危险严重程度与等级划分原则。

2. 产品危险性分析

故障树分析(Fault-Tree Analysis,FTA)是一种用图形方式分析引起产品(系统)失效的事件或根本原因的工具。

设计人员可以借助故障树很好地分析产品设计的缺陷并找到问题根源,以有效杜绝安全问题的发生。

1)故障树的原理

故障树因原因的分支而得名。故障树分析以判定产品失效的一个事件作为分析的目标,不断深入寻找引起本事件的所有直接原因,直到不需要进一步寻找为止,并且将各级直接原因用逻辑符号连接起来,形成一个故障树。

故障树用事件和门两个逻辑符号表达分析过程。"事件"符号说明如表 3-8 所示。

此外我们还需要了解门的符号。门用来连接不良事件与故障并说明二者的关系。"门"符号说明如表 3-9 所示。

表 3-8 "事件"符号说明

符 号	事件名称	意 义
▭	事件	中间事件，故障的集合体，可以被分解为更基本的事件
◇	基本事件	最初发生的故障，无须解释原因
◇	未发生事件	未导致严重后果的事件、因信息不充分而未扩展的信息
⌂	外部事件	可能会发生的事件，无须扩展
△或▵	扩展事件	导致严重后果的事件

表 3-9 "门"符号说明

符 号	门的名称	输出事件起因	意 义
⌂	与（and）	输入事件同时发生	消除一个输入事件，失效被阻止
⌒	或（or）	任何一个输入事件发生	尽可能多地消除输入事件，可降低失效风险

在这里我们只列出两种"门"最常用的符号。门的上方是输出事件，下方是输入事件，其隐含了事件的因果关系。

2）故障树分析过程

故障树分析简单易懂，只要准确导入资料，然后通过边讨论、边绘制图形的方式，基本上就可以找出问题的原因。故障树分析步骤如图 3-12 所示。

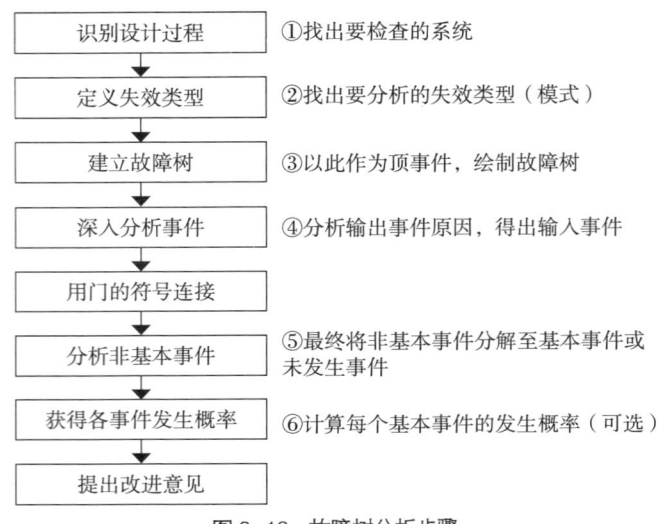

识别设计过程 → ①找出要检查的系统
定义失效类型 → ②找出要分析的失效类型（模式）
建立故障树 → ③以此作为顶事件，绘制故障树
深入分析事件 → ④分析输出事件原因，得出输入事件
用门的符号连接
分析非基本事件 → ⑤最终将非基本事件分解至基本事件或未发生事件
获得各事件发生概率 → ⑥计算每个基本事件的发生概率（可选）
提出改进意见

图 3-12 故障树分析步骤

第 3 章　设计质量管理

在故障树分析过程中需要注意，引起失效的事件要充分进行分析，切忌大跨越，避免重要事件的丢失。通常直接原因的类型有以下几种：没有输入、主要失效（人为失误、随机失效）、次要失效（超出设计条件的操作、不确定环境影响）、决策失误。

3）故障树分析示例

传真机打印出纸示意如图 3-13 所示。

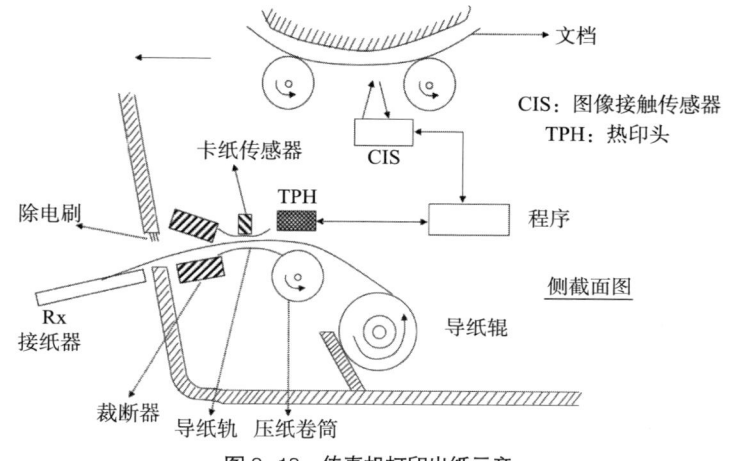

图 3-13　传真机打印出纸示意

传真机卡纸分析如图 3-14 所示。

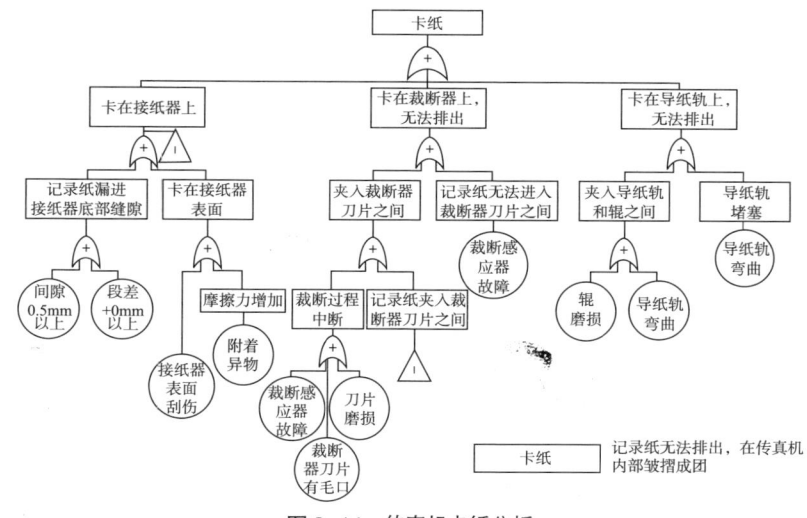

图 3-14　传真机卡纸分析

实际上，故障树是一种演绎方法，是从失效事件开始不断寻找具体原因的过程，因而在分析过程中要注意循序渐进。

3.4 质量履历管理

及时记录产品质量数据，能够帮助企业分析产品在各阶段的稳定性，推动企业产品零部件的标准化。

3.4.1 记录产品质量履历

在产品装配开始时，建立产品履历表，记载产品装配过程中的质量和性能状况。通过记录产品过往状况，我们能够知道过去一段或某段工程是否稳定，人员是否稳定，整个生产是否朝着好的方向发展。定期分析履历能够预防大多数异常的发生。质量履历需要每天记录。当日产品质量履历管理表如表3-10所示。

表3-10 当日产品质量履历管理表（示例）

发生日	印刷生产线问题发生内容	措施事项	措施完成日	负责人	有效性验证	备注
4/2	U900部件印刷JIG编审（按实测值无法对编审进行改善）	样本进行印刷时产品间的间隔偏差需要持续修改（1~7次）	4/3—4/7		OK	后续有修改的可能性
4/14	U900部件窗透明，残留气泡（异物）（MS8号存储透明墨水的批次推测有异常）	变更墨水制造批次（89390111，8表示型号，939表示年度制造顺序号，0111表示生产月日）	4/16—4/19		OK	后续同一不良发生时再实施
5/13	烫金时有气泡现象	墨水不要太稀，请遵守使用标准	5/15—5/16		OK	
5/14	i560v部件掉墨水。推测为喷射材料表面的油漆流入，而发生贴合不良问题（5/16确认）	总共进行4次测试	5/15—5/16		OK	后续产品入库时蚀刻后进行印刷作业时

续表

发生日	印刷生产线问题发生内容	措施事项	措施完成日	负责人	有效性验证	备 注
5/20	U900（M）部件发生翘起。推测为涂层时因合金卤素光源过多光照，在高温下发生翘起	根本对策：合金卤素光源更换 临时对策：印刷完成后在前面用保护胶带反复做贴上拿下动作进行干燥	5/22—5/24		OK	材料入库时，抽检之后判定合格与否
5/25	U900产品发生窗口斑点不良。无窗口部位印刷的产品规格，蚀刻时注塑物表面的水分未完全去除掉，其水分的残留物导致斑点不良问题及反光不良问题	1. 利用在窗上使用过的刷子，把反光的不良除去 2. 蚀刻速度下降，把水雾残留降低到最低限度 3. 蚀刻后去水雾用的抹布更换从1次/日增加到2次/日（上午/下午），更换周期变更	5/27—5/28		状态良好	跟以前相比大概有30%的改善效果，有必要进行持续的观察及改善

3.4.2 质量问题的管理与规避

当在制品、零部件发生的问题反映在质量履历表上后，管理人员需要分析问题、归类问题，作为问题处理和规避的依据。

1. 质量履历的统计应用

由于质量履历可以反映过程、人员等的稳定性，因此可以通过数据分析，从宏观层面掌握质量问题，以便确定哪些供应商、哪些工程处于可控或失控状态，从而采取进一步的行动。

我们以三星电子工程不良明细作为例子，如图3-15所示。

依据每日的质量履历统计分析工程不良状况并描述不良原因及改善对策，同时依据需要制作数据图以直观地了解不同"别"的工程不良状况。例如，供应商不良现状图，横向对比各供应商的工程管理水平，如图3-16所示。

图 3-15 工程不良明细（部分）

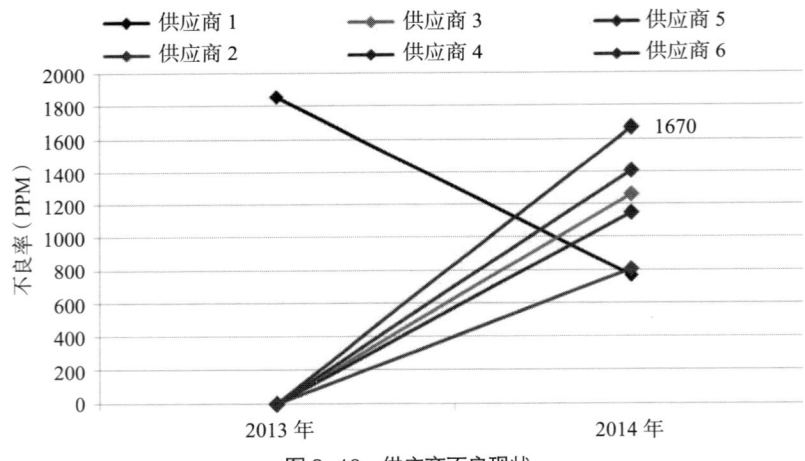

图 3-16 供应商不良现状

依据质量履历表制作工程不良数据表，细化各供应商近年，甚至每月的不良状况。供应商不良现状数据分析如图 3-17 所示。

质量履历的应用广泛，我们可以根据分析的目的合理使用它。需要注意的是，质量履历的统计和分析应建立在准确、完整的数据基础上。

第 3 章　设计质量管理

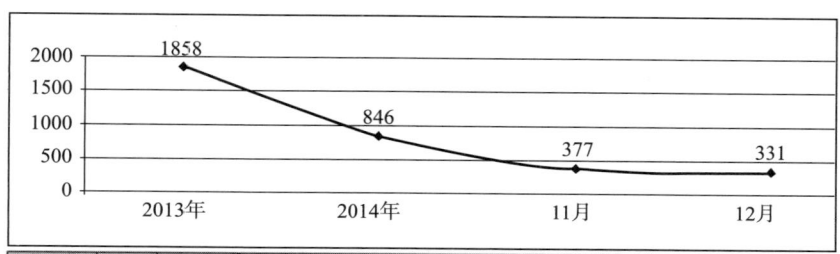

问别	部品	供应商	现况	日期	2013年	2014年	11月	12月	49周	50周	12/10
			投入数		203445	815753	148324	36696	28928	7768	4128
	总计(A供应商)		不良数		378	623	57	15	12	3	2
			不良率（PPM）		1858	764	384	409	415	386	484
			投入数		0	3176	0	0	0	0	0
	总计(B供应商)		不良数		0	4	0	0	0	0	0
			不良率（PPM）		0	1259	0	0	0	0	0
			投入数		0	70644	5199	4698	3870	828	414
	总计(C供应商)		不良数		0	108	0	0	0	0	0
			不良率（PPM）		0	1529	0	0	0	0	0
			投入数		0	16208	1728	3420	2448	972	492
	总计(D供应商)		不良数		0	0	0	0	0	0	0
			不良率（PPM）		0	0	0	0	0	0	0
			投入数		0	4356	0	484	0	484	244
	总计(E供应商)		不良数		0	3	0	0	0	0	0
			不良率（PPM）		0	689	0	0	0	0	0
			投入数		0	56904	3783	0	0	0	0
	总计(F供应商)		不良数		0	80	3	0	0	0	0
			不良率（PPM）		0	1406	793	0	0	0	0
	总计		不良数		378	818	60	15	12	3	2
			不良率（PPM）		1858	846	377	331	340	298	379

图 3-17　供应商不良现状数据分析（单位：件）

2. 质量问题的规避

防止问题再发生最佳的方式是从源头杜绝发生的可能性。质量履历管理为实现这一目的提供了可能。设计工程师在设计零部件时，参考质量履历能够规避已发生的问题。

图 3-18 所示是一个 LED 灯条，背面泡棉胶受热收缩后导致绝缘不良，致使灯条短路。一共有 300 台设备发生同类问题。

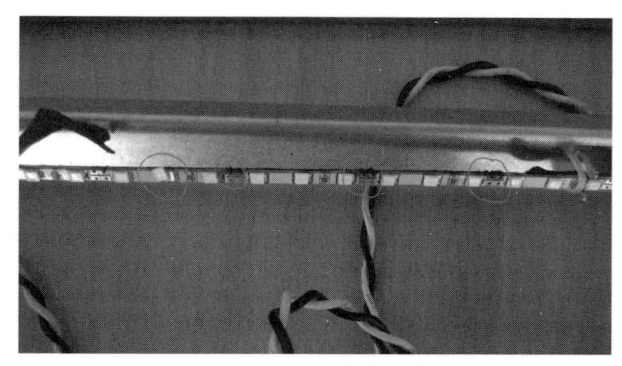

图 3-18　LED 灯条不良

背面泡棉胶受热收缩，显然是因为设计时未充分考虑材料的收缩性与耐高温性。在现场，使用醋酸布绝缘胶带进行灯条绝缘处理。

为了避免以后类似问题发生，重新设计时对灯条的设计进行了更改。

3.4.3 用质量履历推动零件标准化

质量履历还可以推动零件的标准化。企业建立完备的质量履历后，就可以做通用件分析。一方面可以减少零件种类和数量，另一方面可以促成零件的规格统一。笔者在一家电表企业做精益质量改善，电表原来所用的螺丝有几十种，改善后变为两三种。

研发工程师在产品设计中增加一个零部件，就意味要增加各类成本，包括设备、模具、采购、加工、培训等成本。

在实际设计中，有些企业没有产品质量履历，或者质量数据记录不全；有些研发工程师在图纸上画一个零件只需几个小时，若是专门找企业以往用的零件会花费很长时间。还有些研发工程师在设计产品时，在最新的商品目录（包括零件参数）上花费几分钟就可以选定合适的新零件，但企业以往用的零件完全能够满足使用需求。如此一来，企业又增加了一个新的物料，同时还增加了新的物料管理成本。

将常用零部件标准化是一项收益很高的改善项目，其收益如下：

➢ 原材料大量采购可得到优惠价格，增加了规模生产的效益。

➢ 统一作业操作方法，降低人力培训成本。

➢ 备工装夹具多样性减少，如夹具只需一两款就可以满足作业需求，后期维护也方便很多。

➢ 装配方法减少，降低了在制品、成品的次品率。

研发工程师在设计零件时，应先回顾本企业以往的产品质量履历，再回顾供应商的，并优先选取现有的零件，以节省零部件设计和制造的成本。

一类企业做标准，二类企业做产品！

第4章
来料质量管理

将良品率预定为85%，便表示容许15%的错误存在。

——质量管理大师 菲利普·克劳士比

4.1 供应商质量对标

质量管理人员将几家供应商工艺管理能力进行比较，找到标杆并推广，可以快速提高供应商的工艺管理能力，保障来料良品率。

4.1.1 掌握供应商工艺

在供应商质量控制中，需方人员应充分了解供应商的工艺现状，并且对其工艺进行管理。

1. 工程师去供应商现场，管理供应商的工艺

想要了解或管理供应商现有工艺水平，工程师必须到供应商现场去看、去学习。许多日本企业的工程师会到供应商现场，与作业人员一同作业，以切身体验和发现现场工艺的优缺点，以及供应商的现场管理水平。笔者在三星工作时，也是这样做的。如果不懂就去做供应商管理，会流于表面。

2. 了解多个同类型供应商，找出标杆，指导并对齐

工程师选择几家同类型供应商，找出工艺管理较为突出的工程作为标杆点。在三星，工程师会到多家供应商那里学习或考察，其间详细分析它们的工艺、现场管理能力，依据分析结果选定各自优秀的工程管理点，取长补短，将它们应用到供应商管理中。

3. 深层次管理供应商

工程师经过充分的学习和供应商标杆管理，就可以深层次地管理供应商，输出工艺管理结果，即可执行的质量过程审核（Quality Process Audit，QPA），用来评价、测定在零件生产和过程开发的各个阶段，各道工序的供应商、原材料（外构件）的工艺和过程质量是否能使顾客满意（见表4-1）。

第4章　来料质量管理

表 4-1　供应商质量过程审核（注塑物工程 – 部分）

评估结果									
优秀事迹							不佳事迹		
供应商					审核实施部门			实施日期	
受检者					审　　核			实施周期	
No.	评价工程	全体		CTQ，必须		合格率		最终分数	达标线
		项目（个）	合格（个）	项目（个）	合格（个）	全体	CTQ，必须		
1	入库/出库								70%
2	注塑工程								70%
3	涂装工程								70%
4	EMI（导电胶）工程								70%
5	蒸镀工程								70%
6	垫圈工程								70%
7	组装工程								70%
8	量、品、保								70%
合计总分									

注：最终分数 = 全体合格率 ×（CTQ，必须）合格率

注：评价工程的"CTQ，必须"项目数为"0"时，"CTQ，必须"的合格率以"100%"表示。

续表

评价细则

No.	评价工程	区分	评价项目	评价	说明
	1.1 入库/出库 共同部分				
		一般	√ 各种测试仪的管理状态是否良好，且检验校正期限是否有效？		
		一般	√ 待检查、合格、不合格区域是否进行标识？		
		一般	√ 检查室的环境是否适合？[放置温度/湿度表，温度保持在（23±2）℃]		
		一般	√ 是否进行不良检验？是否进行试料保管？是否进行质量履历管理？ • 周期：以班组为单位，一般每周1次，2班倒时每日2次，3班倒时每日3次 • 手工程及2次供应商检验结果应每日日管理 检验试料保管期限：以检验日为基准为期一周		
		必须	√ 配合检查的物料是否按标准放置在检查台上？		
		一般	√ 对不合格批次物料是否实施改善措施活动？（对策发表）		
	1.2 入库检查				
		一般	√ 对所有辅助物料是否配套基准？		
		一般	√ 是否利用治具进行水平度、高度等检查？（测量治具齐全与否确认）		
		一般	√ 各项目元件清单、不良现况，接受检查（SEC）接受检查？（手写确认）		
	1.3 出库检查				
		一般	√ 出库样品是否进行为期3个月保管？		
		一般	√ 是否有对不同型号产品认可的限度，以供检查时用？		
		一般	√ 各项目元件清单、不良现况，电镀厚度说明书和精密尺寸测量数据是否进行电子化管理？（作为管理出库样品检查的依据是否有效？）		

续表

No.	评价工程	区 分	评价项目	评 价	说 明
	1.4 可靠性实验				
		一般	√ 可靠性检查规格手册是否是最新版本？		
		一般	√ 是否具备进行实验的设备？（符合各零部件实验项目基准）		
		一般	√ 是否对具备实验条件的设备进行周期性点检？（设备点检检查表）		
		一般	√ 是否使用符合规格的消耗性检验试剂？		
		必须	√ 对新的零部件是否进行可靠性实验？（前 3 批次）		
		一般	√ 量产零部件是否有可靠性实验计划且实施？		
		必须	√ 物料可靠性实验后是否保管 3 个月？（含实验日期、项目、实验位置和批次数量等）		
		一般	√ 消耗性实验试剂使用后是否另行管理并进行处理？（有害物管理）		
	1.5 环境有害物 (RoHS)				
		必须	√ 对出库样品是否按照已制定的基准进行测量？ 1) 具备光谱仪测定设备 • 新产品 1 批次，变更 1 批次（颜色、涂料和材质）：检验记录表上测量结果手写记录 • 批量产品：对成品（有成品代码基准）每月 1 次进行测量（物料/测定资料保管 6 个月） 2) 不具备光谱仪测定设备 • 新产品 1 批次，变更 1 批次（颜色、涂料和材质）：权威认证机构颁发的认证书（以颁发日为基准有效期 3 个月） • 批量产品：权威认证机构颁发的认证书（6 个月以内）		
	1.6 各工程责任制				
		一般	√ 各工程不良物料的返修、返工程序是否具体化？（实行方案）		

续表

No.	评价工程	区分	评价项目	评价	说明
		一般	√ 对各工程中的不良是否明确处罚基准？		
		一般	√ 对每日作业不良、原材料不良、良品物料是否进行数据管理？		
		一般	√ 对特定工程中原料不良是否进行每日品质会议？（要有会议记录）		
	1.7 改善活动				
		一般	√ 开发用物料（包括原料、辅助物料）是否另行指定区域并进行保管？		
		一般	√ 对2次供应商的初、中、终物管理状况是否实施数据化管理？（周期性）		
		一般	√ 是否指定2次供应商专门的管理者？（组织图中是否有这一职位）		
		一般	√ 2次供应商的工程不良率数据是否按日进行管理？		
		一般	√ 是否及时对相关工程作业者进行培训？		
		一般	√ 对返修、返工的辅助物料是否进行分析，并与相关责任单位讨论？（检查会议记录）		
		一般	√ 对试生产、量产中发生的品质失败事例与改善事例是否进行整理，供下期开发时参考？		
		一般	√ 品质事故对策在实际操作中是否适用？		

注：各项目评价分合格与不合格，合格为"Y"，不合格为"N"，无相应内容用"NA"表示

4.1.2 质量标准前移

在供应商管理中将质量检验前移，有助于提高来料良品率，降低采购风险。最常见的是供应商对标企业质量标准，将质量标准拉通。当供应商的标品和企业质量要求有差距时，要让对方接受企业的标准，并做产品分级，保证企业产品质量和匹配对应的分级。

1. 检验前移

在质量管理中，"检验前移"是指将来料检验环节前移至供应商环节，由供应商负责，确保来料出货前有质量保证。

这在业界较为通用，例如丰田、三星、三一重工等世界级企业都有检验前移的最佳实践。

三一重工原先都是在外协零配件运到工厂后进行检查的。后来发现，现场检出的不合格品无法进入生产线，严重影响了产品交期。同时公司也发现退货会增加供应商的运营成本。实施"检验前移"后，三一重工将质检员派驻供应商的生产场地进行质量检测和质量管理，保障了外协零配件百分之百合格。

实施"检验前移"，检验人员既要把控来料质量，还要使供应商检验标准与本企业标准统一，同时负责指导工艺技术、提升过程能力、审核质量保证能力等。检验前移，需要明确来料质量控制（IQC）人员的派驻条件和作业细则。

1）IQC 派驻条件

（1）驻厂 IQC 人员应具备基本的质量基础知识，包括抽样计划制订、量具使用、报表填写、异常反馈和现场稽核等；

（2）所有驻厂 IQC 人员须经专门的供应商质量工程师（SQE）培训，经 SQE 主管确认，培训合格后方可派驻供应商厂家。

2）IQC 人员驻厂作业细则

（1）采购人员发交货计划给供货商时，采购人员同时给 SQE、IQC 人员发一份，以便其提前做好安排；

（2）按抽样计划对供应商生产的成品或半成品进行抽检，发现不良应及时通知供应商改善与处理，并做好检验记录。

（3）驻厂 IQC 人员要对供应商制程进行稽核。稽核内容包括会议纪要执行状况及现场 5S、机器保养、员工作业方法、良品与不良品标示管控等。

（4）驻厂 IQC 人员在检验过程中如发现异常且自己无法判断时，应第一时间上报给相应的 SQE 及主管，同时要求厂商做好标识，待 SQE 及主管确认。

（5）驻厂 IQC 人员每天须总结工作内容、生产线良品率、物料前五大不良，并报告给对应的 SQE 及主管。

2. 统一上下游产品质量标准

对供应商来料检验有明确的检验标准，即产品公差要求。在实际的供应商管理中，公差检查普遍存在一个传导效应，即次级供应商会放大对上游供应商的质量要求，致使公差越来越严格。从表面看，这保证了来料质量，但长期如此，严重损害了供应商的利润，不仅质量管理成本升高，而且也导致了供应链无序竞争的状态。对于这些问题，我们必须统一产品的质量标准，在产业链上统一标准，打破上下游信息孤岛状况，建立产业链闭环服务生态系统。

3. 质量分级

产品质量分解可以体现合格产品的差异，一般供应商产品质量判定都是以符合既定公差为依据的。若是所有产品都指定唯一的公差，那么就会造成部分产品质量冗余，也就是说，有些产品并不需要这么高的质量标准。

在笔者看来，供应商不如将这些产品溢出的质量标准所产生的成本转移到重点产品上。供应商仅生产"符合标准和要求"的各级产品，在激烈的市场竞争下，这样做具有价格优势。

我国钢铁企业积极推行产品质量分级评价体系。评价方法基于专家知识、顾客需求和生产线大数据分析，建立"工序评价、质量分析、价值函数"等模型；以各工程为基本评价单元，生产线及工序间形成质量继承算法，综合考虑生产线技术装备能力、产品特性指标冗余度、实物应用性能等全流程因子，形成特定生产线类别、特定产品类别的质量能力分级评价结果，以满足顾客对合格品的差异化评价需求。形成的评级结果可作为顾客采购的参考依据。

建立产品质量分级评价体系，一方面可以满足需方对来料质量的要求；另一方面可以让供应商按合理的质量分级生产产品，便于形成稳定的质量管控体系和企业运营机制。

质量检验前移，必须以整个产业链为基础，只在一家或几家企业进行难以形成优势。

4.1.3 供应商质量培训

供应商提升工艺水平，需方实施质量检验前移等，这些依靠供应商自身实力是无法完成的。需方必须提供必要的帮助，指导供应商工艺、质量管理达到需方的要求。在来料质量管理方面，应充分重视供应商质量培训内容和培训方式等。

1. 培训内容

工艺是供应商培训的重点。一般从两个方面进行：一个方面是对标企业工艺，即按照需方工艺现状，调整供应商工艺，确保供应链形成统一的工艺及质量标准；另一个方面是不同供应商优秀标杆工程的嫁接与融合，因为每家供应商都有自己擅长的一面，需方将这些先进的工程管理工艺带给其他供应商，对提升供应商整体工艺管理水平可谓事半功倍。

量产保证培训是供应商培训的另一个重点，目的在于培养"供应100%良品的供应商"。量产保证培训帮助供应商建立量产自主保证体系，并逐步完善和贯彻质量经营理念。

2. 培训方式

培训方式决定了培训的效果。笔者推荐定期培训、专项培训和以问题为导向的培训方式。这三者基本涵盖了来料质量管理方方面面的内容。

供应商、需方任何一方提出培训需求，在双方就培训计划、预算等达成一致后培训便可开展。通常这类培训是培养需方和供应商良好关系的重要举措。

为了提高来料质量并降低成本，ATT公司长期致力于寻找改善供应链管理的新方法，而培训就是其中之一。ATT所有的采购部门的经理必须参加全面质量管理培训，该培训一共有六门课程，每门课程30小时。同时，ATT积极鼓励供应商参加培训，不收培训费用。在培训中双方质量管理能力不仅获得了提升，而且还建立了亲密的合作关系。

3. 关键物料培训

供应商培训要考虑自身的人力、财力、物力。企业可以依据80/20法则，分配培训内容和时间。选取20%的关键物料，花费80%的时间进行培训。

4. 出问题后及时培训

供应商在现场发生不良时,应及时进行改善,并形成每日记录。针对同类型的不良及原因,拟定培训计划,确定由供应商或者需方进行培训。需方要抓住供应商重点工程、关键质量控制点发生的不良进行指导和培训。

出问题后做培训一般通过质量研讨班进行质量研讨,以解决实际的质量问题。其目的在于及时解决问题,降低产品不良率,并形成可控制的质量过程。在供应商质量改善过程中的任何时候,某产品批量生产不良率较高,出货检验和风险评估期间被特别指出问题时,都可以进行质量研讨。其程序着重于现场解决问题,提供各种改进意见,具体表现为评估、试验、验证并记录改进结果。

4.2 供应商重点工程监督

针对供应商的质量管理,要做到抓关键、抓重点。

4.2.1 供应商重点工程确定

供应商重点工程通常指那些在产品特性上有决定性影响的工程,也就是CTQ(Critical-To-Quality,关键质量特性或关键质量点)工程。

1. CTQ 工程的识别

合理选定 CTQ 工程是首要任务,识别 CTQ 工程的方法有以下几种:

(1)顾客指定。顾客对某些特定产品或产品的某些特性非常重视。

(2)工程师以及流程人员讨论,共同确认哪些是对最终产品品质有重要影响的产品特性或过程参数。

(3)收集产品在管理图上的数据,如 $Xbar\text{-}R$ 表(见表 4-2),然后进行分析,得出 CTQ 工程。

(4)对一些复杂的流程,必要时借助试验设计(DOE)。

对于 CTQ 工程而言,即使不关注其他工程,也一定要关注 CTQ 工程的趋势。CTQ 工程根据供应商技术和设备的不同而不同,在不同周期内 CTQ 工程也不同。

表 4-2　Xbar-R（示例）

规　格		统计值		No.	生产日	测试	$\bar{X}$	R
生产公司		最大值（Max）	69.000	1	6/1			
产品名		最小值（Min）	67.000	2	6/2			
制作人		平均值（Average）	68.000	3	6/3			
管理点		标准偏差（σ）	1.414	4	6/4			
测试温度				5	6/5			
规格	规格上限 70.00	n	4	6	6/6			
	规格中值 65.00	A_2	0.58	7	6/7			
	规格下限 60.00	D_3	0	8	6/8			
检查点 CAD 及照片			D_4	2.114	9	6/9			
			上下界限		10	6/10			
|| $\bar{X}$	UCL	48.000	11	6/11			
||	CL	45.000	12	6/12			
||	LCL	42.000	13	6/13			
|| R	UCL	4.228	14	6/14			
||	CL	2.000	15	6/15			
||	LCL	0.000	16	6/16			
Xbar-R 图					27	6/27			
					28	6/28			
					29	6/29			
					30	6/30			
管理异常措施								
No.	发生日	发生原因	措施内容及进行事项			措施日	负责人	有效性验证	

注：此表只是一个示例，表中各数值单位省略。

需要指出的是，有些工程并不是 CTQ 工程，例如以下三种情况：
➢ 不良率散布浮动的工程不是 CTQ 工程。
➢ 如果没有分析后续工程不良无法分析 CTQ 工程。

> 即使依据过去经验判定为重要的作业工程，但若现在不良率散布、起伏不定，也不能指定为 CTQ 工程。

2. CTQ 工程的管理内容

CTQ 工程的管理内容与说明如表 4-3 所示。

表 4-3　CTQ 工程的管理内容与说明（示例）

管理内容	内容说明
管理项目	在 CTQ 工程上需要管理的项目。设备及工程的作业条件等相关项目的曲线发生变化，则设定为影响产品特性的因子，例如选定温度、压力、时间、紫外线照射量、电流、电压等可以测试的项目，不能测试时在检查表上记录检验结果。考虑到工程特性可以做调整
管理周期	在 CTQ 工程上为预防致命性缺陷，合理的管理周期是以每轮 1 次为原则的。考虑到工程特性可以做调整（与 SEC 协商，必须至少 1 日 1 次）
管理规格	在 CTQ 工程上被管理的项目规格
管理范围	±3σ 管理标准（UCL，LCL）内的趋势管理
上界限（UCL）	管理上界限
下界限（LCL）	管理下界限

4.2.2　重点工程标准化

在 CTQ 工程管理的过程中要形成一定的标准，方便需方以及供应商实施日常质量管理。

1. CTQ 工程标准化

常见的标准通过核查清单、审计核查清单等表单展现。质量过程审核（QPA）清单中的 CTQ 评价标准如图 4-1 所示。

No.	评价工程	区分	评价细则	评价	记录与说明
	镀金工程	一般	各工程设备点检表是否配置，且是否每日填写检查清单？		
		一般	各工程作业指导书是否放置在适当位置，且作业员按照标准进行作业？		
		一般	是否制定脱脂、酸洗、水洗等条件且按照标准进行作业？		
		CTQ	镀金液管理是否按照管理图进行管理？(2次/日)		
		CTQ	镀金槽温度是否按照管理图进行管理？(2次/日)		
		一般	是否具备设备点检台账，且故障维修是否进行记录？		
		一般	是否制定各个镀金槽处理时间，且作业员是否按照标准进行作业？		
		一般	过滤器的交替周期是否制定并进行记录？		
		一般	是否制定镀金液交换(或补充)周期且按照标准进行交换(或补充)？		

图 4-1　QPA 清单中的 CTQ 评价标准（示例）

CTQ 工程的管理项目需要日日查点。根据 QPA 评价项目指定 CTQ 工程，分类为"必须"项目的，所占分值较大。

CTQ 趋势管理目的不是判定工程合格与否，它是针对管理项目脱离管理范畴的及时监控并实施更正措施，从而保证管理线内部的正常日程性管理。

2. CTQ 工程标准化管理

如果能很好地管理 CTQ 工程，后续工程不会出现不良率波动。如果后续工程不良率经常波动，CTQ 项目选定以及管理方法不会进行得很顺利。我们可以遵循 CTQ 工程管理流程进行管理，如图 4-2 所示。

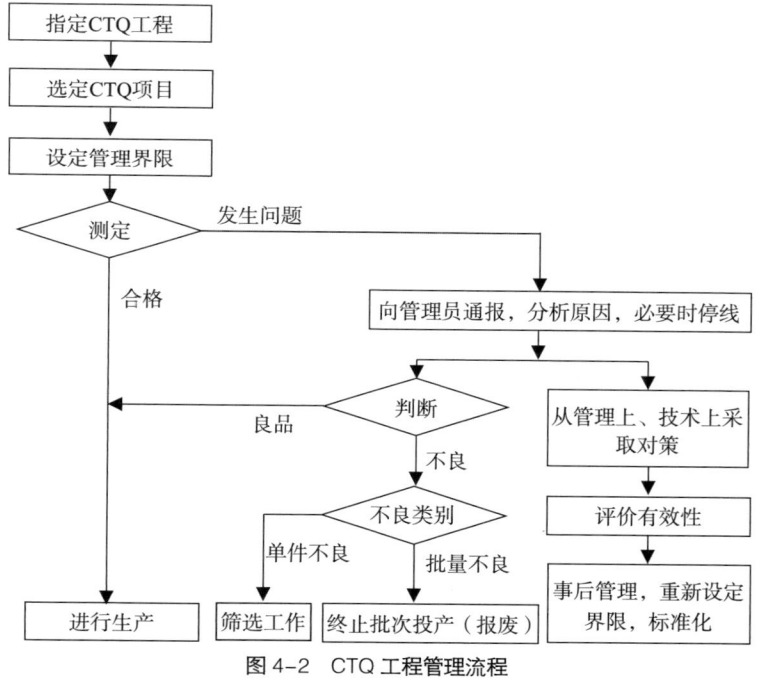

图 4-2 CTQ 工程管理流程

CTQ 工程管理各细节说明如下。

1）确认 CTQ 工程及管理项目的合理性

确认在质量过程审核（QPA）清单上标注的 CTQ 工程以及管理状态，确保其合理、可评价。

2）确认 CTQ 工程识别标记状态

确认 CTQ 工程识别标记的大小、粘贴状态、内容是否符合（工程名、管理项目、管理规格、管理周期）。粘贴位置在全工程同一位置上粘贴，大小与作业指导书相同，底色或者"CTQ 工程"用红色。CTQ 工程标识板如图 4-3 所示。

CTQ 工程		
工程名：手动耐压测试		
管理项目	备注关键	备 注
安全要求	1. 设备要可靠接地 2. 操作者不可戴有静电的手环，测试过程中不可触及相关金属 3. 脚须站在绝缘垫上	耐压测试
耐压仪器数值的设定	II类产品：3.5kV/AC，$T=3s$ 漏电流：0.5kV/DC，$T=2s$	点检频次：1 次 / 天 巡检监控：1 次 / 天
操作要求	1. 上班前须检查仪器是否能正常报警 2. 操作完成后在合格品的流水卡上盖 QC 印章	仪器参数按要求设置，数据如有变更，请以最新的要求为准

图 4-3 CTQ 工程标识板

评价工程中既有 CTQ 工程，也有非 CTQ 工程。为了便于统一，我们通常使用"Y"表示"是"。工程评价如图 4-4 所示。

评价工程	区 分	细部评价项目	评 价
工程管理	一般	7.1 工程检查实施状态 √检查周期、工程、数量、检查者选定等，检查基准是否已设定？	Y
	必须	√工程检查是根据基准而实施的吗？	Y
	一般	√工程检查时，对检出的不良采取改善对策了吗？	Y
	一般	√改善对策履行与否点检后，记录了吗？	Y
	一般	√对检出的不良是否实施再检查	Y
	一般	7.2 CTQ 工程管理状态 √CTQ 工程管理项目选定了吗？	Y
	一般	√CTQ 工程标识了吗？	Y
	必须	√CTQ 管理项目周期性地进行点检吗？（3次 / 天以上）	Y
	必须	√CTQ 测定数据每天在 SQCI 系统上输入吗？	Y
	必须	√CTQ 测定数据是虚假的吗？（现场确认）	Y

图 4-4 工程评价（部分）

3）记录与检查重点工程

依据相关工程作业人员或者设备负责人指定的周期，测定相关项目并进行记录。

4）检测及检测结果管理

检查结果按 ±3σ 来设定管理界限，并通过趋势管理确认工程稳定状态。工程巡查时确认是否按已定好的规则进行。当出现无法用数值表现的项目，应对其进行检验，检查结果须另外在核查表上记录并管理。

5）判断检测结果是否有异常发生

参照以下四点进行：

➢ 检验（测定）结果脱离管理界限线时。
➢ 有特定倾向（不良率连续呈现 7% 的上升或下降）时。
➢ 连续不良率 3% 在管理界限附近时。
➢ 有特定周期时。

6）针对问题采取措施

采取的措施包括以下七项：

➢ 异常现象发生时分析原因（必要时停线）。
➢ 对策要从技术和对生产的产品的处理两个方面分别实施。
➢ 对异常状态下生产的产品，决定是否立即进行特性及性能确认。
➢ 产品被判为不良时，必须确认是否属于进行式不良并确定相关的处理方法。如属于进行式不良则要报废，如属于单纯不良则做全检。
➢ 对于拟采取的改善对策进行有效性评价，并进行标准化展开。
➢ 标准化。编制新型产品防止不良复发核查清单、审计核查清单、检查标准等。
➢ 执行异常发生的处理措施时，须额外编写报告（工程异常对策书）并记录和管理。

4.2.3 供应商质量督导

针对供应商重点工程的督导，要求供应商单独设计质量检查岗。不过要从根本上杜绝来料不良，还需要供应商构建自主质量保证体系，保证重点物料在内的批量产品的质量。供应商自主质量保证体系如图 4-5 所示。

供应商供应 100% 良品

供应商自行构建质量保证体系（批量产品质量保证）

量产自主质量保证七大方法						
初、中、终物管理	CTQ工程管理	工程稽查	工程监控	当日修理分析	审核（检查）运营	RoHS运营分析

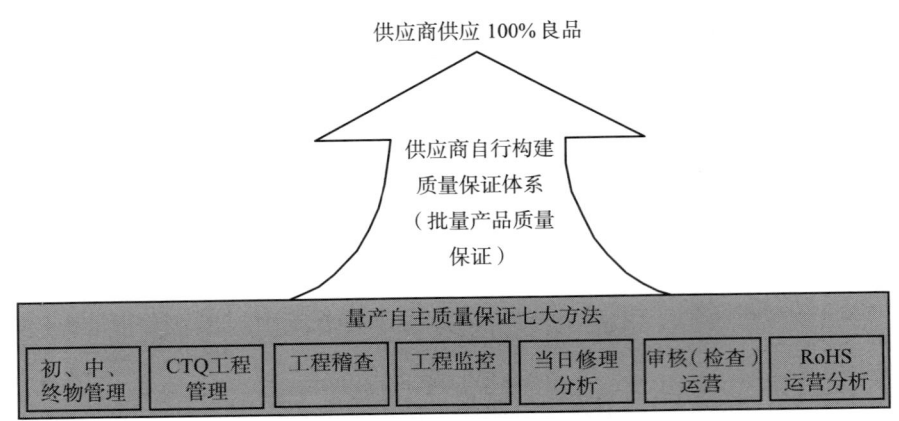

图 4-5　供应商自主质量保证体系

1. 组织构成与定义

构建和运行自主质量保证体系，需要组建专门的担责组织，同时还要获得企业高层的支持。

组织成员除了直接主管，不受其他部门领导的管理。组织成员必须获得产品质量保证体系的资格认证，通过定期培训与测试获得体系标准运营的资格。

1）初、中、终物管理

预先察觉工程上所生产的产品或零配件的变化，把风险降低至最小，并由质量部门的专人进行初、中、终物检查及管理，以事先预防不良为主，防止批量性不良产生。

2）CTQ 工程管理

工程的作业者或者设备负责人按照既定的周期检查或测试相关项目并完成记录。

3）工程稽查

对工程的管理及运营状态每天至少进行 1 次巡查，以确认工程的设备及作业条件等是否正常。此工作能确认生产是否遵守作业标准，以发现潜在的不良因素并进行改正，保证批量产品的质量。

此工作必须由质量部门的专人来进行，生产部门人员不能承担，但对于工程特性，如果现场管理者进行检验更有效的话，可以让现场管理者做。

4）工程监控

它是为了最大限度地降低固定成本，包括减少工程损失，而开展的基本质量活动中的项目之一，实时确认产品的生产现状，确保异常事项发生时能迅速觉察并处理相应批次的产品，改善工程中重要的不良活动。

由专人负责分析每日数据并上报质量主管。质量主管召开每日质量会议，确保能够确认现场质量状况。

5）当日修理分析

对重要性能不良迅速进行分析并反馈，立即采取措施修理，稳定工程质量。应设定专岗专人负责修理分析。

6）审核（检查）运营

检查质量决定要素（5M+1E 和过程）的标准化及遵守标准情况，并通过改善活动确保源头质量，从而实现质量稳定，提高制造竞争力。

审核专员由各部门经内部培训，获取审核资格的人员担任。

7）RoHS 运营分析

利用专门的测试设备对原材料及在制品、成品进行有害物质分析。这项工作必须由专人负责组织实施，确认有无按纠正与预防措施制订检测计划。

2. 供应商自主质量保证体系的管理方法

供应商自主质量保证体系七大管理方法如表4-4所示。

表4-4 供应商自主质量保证体系七大管理方法

	1. 初、中、终物管理
分类	初物	中物	终物	备注
样品数	1个以上	1个以上	1个以上	
检查方法及样品保管标准	colspan="3"	1. 检查方法：按照检查表顺序进行各项目类别检查 2. 检查时期：上午、下午、夜班初期生产品 3. 保管标准：初、中、终物样品2个 4. 保管期限：3个月 5. 适用线：全生产线 6. 工程革新组1人专门负责2个生产线，每天进行	检查表制作方法： 1. 快速确定检查项目 2. 根据检查目的逐项排除不良
检查顺序		外观→驱动→开封（绑定，破损，内部）	
	2.CTQ 工程管理
分类	colspan="3"	管理项目	备注
管理标准	colspan="3"	1.CTQ 工程：选择影响产品质量的因素（非常重要） 2. 检查时期：时间别测试率 3. 作业者或操作员测试记录→工程稽查巡回检查 4. 记录管理：以电源数据为准，依据作业者在工程上的检查记录，制作 ±3σ 管理线趋势图	检查表制作方法： 1. 确认检查项目是否为 CTQ 工程 2. 逐项检查 CTQ 工程，将结果进行记录

续表

分类	管理项目	备注
管理标准	5. 检查人：由专门组或现场管理者担任，在工程稽查时记录并管理，须保证进行正确的测试管理 6. 周期：1次/天（工程稽查检验时）	
检查顺序	初物检查→工程稽查实施（检查从工程投入到包装）	

3. 工程稽查		
分类	管理项目	备注
管理标准	1. 确认工程稽查检查表上项目是否有遗漏的，确认其真实性 2. 确认是否执行了作业标准 3. 确认工程异常发生时有无准确的措施及对策 4. 对工程稽查的结果确认综合管理是否在执行 （1）1周1次以上数据汇总与分析 （2）巡查以后是否验证了改善有效性	检查表制作方法：包括全工程，按照工程顺序记录设备及其测定值
检查顺序	初物检查→工程稽查实施（检查从工程投入到包装）	

4. 工程监控		
分类	管理项目	备注
管理标准	1. 管理数据：P管理图 2. 制作时间：按生产线类别确定最终工程的每日数据 3. 记录管理：1日1次记录 4. 适用的生产线，包括生产线类别、产品型号类别、工程类别	1. 报告体系：日日报告 2. 质量部召开周质量改善会议
管理方法	1. 生产线的每个工程上制作的数据，由专人做最后汇总管理 2. 最终汇总的数据，第二天向主管汇报 3. 通过每日监控来确认有无工程异常 4. 了解最坏的不良，规划改善课题并推进改善	

5. 当日修理分析		
分类	管理项目	备注
管理标准	1. 管理数据：记录当日修理数据，分析数据（当日结算，责任部门明确） 2. 制作时间：1日1次 3. 记录管理：1日1次记录	报告体系：各工程部长、生产部长向直接上级报告
管理方法	1. 由专人修理、分析 2. 严重不良发生时，实行日、周汇报和改善活动 3. 总部质量保证人员收集改善实绩资料，在各厂推广 4. 修理品另外做标识，做到可追溯	

6. 审核（检查）运营		
分类	管理项目	备注
管理标准、管理方法	1. 对于内部，实施2次供应商检查 2. 制订定期的审核计划并实行1次或2次供应商检查，原则上每月检查1次以上，输出审核计划书及实施结果书加以确认 3. 审核时以QPA检查清单为准实施，重视以改善为主的活动 4. 接收改善措施结果书及改善对策书，通过事后管理进行现场确认	审核按计划进行，每月1次

续表

分类	管理项目	备注
7. RoHS 运营分析			
管理标准	1. 管理对象：全产品，包括零部件等 2. 检查时期：凡入库零配件都要实施批次测试 3. 测试设备：略 4. 不合格品处理标准：检出有有害物质的产品立即向管理员汇报，防止流到顾客端，进行识别/隔离后报废 5. 报告体系：测试结果每月向需方 IQC 人员提供	报告体系：质量管理单位向厂长报告，采购单位向需方汇报
测试设备管理方法	按自定标准管理	

3. 供应商自主质量保证体系的运营

在供应商质量管理中，至少要实施 2 次供应商自主质量保证体系审查，以保证体系正常、稳定地运行。供应商自主质量保证体系的运行与审查如图 4-6 所示。

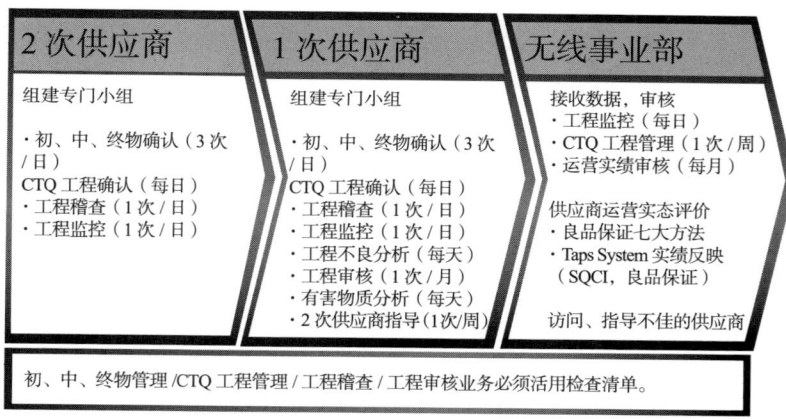

```
┌─────────────────┬─────────────────┬─────────────────┐
│    2 次供应商    │    1 次供应商    │    无线事业部    │
├─────────────────┼─────────────────┼─────────────────┤
│ 组建专门小组     │ 组建专门小组     │ 接收数据，审核   │
│ ·初、中、终物确认│ ·初、中、终物确认│ ·工程监控（每日）│
│  （3 次/日）    │  （3 次/日）    │ ·CTQ 工程管理   │
│ CTQ 工程确认    │ CTQ 工程确认    │  （1 次/周）    │
│ （每日）        │ （每日）        │ ·运营实绩审核   │
│ ·工程稽查       │ ·工程稽查       │  （每月）       │
│  （1 次/日）    │  （1 次/日）    │                │
│ ·工程监控       │ ·工程监控       │ 供应商运营实态评价│
│  （1 次/日）    │  （1 次/日）    │ ·良品保证七大方法│
│                │ ·工程不良分析    │ ·Taps System 实绩│
│                │  （每天）       │  反映（SQCI，    │
│                │ ·工程审核       │  良品保证）     │
│                │  （1 次/月）    │                │
│                │ ·有害物质分析    │ 访问、指导不佳的 │
│                │  （每天）       │ 供应商          │
│                │ ·2 次供应商指导  │                │
│                │  （1 次/周）    │                │
├─────────────────┴─────────────────┴─────────────────┤
│ 初、中、终物管理/CTQ 工程管理/工程稽查/工程审核业务必须活用检查清单。│
└─────────────────────────────────────────────────────┘
```

图 4-6　供应商自主质量保证体系的运行与审查（示例）

4.3　来料质量风险预防

来料质量关系到企业生产过程的稳定性，质量管理人员应做好来料风险预防，包括重点物料管理、质量问题处理机制以及对供应商定期检查等。

4.3.1　重点物料管理

在来料管理中，会针对重点物料建立"防火墙"。最常见的是供应商出货前做大批量检查，有些物料甚至要全检，尤其是对那些出过问题的物料、贵重物料。出货前检查可以最大限度地避免来料不良。

1. 全检

全数检查（简称全检）就是对提出检查的每个制品进行检查或测定，将结果与规格进行比较，区分良品和不良品。有下列情形之一的可做全数检查：

➢ 不进行全数检查就无法除掉不良品时，如因工程不稳定而不能对产品质量进行区别时。

➢ 全数检查简单并且更经济时，如灯泡的闪光试验。

➢ 不良品混入时会有致命伤或重大影响时，如锅炉的耐压试验、汽车的刹车试验。

➢ 产品必须全部是良品时，如彩色电视机、手表等。

2. 抽样检查

抽样检查能够确定供应商来料是否符合技术标准，这个标准既有国家标准，也有企业自定标准。

1）规定合格质量水平（AQL 值）

AQL 值会在产品技术标准或订货合同中规定。AQL 值分为三个等级，分别为 Cri（Critical）——致命缺陷、Maj（Major）——主要缺陷、Min（Minor）——次要缺陷。AQL 表示不良率（%）或每 100 个单位的缺点数两者当中的一个。通常对于不良率（%），会在 AQL 值（0.01～10）的 16 个阶段中选定一个。

2）规定检查水平

（1）分一般检查水平 G-Ⅰ、G-Ⅱ、G-Ⅲ和特殊检查水平 S-1、S-2、S-3、S-4。

➢ G-Ⅰ级判断较容易，G-Ⅲ级判断难度较大，一般使用 G-Ⅱ级作为正常水平。

➢ 特殊检查水平仅适用于必须使用较小的样本量，且能够或必须允许有较大的误判风险。

（2）原则上按情况不同分类确定检查水平，但须注意与质量水平协调一致。

- G-Ⅰ，当检查费用比较高时。
- G-Ⅱ，在普通情况下使用。
- G-Ⅲ，当检查费用比较低时。
- S-1 至 S-4，当进行破坏性实验，尤其是进行成本很高的实验时。

3）组成与提出检查批

批量检查中检查批次符合以下三种情形之一即可：

（1）可以是投产批、销售批、运输批，也可以不是。

（2）同型号、同等级、同种类，且生产条件和时间基本相同。

（3）可由供货方和订货方协商决定，必要时可以提供储存、标识、管理和取样的人员。

4）规定检查的严格度

指提交批所接受检查的宽严程度，分为正常、加严和放宽三种。开始时一般为正常，后期允许对不同类型的不合格情况给出改变检查严格度的规定，其循环如下：

- 正常→加严。
- 加严→正常。
- 正常→放宽。
- 放宽→正常。

当加严检查不合格数累计达五批（或三批），则停止按本标准进行检查，恢复时按加严检查。检查中严格度转换规定如图 4-7 所示，图中 LOT 表示批次。

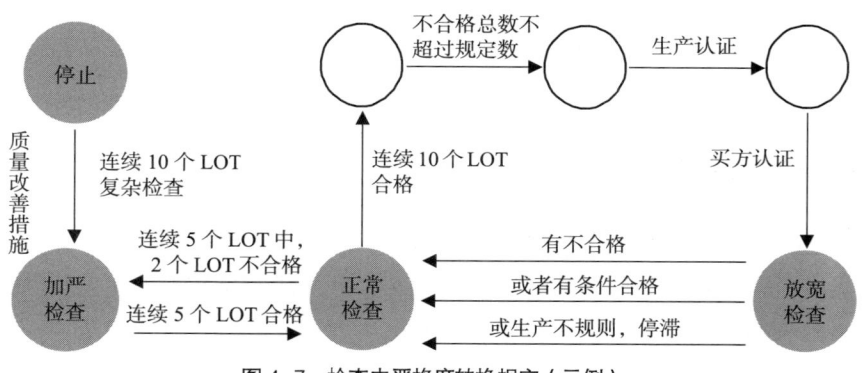

图 4-7 检查中严格度转换规定（示例）

5）选择抽样方案类型

抽样方案依据实际需求、管理费用和平均样品数选择一次抽样、二次抽样或多次抽样方案。

（1）一次抽样

从 LOT 中一次抽样，并以抽样试验结果来判定此 LOT 合格或不合格。

（2）二次抽样

在 LOT 中抽样，并将其中的不良品和判定基准进行比较，并且只有合格或不合格明确的时候，才能判定；若不明确，做第二次检查并以指定的抽样大小进行试验，并且将结果和第一次试验结果累计后，将其成绩判定为合格或不合格。

（3）n 和 c

n 表示抽样方案的样本容量。c 表示一个数值，若样本中不合格数超过该值，那么拒收该批产品，并在二次抽样方案中简要说明。

$n_1=50$，$c_1=1$；$n_2=100$，$c_2=4$；$r_1=4$，$r_2=5$。r 为拒收数或不合格数。

从收到的某批次产品中随机抽取 50 个样本，若没有不合格或只有一个不合格，则接收该批次产品；若不合格品等于或超过 4 个，则拒收该批产品；若有 2～3 个不合格品，则进行二次抽样。随机抽取 100 个产品作为样本，若两次抽样中的不合格品加起来小于或等于 4，则接收该批产品。

6）检查样本

根据技术标准或订货合同规定，逐个检查样本；检查时需要选定检查场所、检查环境和检查设备；选定的检查计量器、实验装置、检查工具、模具等，要校准精密度。需要指出的是，当样本中不合格品需要分类时，应分别累计。

4.3.2 质量问题处理机制

质量问题处理机制重在解决问题，同时为重新评估供应商能力提供数据支持。当供应商来料发生问题后，驻厂人员（如有）应立即按照既定的来料异常程序进行处理。同时相关的责任单位、责任人共同行动起来处理异常，确保异常不再发生。来料管制及异常处理程序如图 4-8 所示。

图 4-8　来料管制及异常处理程序

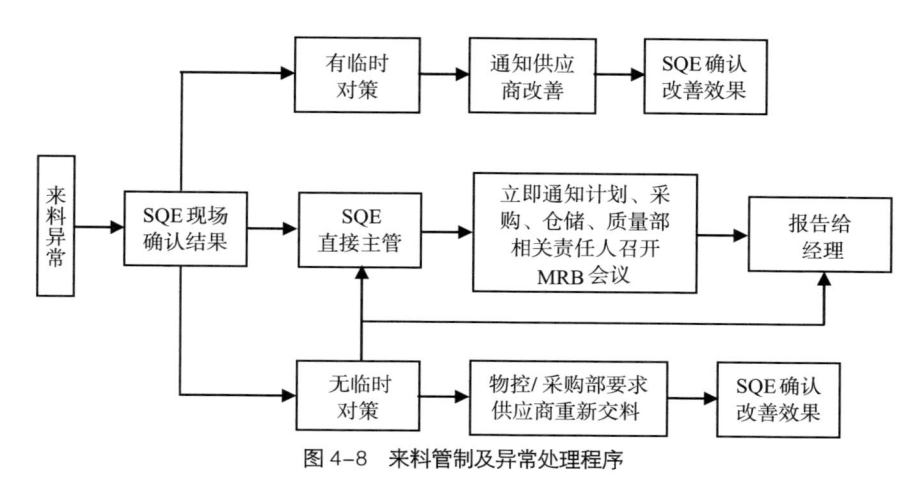

在来料异常控制中，大家需要注意一些细节。

1. 批量检查合格

供应商批量检查合格后，可依据检查结果给予供应商相应的激励。例如，连续检查多少批没有质量问题，需方可调整付款方式或采购量。

2. 批量检查不合格

批量检查不合格时，应第一时间向供应商发出改善对策报告。连续几个批次出现质量问题，需方派人进驻供应商厂家实地检查。同时调整出货检查方案，由抽检变为全检。连续三个批次检查合格，恢复供应商原有评级，否则降级或变更供应商。

3. MRB 会议召开策略

召开 MRB（Material Review Board，材料审查委员会）会议的具体程序如下：

（1）依据物料需要的紧急程度决定召开 MRB 会议的时间、地点以及方式。

（2）通知相关人员参加讨论。

（3）讨论出临时对策，确定相关执行责任人，并通知供货商改善。

（4）整理会议记录发给相关责任人，要求执行，并追踪改善进度。

需方应督促供应商在规定期限内针对不良问题采取纠正措施，同时需方可参照质量履历、质量记录分析不良类型、发生的规律，给予供应商相应的督导和指导，做到时时掌握供应商不良改进状况。

4. 对供应商的处罚

供应商发生严重质量问题时要给予其相应的处罚，例如扣款、降级、减少采购量等。当供应商完成改善并满足需方检查条件后，可考虑逐步恢复原有关系。

4.3.3　对供应商定期检查

为了保证供应商100%供应良品，需方需要定期检查供应商，这包括在对供应商进行评估与激励、想要了解供应商运营状况、重新交货时间较长、供应商产品免检等情形时。

AT&T公司高层经理一年内与供应商会面两次，讨论未来合作情况，解决出现的问题。AT&T公司的供应商则会每个月收到一份供应商质量报告，包含AT&T和供应商先前约定的绩效标准，例如准时交货率、货品计量准确度、产品合格率等。AT&T会依据供应商实际表现对其进行评分。AT&T公司和供应商都很重视这些报告。如果供应商的得分太低，就需要向AT&T公司打电话解释原因或寻求改进。

AT&T对供应商的管理非常严格，在供应商的关系管理中，公司与供应商保持畅通而稳定的沟通，以及时解决任何可能发生的质量问题。通常供应商不愿将自己的问题告诉顾客。

对此AT&T公司向供应商和潜在供应商提供专门的服务热线，帮助它们随时熟悉和了解AT&T的要求，同时AT&T还要求供应商告知企业运行状况。为了确保该方案顺利执行，AT&T公司将供应商反馈报告作为供应商资格认证必备要求。

此外AT&T公司对绩效优秀的供应商进行奖励。

定期关注供应商运营状况，能够跟踪、发现和解决潜在的来料风险，确保供应商供料安全。在对供应商的定期检查中，应甄别优秀的供应商与不良供应商，并做出相应的奖励与惩罚。

供应商绩效评定如图4-9所示。

第4章 来料质量管理

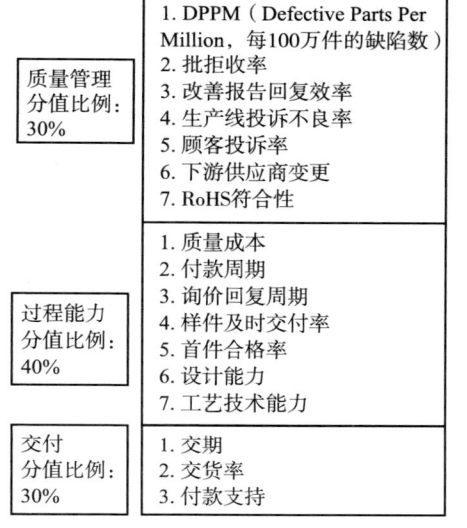

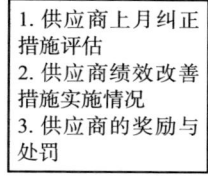

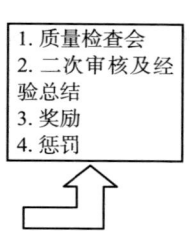

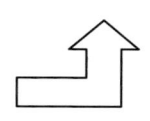

```
质量管理          1. DPPM（Defective Parts Per      1. 供应商上月纠正      1. 质量检查会
分值比例：         Million，每100万件的缺陷数）      措施评估             2. 二次审核及经
30%              2. 批拒收率                       2. 供应商绩效改善      验总结
                 3. 改善报告回复效率                措施实施情况         3. 奖励
                 4. 生产线投诉不良率                3. 供应商的奖励与      4. 惩罚
                 5. 顾客投诉率                        处罚
                 6. 下游供应商变更
                 7. RoHS符合性

过程能力          1. 质量成本
分值比例：         2. 付款周期
40%              3. 询价回复周期
                 4. 样件及时交付率
                 5. 首件合格率
                 6. 设计能力
                 7. 工艺技术能力

交付              1. 交期
分值比例：         2. 交货率
30%              3. 付款支持
```

图 4-9 供应商绩效评定

供应商的整体质量水平奖励共有三个等级——金奖、银奖和铜奖，或者 A、B、C、D 四个等级。金奖颁发给公司的主要供应商，而且只有提供优质产品和服务持续超过一年的供应商方可获得。

4.4 来料质量检验管理

规范来料检验工作流程，指明不良处理办法，以保证检验合格的物料或半成品入库、进入生产线，进而保证产品的品质。可以说来料检验是制止不合格物料进入生产环节的首要控制点。

4.4.1 来料检验内容

来料检验包括供应商原材料检验、外协厂商来料检验以及内部物料入库检验等。来料检验内容说明如表 4-5 所示。

表 4-5 来料检验内容说明

来料检验内容	说 明
供应商原材料检验	依据采购合同规定的原材料，如元器件等，检验合格后方可入库
外协厂商来料检验	委托外协厂商生产的产品、元器件等，同样需要检验，合格后方可入库
内部物料入库检验	生产线生产的成品、半成品等，检验合格后方准做入库处理

来料检验的流程、处理方式基本相同，应统一检验的标准和相关程序。

4.4.2 来料检验流程

来料检验需要各部门通力合作，形成一个松散的质量组织，以共同完成来料检验。质量委员会应与各部门商定来料检验的流程以及各部门（人员）所扮演的角色。

1. 来料检验流程

来料检验流程中应明确检验过程的主要步骤，以及各部门的相互关系。来料检验流程如图 4-10 所示。

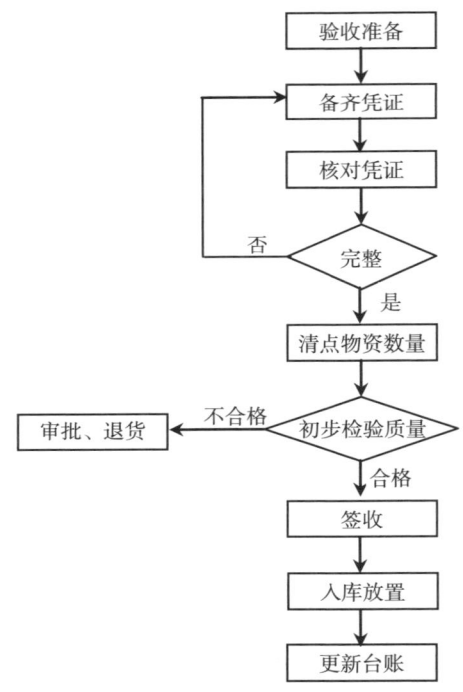

```
验收准备
  ↓
备齐凭证 ←──┐
  ↓          │
核对凭证     │
  ↓         否
 完整 ──────┘
  ↓是
清点物资数量
  ↓
初步检验质量 ──不合格──→ 审批、退货
  ↓合格
 签收
  ↓
入库放置
  ↓
更新台账
```

图 4-10　来料检验流程

2. 来料检验责任划分

全面质量管理要求覆盖全过程，全员参与，因而明确来料检验的参与部门（人员）的责任就成了十分必要的事情。

1）来料检验中各部门的角色

这里仅提供一些示例，为企业进行来料作业提供参考。

（1）质量部。负责按要求进行来料检验作业，包括来料状态标识、不良来料反馈、不良来料跟催、限度样品（特采）制作和确认，并协同采购部对供应商进行评估、考核等。

（2）采购部。负责联络供应商对不良来料进行处理以及提供不良来料信息，并主导对供应商的评估、考核。

（3）仓储部。负责来料的暂收送检，协助质量部进行检验，同时将合格品及时入库、不合格品及时退回。

（4）工程部。负责质量部来料检验的测试夹具、治具等工具的准备和制作，为生产部提供特采来料加工方法等。

（5）计划部。负责不良来料特采申请作业和不良物料会签作业，并将会签结果反馈给采购部和质量部等。

（6）生产部。负责组织特采物料的加工、挑选作业，并将结果反馈至采购部和财务部。

2）来料检验作业员的角色

挑选在来料作业中关键的作业人员，并对其作业过程及关键作业进行描述。

（1）供应商货车到厂区后，装卸员引导货车到指定地点停留。

（2）采购员将送货单呈交至仓储部收料组处，由收料组人员安排人员在指定的待验区。生产急需的用料，放置在生产备料区。

（3）物料卸至指定待验区后，收料组人员将大件箱数与送货单核对，无误后开出来料验收单，与送货单一起呈交至相关货仓。

（4）来料数量验收，仓管员收到送货单后，核对送货单与订购单是否有误，如有误，则通知采购部门确认出错原因。

（5）仓管员再次对大件箱数进行核对，确定是否有误，再按5%～10%比例抽查单位包装，单位包装内若出现包装不足现象，应与质检员、供应商送货人员一起确认。检验出不足后，质检员加大抽样比例，计算出包装不足的平均数量，然后计算出总的包装不足数量，开出物料异常报告，由供应商送货人签字确认。

（6）仓管员将实际验收数量填入来料验收单中，然后将来料验收单和物料异常报告转交至质检部IQC组。

（7）质检部 IQC 组收到来料验收单后，按来料检验规范进行检验。

（8）物料检验合格，IQC 人员在来料验收单上注明合格字样，并填写检验损耗数，同时在物料外包装上贴上"IQC PASS"标签，留下联单，做好检验记录。

（9）货仓收到 IQC 回执的单据后，若有包装不足，则将物料异常报告转交采购部处理。

（10）仓管员安排人员将合格品搬运到指定库区，对物料进行编号，并挂置物料卡。

（11）仓管员按来料验收单的实际收入数量填写物料台账。

4.4.3 来料检验过程控制

确保来料验收作业及时准确地完成，提高作业效率；保证入库物资规格正确、数量完整、质量良好，以满足企业正常生产。

1. 来料检验原则

相关人员进行来料检验时应遵循以下三个原则：

> 可通过外观进行检验的物资，检验工作应于收料后一个工作日内完成。

> 化学类或物理类物资的检验，应于收料后三个工作日内完成。

> 须试用才能实施检验的物资，由质检部主管在来料验收单中注明预定完成日期，通常不超过 5 个工作日。

2. 执行检验时的注意事项

为了保证检验结果的准确性，检验人员在检验中要注意以下事项：

> 质检人员在抽样检验过程中必须注意应用随机和分层原理。

> 要参考规格图样、确认书、样品等。

> 正确使用仪器工具进行检验。

> 检验完毕的抽样样品必须放回原位。

3. 检验结果判定

对检验结果的判定，要依据抽样检验标准进行。如果检验结果主、次缺陷均未达到拒收数，则视此批为允收批，否则视为拒收批；此外，未经相关方承认的和不合格的来料也视为拒收。

4. 检验

来料入库后放置于待检区，仓管员会同检验人员对照装箱单及采购单，开箱核对物资名称、规格和数量，并将到货日期及实收数量填入验收单。检验过程应以来料检验报告为基准。

1）检验过程

在检验过程中允收（合格）批贴上合格标识，拒收（不合格）批则放置"处理中"标识牌。不合格品等级说明如表4-6所示。

表4-6　不合格品等级说明

项　目	致命缺陷A	严重缺陷B	一般缺陷C	轻微缺陷D
安全性	影响安全的所有缺陷	不涉及	不涉及	不涉及
寿命	会影响寿命	可能影响寿命	不影响	不影响
可靠性	会造成产品故障	可能引起易于修复的故障	不会成为故障的起因	不涉及
运转或运行	引起难以纠正的非正常情况	可以引起易于纠正的异常情况	不会影响运转或运行	不涉及
装配	不涉及	肯定会造成装配困难	可能影响装配	不涉及
使用安装	造成产品安装困难	可能影响产品安装	不涉及	不涉及
外观	不涉及	使产品外观难于被接受	对产品外观影响较大	对产品外观有影响
下道工序	造成下道工序混乱	给下道工序造成较大的困难	对下道工序影响较大	可能对下道工序有影响
检验机构处理的权限	企业质量负责人	质量检验机构负责人	检验机构技术人员	检验班组长
检验严格性	100%检验，加严检验	严格检验，正常检验	正常检验，抽样检验	抽样检验，放宽检验

2）检验记录

检验完成后，及时填写来料验收单，方法如下：

➢ 允收（合格）批：在来料验收单上填写"OK"。

➢ 拒收（不合格）批：在来料验收单上填写"NG"。

➢ 特采批：在来料验收单上填写"OK"并注明"特采"字样。

➢ 质检人员将来料验收单品管联留存，其余由仓管员留存。

3）检验结束

仓管员根据来料验收单，将允收（合格）批、特采批放置于合格品区，以先进先出、特采品优先的原则放置；将拒收（不合格）批放置于不合格品区，避免误用。

同时采购员及时将来料检验结果记入供应产品质量履历表中，以备监督、指导和辅导之用。

5. 交货异常处理

在来料检验中发现偏差、超交以及少交情况时，要及时按照以下方式处理。

1）偏差处理

发现实物与采购单上所列的内容不符时，包括物资丢失、短少、变质、污染、损坏等，仓管员和质检员应停止验收工作。

➢ 通知采购员，共同核对承运单位的运输记录，确认结论是否正确，如确实存在偏差，应先确认偏差的程度，将结果上报主管。

➢ 仓管员在未接到主管给出的处理方案时，原则上不接受入库，更不得私自处理。

➢ 质量部要求接收时，则在单据上注明实际来料状况，呈质量主管审签。

➢ 仓管员要将此次偏差的内容、处理过程、处理结果做详细记录。

➢ 偏差严重时，联系相关采购责任人，准备退回来料。

2）超交处理

交货数量超过订购量原则上拒收。所购物资以重量或长度计算，且超交部分在可承受范围内，在备注栏注明超交数量，上报采购部主管，其同意后接收。

3）少交处理

交货数量未达订购数量，原则上要求供应商补足，具体操作过程如下：

➢ 仓储部通知采购部联系供应商补货。

➢ 紧急物资入库时，仓储部尚未收到请购单，收料人员应向采购部确认，无误后，办理入库手续。

检验结束，物料入库后，仓管员将当日所收料品汇总，填入进货日报表，作为入账的依据。

第 5 章
过程质量控制

产品质量是生产出来的,不是检验出来的。

——美国质量管理大师 威廉·戴明博士

5.1 质量控制点

找到并管理质量控制点，会极大地改善和提高过程能力，企业应积极研究质量控制点。

5.1.1 质量控制点的定义

质量控制点是一个应用广泛的概念，就产品过程而言，它可以是产品的关键组件，也可以是关键工序、岗位；就服务过程而言，它可以是关键部门、人员或因素。无论是哪一类，对它的控制都体现了对产品或服务过程的质量控制。

1. 建立质量控制点的需求

建立质量控制点主要出于以下几个需求：

➢ 产品的性能、精度、寿命、可靠性、安全性等。要控制对它们有直接影响的零部件关键质量特性，以及影响这些质量特性的支配性工序要素。

➢ 工序本身有特殊需求。要控制该工序或者对下道工序有直接影响的质量特性，以及影响这些特性的支配性工序要素。

➢ 工序质量。要控制出现不合格品较多的质量特性或者影响这些特性的支配性工序要素。

➢ 顾客反馈。要认真对待顾客的不满或者抽检、审核不合格的项目。

一种产品在生产制造过程中需要建立多少质量控制点，应该根据产品的复杂程度以及工序质量稳定状况确定。但对关键质量特性而言，无论其是否稳定，始终要加强控制，不能取消控制点。

2. 建立质量控制点的作用

质量控制点具有动态特性。建立质量控制点的作用如下：

➢ 设置质量控制点，可以将复杂的生产质量总目标分解为一系列简单的分项目标。

➢ 质量控制点目标单一，且干扰因素便于测定，有利于质量控制人员制定、实施纠偏措施。

➢ 通过对下层质量控制点质量目标的实现和对上层质量控制点质量目标提

供保证，可以促进上层质量控制点质量目标的实现，最终实现质量总目标。

➢ 有利质量控制人员检测分项控制目标，计算分项控制目标与标准值的偏差。

➢ 有利于质量控制人员及时分析和掌握质量控制点所处的环境，易于分析各种干扰条件对分项目标产生的影响，并测定影响的大小。

设置质量控制点的多少会对项目有一定的影响。控制点少，不容易控制；控制点多，工作量则会增加。

5.1.2 质量控制点设置

设置质量控制点是为了保证工序处于良好状态，而在现场采取特殊管理措施和方法能对质量特性、关键部位和影响因素等进行重点控制。

1. 质量控制点的设置原则

质量控制点主要设置在以下三个方面，这也是设置的原则。

➢ 对产品性能、精度、寿命、可靠性和安全性等有直接影响的关键项目和关键部位。

➢ 工艺上有特殊要求，对下道工序的生产加工和产品装配有重大影响的项目。

➢ 在产品质量信息反馈中发现不合格品较多的项目或部位。

有些质量特性对产品的性能、寿命、可靠性等没有直接影响，但对工艺有特殊要求，如工艺孔、工艺面的关键部位的半精加工等，对这些质量特性如不严格管理，就会影响下道工序的质量，故也应列为控制点。

2. 质量控制点的设置步骤

质量控制点的设置需要来自不同专业背景的人员共同参与，质量委员会要制定一套可行的质量控制点设置步骤。

1）成立跨部门小组

由技术、研发、质量、生产等部门共同参与。质量委员会负责协调，并从中选定组长，且建立一套临时管理措施，以便相互配合工作。

2）工序资料汇总

工序分析建立在资料分析和现场观测的基础上。各参与部门从各自角度提供质量信息资料和意见，汇总之后，按照控制点设置原则初步确定质量控制点。

3）对质量特性进行分级

对收集的信息进行分析，确定质量控制点。在讨论过程中，按照所生产产品的质量特性的重要性进行分级。

➢ 关键质量特性（A级），一般均应设定控制点。

➢ 重要质量特性（B级），视需要情况，将其中的一部分列为控制点。

➢ 一般质量特性（C级），不常出现不合格品，一般不列为控制点。

必要时还可绘制质量控制点流程图。有的组织还编制工艺流程及质量保证表、零部件质量检验项目汇总表。编制后经有关部门和车间会签，并经主管领导批准后，作为过程质量控制的基础文件下发给有关部门。

4）编制控制点明细表

确定控制点后，工作小组应编制过程质量控制点明细表，然后就列明的质量控制点进行评估和改善，直至没有问题为止。

5）编制控制文件

依据过程质量控制点明细表所列项目，编制控制文件，包括控制点工艺流程图、工序质量表、作业指导书（工序操作卡）、工序控制点表（自检表）。

最后质量部门通过工序分析找出支配性工序要素，与技术部门协商后，确认控制点的控制内容，补充列入过程质量控制点明细表中并印发。

3. 注意事项

在确定质量控制点的过程中，还应注意以下一些事项：

➢ 量化控制点的质量特性，以便监督人员和操作者能够确认控制点是否实现控制要求。

➢ 由于生产的批量、种类不同，控制点的设置方式也应有所变化。通常大批量生产以质量特性为单位设置控制点；单件、小批量生产以过程为单位设置控制点。多批、少量生产，以共同的质量特性设置控制点。

➢ 控制点的设置要有目的、有计划地进行。先在一条生产线上将所有应重点控制的质量特性设置为控制点。

➢ 有些企业在检测点上设置控制点。一般来说，检测点只能判定产品质量结果，但对已经造成的产品缺陷无法控制。因而，要建立信息反馈渠道，检测点将检测结果反馈给质量控制人员，以便其采取措施调整。

➢ 对关键人员建立控制点。人的行为具有较大的随意性，这极易导致质量特性的不稳定。对关键人员建立控制点，可以减少人为因素带来的过程变异。

➢ 采用抽样检查的产品，其过程控制方法采用控制图；全数检查的可严格按过程控制文件对过程进行控制，无须使用控制图。

➢ 对重点设备设置控制点时，还应把控设备特点，以保证质量控制的完整性。

5.1.3 质量控制点管理

质量控制点设置完成后，质量组织应同时明确质量控制点的监管方式以及责任，以避免质量控制点无法发挥应有效力。

1. 质量控制点的应用

质量控制点应用之前应确定控制方法。具体由质量部门、工艺技术部门组织车间工艺员、质量员，收集数据并进行处理和分析。在工序过程处于稳定受控状态时，采用数据记录表和控制图等控制方法。此外，质量控制点的管理还应包括以下内容。

1）建立管理制度

质量管理部门起草工序质量控制点管理制度、自检制度并明确规定相应的津贴和奖励办法，经过劳资部门认可、厂长审批后执行。这些制度应根据企业自身的状况来设计制定。

2）组织培训

对参与质量控制的有关人员，应对其进行培训，学习有关质量控制文件、规章制度等，经过考核达到要求方可上岗。

3）组织实施

车间组织操作工人或者检验员实施工序质量控制，工艺技术部门、质量管理部门、质量检验部门、生产管理部门共同组织审核、诊断，提出改进建议。劳资部门按照规定给予有关人员津贴和奖励。

4）组织验收

车间组织有关人员按照有关标准、规章制度进行预验收，确认合格并有效后向企业质量管理部门申请工序质量控制点的验收。

5）验收合格后颁发合格标识

企业质量管理部门会同工艺技术部门、质量检验部门、生产管理部门共同对工序质量控制点进行验收。验收合格后颁发合格标识。

6）实施动态管理

验收合格后，质量管理部门要对工序质量控制点定期检查，实施动态管理。

➢ 对基于关键工序质量特性设置的控制点，不论其是否处于稳定状态，都要始终严格控制，不应撤销。

➢ 根据顾客要求建立的质量控制点，当顾客不再要求时，可以撤销。

➢ 对于因不合格率高而设置的控制点，如其在一段时间后处于稳定状态，且质量特性是 B 级，则可有条件撤销。

➢ 为保证质量控制有效和不断改进，应该定期对工序控制点进行审核、考核和评价。

2. 质量控制点的责任划分

质量控制点落实到具体工作岗位后，必须明确操作人员和检验人员的职责，质量组织要具体给出他们所应承担的责任。质量控制点责任划分如表 5-1 所示。

表 5-1 质量控制点责任划分

操作人员	检验员
1. 掌握所操作工序的质量要求 2. 掌握操作规程并严格执行 3. 掌握本工序的支配性工序因素 4. 牢固树立下道工序是顾客，顾客第一的指导思想 5. 认真填写数据记录表、控制图和操作记录 6. 按规定时间抽样、记录、打点作图 7. 在加工中发现工序质量异常应立即分析，并采取措施纠正；若无法排除，应该立即向班组长报告	1. 除执行正常的检验工作外，应检查、监督操作人员工艺及质量控制规程的执行情况 2. 对发现的违章作业的人员，应立即劝阻，并予以纠正 3. 在巡回检查中应重点检查质量控制点，发现问题应协助操作人员及时找出原因，并采取措施纠正 4. 熟悉所负责检验范围内质量控制及检测、试验方法，并严格按检验规程检验 5. 熟悉质量控制方法所用的图、表，并能熟练应用 6. 按照规定参与对工序质量控制点的审核

质量控制点的管理是过程控制的关键工作,要予以高度的重视。质量委员会应委托质量部门做好质量控制点的管理工作,并在管理过程中提供必要的支持。

5.2 制程检验

制程检验是控制产品质量,保证满足顾客质量需求的重要环节。相关部门应各司其职,共同参与制程检验的管理工作。

5.2.1 制程检验内容

制程检验包括首件检验、巡回检验、末件检验(如表 5-2 所示),通常人们又把巡回检验视为制程检验,我们这里取前者。

表 5-2 制程检验内容说明

分 类	定 义	意 义
首件检验	首件检验是指对生产开始后或过程发生改变后加工的第一件或前几件产品进行全检(生产批量较大的,要计算首批的 C_{PK})	可以发现诸如工夹具磨损或安装定位错误、测量仪器精度变差、看错图纸、投料或配方错误、制造误差等系统性原因,进而采取纠正或预防措施,杜绝和防止批量不合格品发生
巡回检验	巡回检验是指巡回检验人员按工序控制图,以抽查的形式,检查正在或已经加工完的产品是否符合图纸、工艺或检验指导书中所规定的要求	巡回检验是判断工序生产状态随时间推移而发生的变化,也就是对工序稳定性的判断。它可纠正和预防工序的异常状态,使工序保持稳定状态
末件检验	末件检验是指对完工后最后一件、几件或全部工件进行检验	保证下线产品的质量合格率,并分析工序的稳定性

5.2.2 制程检验流程

进行制程检验,必须制定制程检验流程,以明确工作过程,这样有助于各部门参与和相互配合。制程检验流程如图 5-1 所示,图中 IPQC 指制程质量控制(In-process Quality Control)。

精益质量管理

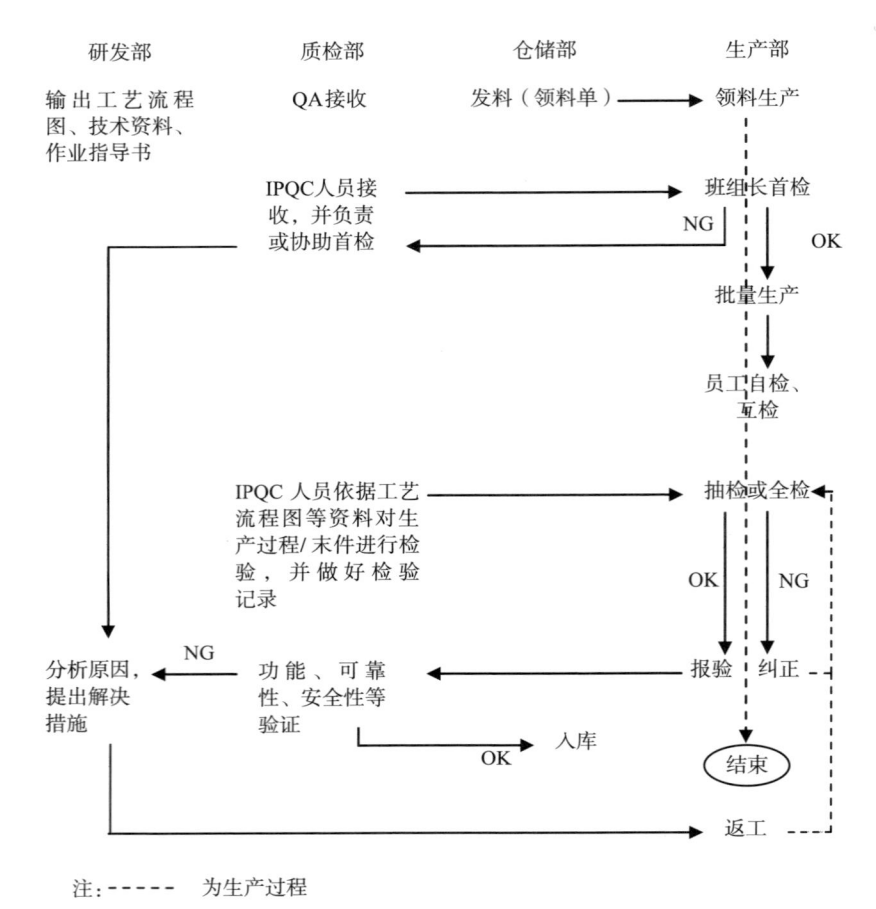

```
研发部              质检部            仓储部           生产部
输出工艺流程        QA接收          发料（领料单）→  领料生产
图、技术资料、
作业指导书
                 IPQC人员接                        班组长首检
                 收，并负责                         NG    OK
                 或协助首检
                                                  批量生产

                                                  员工自检、
                                                    互检

                 IPQC人员依据工艺                   抽检或全检
                 流程图等资料对生
                 产过程/末件进行检                   OK    NG
                 验，并做好检验
                 记录
 分析原因，  NG    功能、可靠                        报验    纠正
 提出解决          性、安全性等
 措施              验证
                              OK →  入库
                                                    结束
                                                    返工
```

注：- - - - - 为生产过程

图 5-1 制程检验流程

本流程集合了当下制程检验的通用做法，供大家参考。

5.2.3 制程检验过程控制

由于制程检验中首件检验、巡回检验和末件检验是相互独立的，这里我们分别阐述它们的控制过程。

1. 首件检验

首件检验首先要把握好检验的对象和时机，然后再进行检验。

1）首件检验的对象和时机

首件检验的对象和时机说明如表 5-3 所示。

表 5-3　首件检验的对象和时机说明

对　象	时　机	方　式
1. 图号 2. 材料、毛坯或半成品 3. 材料、毛坯表面处理、安装定位 4. 配方配料 5. 首件加工出来后的实际质量特征	1. 每班工作开始时 2. 操作者变更时 3. 更换或调整设备、工艺装备时 4. 更改技术条件、工艺方法和工艺参数时 5. 采用新材料或替代材料后	1. 自检。员工对自己加工的产品进行检验 2. 互检。相邻工序之间对彼此加工的产品进行检验 3. 专检。专门的质量检验人员进行检验

2）首件检验的责任划分

首件检验虽然简单，但影响巨大，因而要明确各方责任，以保证检验过程顺利。

➢ 班组长。生产准备（物料、人员、设备/工装夹具、工艺文件）和生产组织，并依据检验标准组织和监督首件检验。

➢ IPQC 人员。首件检验的核查抽检、确认签样。

➢ 工程部门。对不良品原因做详细分析，并提出改善建议。

➢ 其他部门。必要时，研发、销售等部门介入，共同进行分析、改善。

3）首件检验的控制

首件检验中班组长确定好检验对象和时机后，依据物料清单（BOM）、检验规范（检验指导书）检验 1~3 个单位的样品（视情况而定），然后核对。

（1）首件检验合格。首件产品核对后，正常则转交质检人员进行首件产品质量检验与确认。检验员对检验合格的首件产品进行标记，并保持至一批（本班）产品加工完为止；同时所有首件产品留样，作为样品使用。

（2）首件检验不合格。首件检验不合格要积极采取纠正措施，排除不合格原因，直到合格后方可定为首件。对于无法立即完成改善的，要停机(转产)，并填写质量异常报告，经由主管确认后，由相关责任单位负责纠正改善作业。

首件检验中要如实填写首件检验记录，并归入质量管理体系文件中保存。

需要注意的是，首件检验不合格品，按不合格品控制程序处理。

2. 巡回检验

巡回检验是 IPQC 人员每日必做之事。

1）巡回检验的前提

良好的准备是 IPQC 人员完成巡回检验的前提条件。巡回检验前提说明如表 5-4 所示。

表 5-4　巡回检验前提说明

质量文件准备	测量仪器准备	人员准备
1. 图样 2.QC 产品图 3. 制程检验标准 4. 作业指导书 5. 控制图 6. 质量/质量异常记录 7. 生产计划	1. 相关测量、检验仪器 2. 相关测量、检验仪器校准合格	1. 设立专职 IPQC 人员 2. 可胜任岗位职责

注：IPQC 人员使用的相关质量文件均应为最新版本。

2）巡回检验责任划分

就工作内容而言，IPQC 人员要对整个生产过程进行检验，这会与众多的部门和岗位发生关系。其中 IPQC 人员如何工作、各部门和岗位如何配合就成了巡回检验的关键。巡回检验质量责任说明如表 5-5 所示。

表 5-5　巡回检验质量责任说明

任　务	主要部门	辅助部门	程　序	控制措施	时间表 开始	时间表 结束
首件检验；对生产过程中各工位/区域的工艺流程、工装夹具、作业质量等进行检查记录；质量的跟踪、改善效果确认；不良问题的反馈	质量部	生产部	IPQC	略		
负责对 IPQC 人员反映的制程质量异常问题进行确认和判定，并对工程部的改善措施进行跟踪验证；为制程检验工作提供技术支持；对质量事故处理进行裁决	质量部	工程部	质量工程师	略		
质量异常的确认、原因分析、改善措施的制定	工程部（研发部）	质量部、生产部	PE/IE/ME	略		
落实涉及本部门的相关预防措施/改善对策	生产部	质量部、工程部	生产主管	略		

3）巡回检验的控制

对巡回检验的控制应先设置检验点、检验时间段，然后依据质量检验规范检验，并对最终结果进行处理。

（1）质量检验规范化。质量标准必须依据开发部、技术部、质量部和生产部相关文件、图纸，经反复讨论和验证后制定。

（2）制程控制点管理。制程控制点包括关键工序、关键设备、关键人员的控制。每天 IPQC 人员应对这些控制点进行检查，并对检验过程和结果予以记录。

（3）时间点管理。首件检验完成后，IPQC 人员依规定时间做巡检工作，具体方式有两种：依据时间巡检，依一定批量检验。不论哪种制程控制点的检查，每天至少要进行一次。

（4）使用控制图。依据 QC 产品图与各作业指导书的规定，在制程的重要环节，使用控制图，以点线的变动监视产品及制程状况，并提供对查问题与采取对策有用的信息。

（5）异常问题的处理。IPQC 人员在巡检中发现异常问题，若能自己解决则及时处理；若不能处理则填写制程异常报告，上报质量主管处理。

3. 末件检验

末件检验的意义在于描述质量问题的可追溯性。通过对末件检验与首件检验或巡回检验的结果进行对比来判断过程是否稳定，如果结果不一致，则追查导致质量偏差的因素是什么，以便纠正和预防。

1）末件检验的范围

末件检验范围说明如表 5-6 所示。

表 5-6　末件检验范围说明

对　象	时　机	要　求
1. 一个时间段结束时生产的最后几件或一件产品 2. 一次批量生产的最后几件或一件产品 3. 完工后的全部产品 4. 有特殊规定的产品	1. 巡回检验机制不完善时 2. 少量多批生产时 4. 巡回检验存在较多异常时 5. 磨具磨损度高的作业 6. 新员工上岗时 7. 顾客有要求时	略

2）末件检验的责任划分

末件检验是指当产品形成了一个完整的检验批，按规定的抽样方案随机抽取样品，将检验结果与判定标准对照，确定该批产品可否放行。一般情况下，靠模具或装置来保证质量的轮番生产的加工工序，都须设立末件检验。

末件检验的实施程序如下。

1）检验准备

➢ 熟悉工程规格图、质量提升方案及质量检验标准书。

➢ 准备检测设备及量具。

➢ 准备抽样计划表，查阅产品履历卡。

2）检验与判定

抽样检验以分散随机抽取样品方式作业，整批逐项进行检验，依照工程规格、图样、质量标准书加以判定。

➢ 抽检过程中如发现不良，质检人员应立即予以标识，抽样完成后交给质量主管确认，达到拒收标准的，开立产品批退单。

➢ 全检出的不合格品，由质检人员、生产车间班长确认无误后，与生产车间换料；若有紧急出货需求，可视具体情况先换料、再做不良确认，以保证出货的及时性。

➢ 检验过程中若发现重大的质量异常，质检人员应及时反馈给生产车间，同时开立质量异常通知单，以便及时反映和控制重大质量问题。

如产品检验合格，则由质检人员在入库申请单上签字、确认单上盖章后，将该批产品移至产品质量检验合格区。

3）统计分析

➢ 检验完毕，质检人员将不良情形如实记录到产品履历卡上。

➢ 质检人员要将每次检验状况汇总，形成检验日报，并公布于厂内。

5.3 标准化管理

标准化是企业进行全面质量管理的重要条件之一。如果企业建立了成熟的标准化体系，意味着良好的质量管理实现了一半。

5.3.1 标准化的定义

标准化是指为了使现实问题/事件或潜在问题在一定范围内获得最佳秩序，而确定共同使用和重复使用的条款的活动。其具有抽象性、技术性、经济性、连续性、约束性和政策性的特点。其作为一门科学，一直受到人们的关注，涌现了大量的研究机构和成果，如国际标准化组织（ISO）与 ISO 质量标准体系。

1. 标准化的基本原理

一般情况下，标准化的基本原理指统一原理、简化原理、协调原理和最优化原理。

1）统一原理

为保证事件发展所必需的秩序和效率，对事件的形成、功能或其他特性，确定适合于一定时期和条件的一致规范，如检验指导书。统一原理要点如下：

➢ 一致性。一组事件有一致的规范，以保证它们所必需的秩序和效率，如肯德基每个门店的服务都是统一的。

➢ 约束性。统一的规范有条件限制，随着环境的改变，旧的规范被新的规范取代。

2）简化原理

标准化对象的规格、形式或其他性能是经过筛选的，以确保功能简单实用、效率最佳。简化原理包含以下几个要点：

➢ 经济性。简化的目的是使标准化更有效地满足需要。

➢ 以需求为导向。标准化的目的是满足某种需求，因而标准化的设计也应符合这种需求。

➢ 精练化。简化并不是简单化，而是在满足需求的前提下，实现最佳经济效益。

3）协调原理

通过有效的方式协调系统内各相关因素，使标准化的整体功能达到最佳。协调原理包含以下要点：

➢ 协调的目的。使标准系统的功能实现一加一大于二的效果。

➢ 协调对象。能够通过标准化，解决问题或改善事件等。

➢ 相关因素。相关因素之间的关系相互协调一致，如在对供应商的评审中，各部门承担不同的职责，互相协调一致。

➢ 协调方式。协商一致，局部利益服从整体利益。

4）最优化原理

最优化原理指在一定条件下，按照特定的目标对标准体系的构成因素进行选择、设计或调整，使其达到最佳的效果。

2. 将工作标准与技术标准、管理标准并列

企业标准化内容包括技术标准、管理标准和工作标准三个方面。

1）技术标准

技术标准是对与生产相关的各种技术条件，如生产对象、生产条件、生产方式等的规定。技术标准是企业标准化管理的核心，是满足顾客质量要求的重要前提。其他标准都要围绕技术标准制定。企业技术标准列举如表5-7所示。

表5-7 企业技术标准列举

标准内容	标准内容
1. 产品标准	7. 包装标准
2. 半成品标准	8. 安全技术标准
3. 原材料标准	9. 环保卫生标准
4. 设备标准	10. 设备维修标准
5. 工艺标准	11. 设计标准
6. 计量检验标准	12. 能源标准等

企业技术标准的形式可以是标准、规范、规程、守则、操作卡、作业指导书等。

2）管理标准

管理标准是对运营管理的各个环节运用标准化原理所做的规定。它涉及各个管理方面，如生产管理、技术管理、质量管理、计划管理、人事管理、财务管理、设备管理以及标准化管理等。

制定管理标准是实施技术标准和全面质量管理的重要举措，它把企业管理

的各个方面以及部门、岗位有机地结合起来，从而获得最佳的质量成本。企业管理标准列举如表 5-8 所示。

表 5-8　企业管理标准列举

标准内容	标准内容
1. 图样、技术文件、标准资料、信息、档案的管理标准	7. 生产运输管理标准
2. 为设计、工艺等技术工作而制定的设计管理、工艺管理标准	8. 定额管理标准
	9. 成本管理标准
	10. 设备管理标准
3. 计量管理标准	11. 物料管理标准
4. 质量检验、审核及质量记录的管理标准	12. 信息管理标准
5. 合同管理标准	13. 会议管理标准
6. 半成品、协作件管理标准	

3. 工作标准

工作标准是对企业各部门、人员的基本职责、工作要求、考核办法所做的规定。它是企业实施技术标准、产品达到质量要求的基础。企业工作标准内容如下：

➢ 职责与权利。
➢ 工作程序。
➢ 办事细则。
➢ 制度规范。
➢ 考核标准。

企业应先完善工作标准，然后以高质量的产品标准为中心建立企业技术标准体系，并及时出台管理标准，更好地为技术标准服务。

5.3.2　标准化与质量

标准化对全面质量管理的实施有着重要的意义。未执行标准化作业的情况如图 5-2 所示。

未执行标准化作业的情况				
无用功		日常作业任务		
由于工人的积极性不高而增加的工作时间	由于管理缺陷而增加的作业时间，如不良调度、缺乏监督等	由于操作方法不当、物流不畅等而增加的作业内容	由于产品质量不合格而增加的工作内容	有效生产作业量
标准化作业的改善对象				标准化作业的改善目的

图 5-2　未执行标准化作业的情况

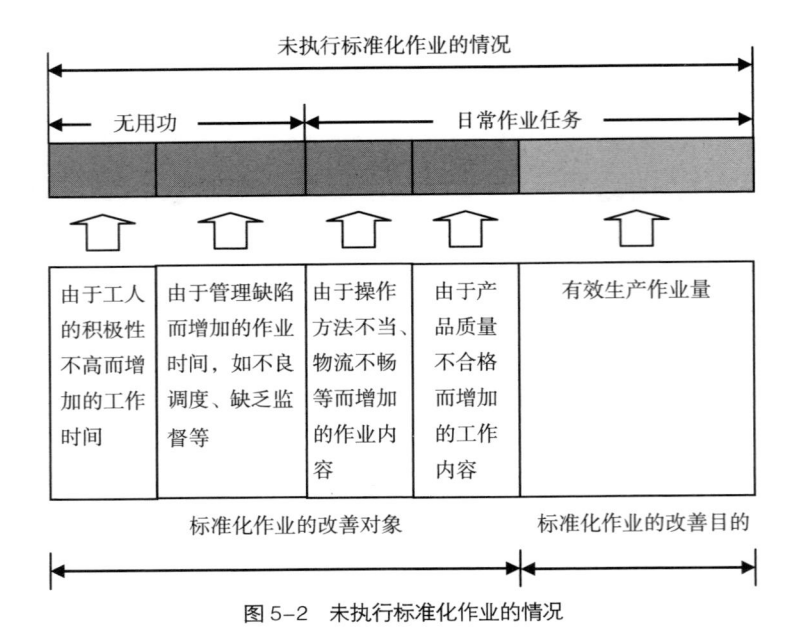

由图 5-2 可以看出，实施标准化作业意义重大。

1. 标准化的浅层次意义

➢ 标准化作业使员工的技能、经验等得到充分的发挥。

➢ 标准化作业使员工高效、紧张地工作，工作环境舒适。

➢ 员工在舒适的工作环境中心情舒畅，身心愉悦地投入工作中。

2. 标准化的深层次意义

标准化作业深层次的意义体现在降低成本、提高工作效率方面。

1）有利于先进管理方法的实施

事实证明，标准化作业实施成功的企业能够更快、更好地提高质量管理水平。

2）降低管理以及生产成本

标准化作业的实施，使企业对于员工的需求更理性化，使企业更好地把握员工的数量和机器的台数，从而使企业降低了管理以及生产成本。

3）提高产品质量，增加顾客满意度

采用标准化作业，摒弃违规操作，将每一个零部件都安装得恰当，从而提高了产品的质量，顾客的满意度也就提高了。

4）降低库存管理成本

在实施标准化作业以后，生产运作人员在制订生产计划、编写生产进度计划时就能更精确地计算出所需要的原材料以及外购件的数量，避免了为防止生产中断而盲目增加库存。

5）增加员工满意度

在实施标准化作业后，初期员工会感觉不适应，认为增加了工作量，但实际上当员工适应标准后，工作反而更轻松，每天能够超额完成任务的员工都能清楚地知道自己将获得多少奖励，工作积极性与满意度自然会提高。

5.3.3 标准化体系的建立

建立标准化体系有助于企业进行标准化实施和管理。标准化体系建立流程如图 5-3 所示。

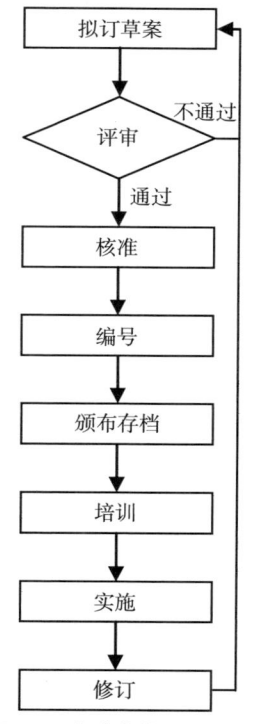

图 5-3 标准化体系建立流程

在标准化体系建立的过程中必须有高层领导的参与，可以组建一个执行小组，高层领导任组长，副组长为具体的执行负责人。

1. 拟订草案

执行小组指导各部门、单位、责任人拟订草案。各部门、单位、责任人收集部门作业时所遇到的问题、月工作计划等作为拟订草案的依据，同时检查已发布实施的标准化文件，若有不符合的，进行修订。

2. 评审与核准

属于基层作业单位的标准书，呈送直属主管做初步审查。若属于主管权限内的，则直接由主管核准后发布实施；若不属于主管权限内的，则上交执行小组审核，总经理批准后实施。

属于部门范畴的标准书由执行小组进行审核，审核时邀请相关部门的人员或专家参与。审核通过后，送交总经理批准。

属于企业范畴的标准书，交由企业标准化委员会协调、审核。审核通过后，呈请总经理核准。

3. 编号

对每个核准的标准书进行统一编号，以便于管理和使用。编号时，遵守企业内部的文件编号规定。

4. 颁布存档

标准书经编号后，正本标准书做颁布之用，副本标准书存档。若有新修订的标准书，应收回原标准书，盖上"作废"章后保留存档。

5. 培训

标准书颁布后，执行小组要组织相关人员对标准书的使用对象进行培训，以确保使用人员能够了解、熟悉标准书，并能熟练按标准书要求作业。

6. 实施

标准书颁布后，所有人员必须严格遵守，不得擅自变更，各部门主管或专职人员负责监督。若因环境变化，标准书不再适合现有作业，各部门主管应及时上报，重新修订标准书。

7. 修订

标准书颁布后，各部门主管及使用者应随时评估标准书是否符合作业的要求，若不符合则应提交修订标准书的意见或方案。

执行小组每半年对企业的标准书做一次全面的评价，发现有不妥之处，要与各部门主管协商，提出改进对策。

5.3.4 标准化成功的要点

企业在建立和实施标准化的过程中，还应注意以下事项，以确保标准化能够在企业成功落地。

（1）目标指向明确。标准必须针对目标而定。

（2）阐明结果和原因。标准书在告诉员工如何执行的同时，还应给出这样做的原因。

（3）准确。要避免抽象、模糊的词语出现。

（4）数量化。每个阅读标准的员工都能以相同的方式解释标准。

（5）现实。标准必须是现实的，即可操作的。

（6）修订。标准在需要时必须修订。在以下情况下可修订标准：

➢ 当难以执行定义的任务时。

➢ 当方法、工具或机器改变时。

➢ 当外部因素改变时。

➢ 当作业程序改变时。

➢ 当产品的质量水平改变时。

➢ 当零部件或材料改变时。

➢ 当机器工具或仪器改变时。

➢ 当相关政策、法律改变时。

标准化管理是一项复杂的系统工程，具有系统性、国际性、动态性、超前性、经济性。应坚持以预防为主、全过程控制、持续改进的思想，使企业的质量管理水平在循环往复中螺旋上升。

5.4 过程能力评估

过程能力的判定也就是过程能力的分析。通过对过程能力进行分析，判断产品加工是否处于受控状态，若发现偏差可以及时进行纠正，以保证产品质量达到要求。

5.4.1 过程能力的定义

过程能力是指处于稳定生产状态或者标准状态下的实际加工能力。对过程能力进行研究和改善可以确保过程处于受控状态，进而保证产品质量的可靠性和稳定性。过程能力的受控状态，有两个评价指标，即稳定状态和标准状态。

（1）稳定状态。原材料或者上一过程半成品按照标准要求供应；本过程依作业标准进行，且在过程各个主要影响因素无异常的条件下进行；过程完成后按标准要求进行检测。

（2）标准状态。指设备、材料、工艺、环境、测量均处于标准作业条件，人员的操作也处于正常状态。

1. 过程能力的表示方式

过程能力通常用 6σ 表示。均方差 σ 是一个关键参数，表示过程质量的离散程度。σ 越大，表示过程能力越低；σ 越小，表示过程能力越高。

由于均方差 σ 是描述随机变量分散的数字特征，而且当产品质量特性服从正态分布 $N(\mu, \sigma^2)$ 时，以 3σ 原则确定其分布范围（$\mu \pm 3\sigma$），处于该范围外的产品仅占产品总数的 0.27%。因此过程能力 B 计算公式：

$$B = 6\sigma$$

如果要提高过程能力，其重要的途径之一就是减小 σ，使质量特性值的离散程度变小，以在实际中提高加工精度。

2. 过程能力的反映方式

生产过程中的产品质量总是波动的，对于这一波动通常用控制图来反映。控制图是对过程质量加以测定、记录从而进行控制管理的一种用科学方法设计的图。控制图如图 5-4 所示。

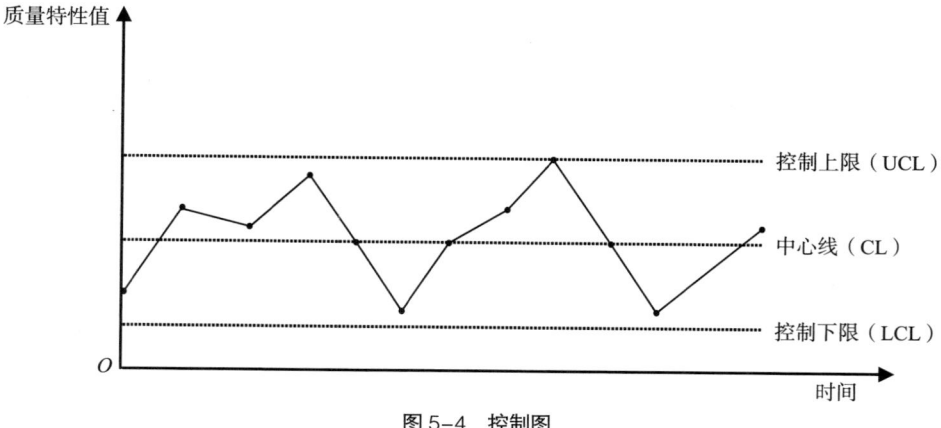

图 5-4 控制图

从统计学的角度看，质量波动有两种：一种是系统性波动（由系统原因造成的质量波动）；另一种是正常波动（由非系统原因造成的质量波动）。

在工序处于稳定状态的情况下，产品质量的特性值服从正态分布，即以期望值（理想质量目标）X 为中心线，以 $X\pm 3\sigma$ 为上下限，99.7% 的质量数据值应落在界限内。

在实际生产过程中，产品质量在上下限之间围绕中心波动属正常波动，但如果超出这一界限，则属系统性波动，说明工序加工发生了异常。此时，质量人员就要及时查明原因，采取措施予以纠正，防止不合格品发生。

3. 过程能力评价指标

过程能力指数是衡量其对产品规格要求满足程度的数值，记为 C_p 或者 C_{PK}。

（1）C_p 通常适用于设计的标准规格中心值与测定数据的分布中心一致时，也就是无偏的情况。

（2）C_{PK} 通常适用于设计的标准规格中心值与测定数据的分布中心不一致时，也就是有偏的情况。

C_p 通常以规格范围（加工质量标准，通常是公差）T 与工序能力 B 的比值来表示。即

$$C_p = \frac{T}{B} = \frac{T}{6\sigma}$$

$$T = T_U（规格上限）- T_L（规格下限）。$$

过程能力表示过程固有的实际加工能力，也就是生产达到的实际水平，与产品的技术要求无关，是为了衡量过程能力满足技术要求的程度而引入的。

4. 影响过程能力的因素

影响过程能力的因素有六个，它们分别是：

➢ 人——与工序有直接关系的操作人员、辅助人员应具备的质量意识和操作技术水平。

➢ 设备——包括设备的精度、工装的精度及其合理性，刀具参数的合理性等。

➢ 材料——包括原材料、半成品、外协件的质量及其适用性。

➢ 工艺——包括工艺方法及规范、操作规程的合理性。

➢ 测具——测具对测量方法及测量精度的适应性。

➢ 环境——生产环境及劳动条件的适应性。

在进行过程能力分析和改善的时候，统计人员要注意这些能够影响过程能力的因素。

5.4.2 过程能力分析流程

当采用统计手段评价过程能力时，统计人员应按照一定的步骤进行。过程能力分析流程如图 5-5 所示。

在执行过程能力调查时，要注意以下几个关键环节的操作：

➢ 制订调查计划。在调查前应制订明确的调查计划，尤其要确定调查对象（工序以及质量特性）和调查方法（测定方法、调查期限、抽样方法等）。

➢ 整改和落实纠正措施。通过统计发现，过程能力存在变异的，质量人员应与研发、生产等部门分析变异原因，并给出整改措施。在整改过程中要跟踪纠正措施的执行。

➢ 提交调查报告。撰写过程能力调查报告，并作为质量记录归档保存，纳入企业质量管理体系文件进行管理。

第 5 章 过程质量控制

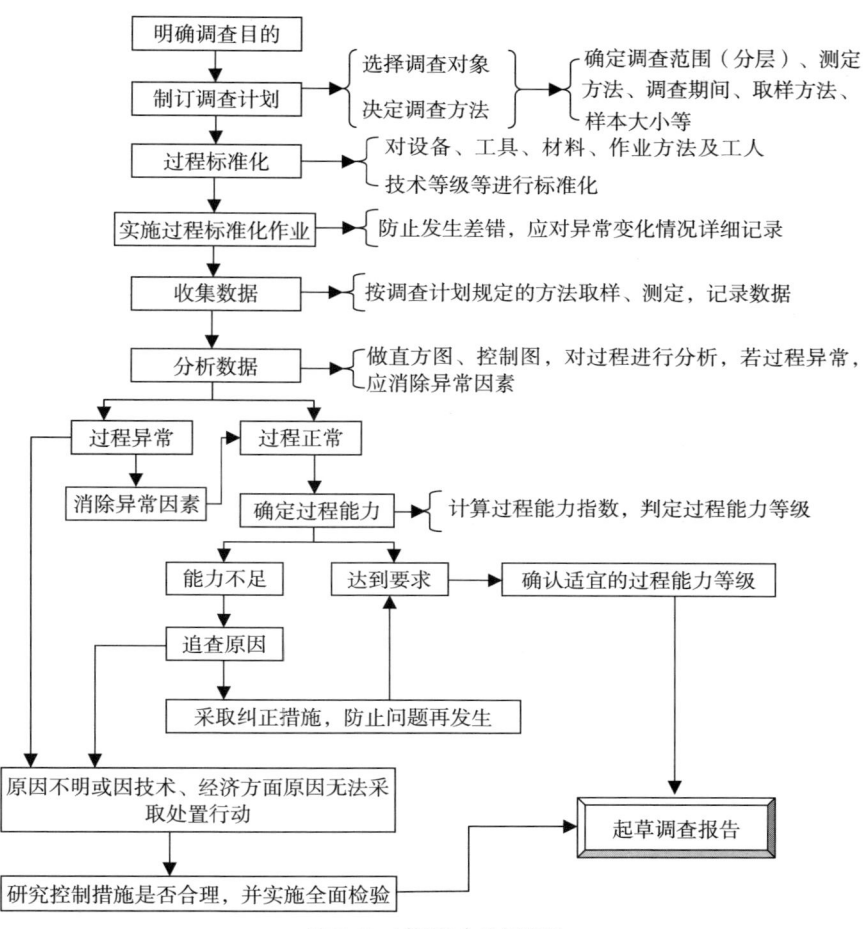

```
明确调查目的
    ↓
制订调查计划 ─┤ 选择调查对象      ┤ 确定调查范围（分层）、测定
              │ 决定调查方法      │ 方法、调查期间、取样方法、
                                  │ 样本大小等
    ↓
过程标准化 ─┤ 对设备、工具、材料、作业方法及工人
            │ 技术等级等进行标准化
    ↓
实施过程标准化作业 ─┤ 防止发生差错，应对异常变化情况详细记录
    ↓
收集数据 ─┤ 按调查计划规定的方法取样、测定、记录数据
    ↓
分析数据 ─┤ 做直方图、控制图，对过程进行分析，若过程异常，
          │ 应消除异常因素
    ↓
过程异常 / 过程正常
    ↓          ↓
消除异常因素  确定过程能力 ─┤ 计算过程能力指数，判定过程能力等级
              ↓
          能力不足 / 达到要求 → 确认适宜的过程能力等级
              ↓
          追查原因
              ↓
          采取纠正措施，防止问题再发生

原因不明或因技术、经济方面原因无法采取处置行动 → 起草调查报告

研究控制措施是否合理，并实施全面检验
```

图 5-5　过程能力分析流程

5.4.3　过程能力计算

过程能力计算即求过程能力指数的过程。一般常用的过程能力指数有五种，它们分别是计量值为双侧公差的 C_p 值、计量值为单侧公差的 C_p 值、计件值的 C_p 值、计点值的 C_p 值。其中计量值为单侧公差的 C_p 值又包括仅给出上限 T_U 和下限 T_L 两种情形。

1. 计量值为双侧公差的 C_p 值

当设计标准规格为双侧公差，也就是同时给出规格的上下界限时，既具有规格上限（T_U）要求，又有规格下限（T_L）要求。计量值为双侧公差的过程能力模型如图 5-6 所示。

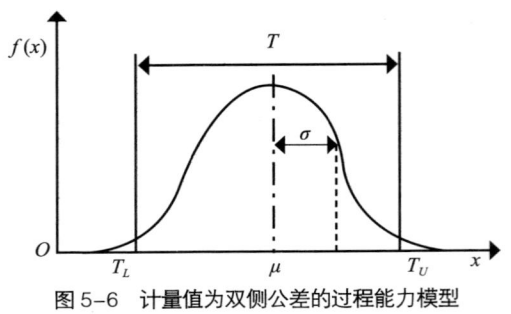

图 5-6　计量值为双侧公差的过程能力模型

该模型反映了经过该过程加工后，产品质量的分布状况。其中，T 为公差范围，是对产品质量的要求；σ 为过程标准偏差；S 为样本标准差。

过程能力指数 C_p 为：

$$C_p = \frac{T}{6\sigma} = \frac{T_U - T_L}{6S}$$

工序不合格率 p 的估计公式为：

$$p = 2\Phi(-3C_p)$$

案例分析：

批加工零件的轴颈的设计尺寸为 $\phi 6.5^{+0.015}_{-0.015}$，通过随机抽样检验，并经过计算得知，样本的平均值与公差中心重合，样本偏差为 $S=0.0055$，试求该工序的过程能力指数及不良品率。

解：设轴颈的直径为 x，则 $\because \bar{x} = T_m = 6.5$

$$\therefore C_p = \frac{T}{6S} = \frac{0.030}{6 \times 0.0055} = 0.909$$

$$p = 2\Phi(-3C_p) = 2\Phi(-3 \times 0.909)$$

$$= 2\Phi(-2.737) = 2 \times 0.003197 = 0.006394$$（式中负号表示可接受不合格率的下限）

2. 计量值为单侧公差的 C_p 值

当设计标准规格为单侧公差，也就是给出控制上限或者下限的时候，过程能力分别用以下公式计算。

1) 仅给出上限 T_U

计量值为单侧（仅给出上限 T_U）公差的过程能力模型如图 5-7 所示。

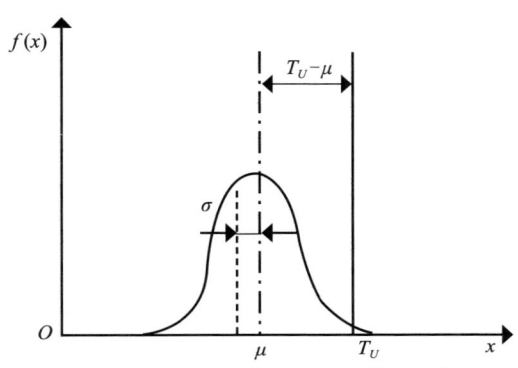

图 5-7 计量值为单侧公差的过程能力模型

过程能力指数为：

$$C_{pU}=\frac{T_U-\mu}{3\sigma}\approx\frac{T_U-\bar{x}}{3S}$$，当 $T_U \leqslant \bar{x}$ 时，$p \geqslant 50\%$，则规定 $C_{pU}=0$

工序不合格率估计：

$$p_U=\Phi(-3C_p)$$

案例分析：

某零件要求加工后质量不得大于 71g，测试部分数据后得质量的平均值 $\bar{x}$=70.2g，S=0.24g，试计算过程能力指数 C_{pU} 及不合格率 p_U。

将数据代入公式得出：过程能力指数 $C_{pU}=\dfrac{71-70.2}{3\times 0.24}=1.11$

不合格率：$p_U=\Phi(-3\times 1.11)=\Phi(-3.33)$

$=4.342\times 10^{-4}\approx 0.04\%$（式中负号的含义同前）

2) 仅给出下限 T_L

计量值为单侧（仅给出下限 T_L）公差的过程能力模型如图 5-8 所示。

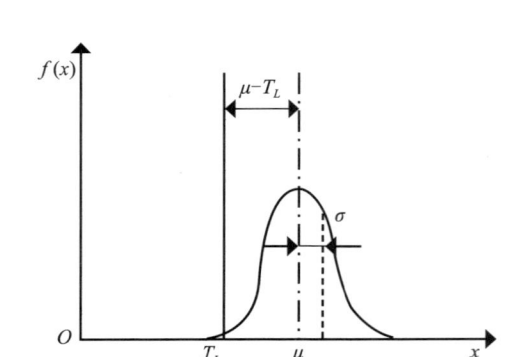

图 5-8　计量值为单侧公差的过程能力模型

过程能力指数为：

$C_{pL} = \dfrac{\mu - T_L}{3\sigma} \approx \dfrac{\overline{x} - T_L}{3S}$，当 $T_L \geqslant \overline{x}$ 时，$p > 50\%$，则规定 $C_p = 0$

工序不合格率估计：$p_U = \Phi(-3C_p)$

案例分析：

> 要求零件淬火后的硬度 HRC ≥ 71，实测数据后计算得平均硬度为 73，$S=1$，试计算过程能力指数 C_p 及不良品率 p。
>
> 将数据代入公式得出：过程能力指数 $C_{pL} = \dfrac{73-71}{3 \times 1} = 0.67$
>
> 不良品率：$p = \Phi(-3 \times 0.67)$
> 　　　　　$= \Phi(-2.01) = 0.0222 \approx 2.2\%$（式中负号的含义同前）

3. 计件值的 C_p 值

计算公式是以不合格率上限 p_U 作为规格要求：

（1）取 k 个样本，每个样本的容量分别为 n_1，n_2，…，n_k，每个样本中的不合格品数为 d_1，d_2，…，d_k。

（2）计算平均不合格率（$\overline{p}$）及平均样本量（$\overline{n}$）。

$$\overline{p} = \dfrac{\sum_{i=1}^{k} d_i}{\sum_{i=1}^{k} n_i};\quad \overline{n} = \dfrac{\sum_{i=1}^{k} n_i}{k}$$

计算过程能力指数 C_p，即 $C_p = \dfrac{p_U - \overline{p}}{3\sqrt{\dfrac{\overline{p}(1-\overline{p})}{\overline{n}}}}$

案例分析：

某产品规格要求 $p_U=0.1$，现取 5 个样本，$n_1=n_2=\cdots=n_5=100$，各样本中不合格品数为：$d_1=7$，$d_2=5$，$d_3=6$，$d_4=2$，$d_5=4$，求过程能力指数 C_p。

利用公式计算得到结果如下：

$$\bar{p} = \frac{7+5+6+2+4}{500} = 0.048$$

$$\bar{n} = 100$$

$$C_p = \frac{0.1 - 0.048}{3\sqrt{\dfrac{0.048(1-0.048)}{100}}} \approx 0.81$$

4. 计点值的 C_p 值

规格要求是单位产品平均缺陷（或疵点数）上限或不合格率很小时的样本中不合格品数上限 C_U。

（1）取 k 个样本，每个样本的样本容量分别为 n_1，n_2，$\cdots$，n_k，每个样本的疵点数（或不合格品数）为 C_1，C_2，$\cdots$，C_k。

（2）计算平均疵点数（或平均不合格品数）：$\bar{C} = \dfrac{\sum\limits_{i=1}^{k} C_i}{\sum\limits_{i=1}^{k} n_i}$

得出过程能力指数：$C_p = \dfrac{C_U - \bar{C}}{3\sqrt{\bar{C}}}$

案例分析：

设某产品规格要求单位产品平均缺陷上限 $C_U=2$，取容量为 10 的样本 5 个，各样本中产品的缺陷数分别为 $C_1=7$；$C_2=5$；$C_3=6$；$C_4=2$；$C_5=4$，求过程能力指数 C_p。

利用公式计算得到结果如下：

$$\bar{C} = \frac{7+5+6+2+4}{5 \times 10} = 0.48$$

$$C_p = \frac{2 - 0.48}{3 \times \sqrt{0.48}} \approx 0.73$$

计算出过程能力指数后，统计人员可以依据过程能力判断标准评价过程能力，过程能力判断标准如表 5-9 所示。

表 5-9　过程能力判断标准

级　别	过程能力指数 C_p	T 与 σ	不合格率 p	过程能力分析
特级	$C_p > 1.67$	$T > 10\sigma$	$p < 0.00006\%$	过于充分
一级	$1.67 \geqslant C_p > 1.33$	$10\sigma \geqslant T > 8\sigma$	$0.00006\% \leqslant p < 0.006\%$	充分
二级	$1.33 \geqslant C_p > 1$	$8\sigma \geqslant T > 6\sigma$	$0.006\% \leqslant p < 0.27\%$	尚可
三级	$1 \geqslant C_p > 0.67$	$6\sigma \geqslant T > 4\sigma$	$0.27\% \leqslant p < 4.45\%$	不足
四级	$C_p \leqslant 0.67$	$T \leqslant 4\sigma$	$p \geqslant 4.45\%$	严重不足

5.4.4　计量值控制图

计量值控制图有多种类型，如表 5-10 所示。

表 5-10　计量值控制图类型

类　型	名　称	代　号	控制界限 中心线	控制界限 上下控制界限	应用范围	分　布
计量值控制图	均值-极差控制图	$\bar{X}\text{-}R$	$\bar{\bar{X}}, \bar{R}$	$\bar{\bar{X}} \pm A_2\bar{R}$ $D_4\bar{R}, D_3\bar{R}$	计量值控制	正态分布
计量值控制图	中位数-极差控制图	$\tilde{X}\text{-}R$	$\bar{\tilde{X}}, \bar{R}$	$\bar{\tilde{X}} \pm m_3A_2\bar{R}$ $D_4\bar{R}, D_3\bar{R}$	计量值控制	正态分布
计量值控制图	平均值-标准差控制图	$\bar{X}\text{-}S$	$\bar{\bar{X}}, \bar{S}$	$\bar{\bar{X}} \pm A_3\bar{S}$ $B_4\bar{S}, B_3\bar{S}$	检验时间	正态分布
计量值控制图	单值-移动极差控制图	$X\text{-}R_S$	$\bar{X}, \bar{R}_s$	$\bar{X} \pm 2.66R_s$ $UCL = 3.267\bar{R}_s$ LCL 不要求	用于数据不能分组的情况	

注：A_2、D_4、D_3、m_3 分别为与样本容量 n 有关的系数，其值有表可查

1. $\bar{X}\text{-}R$ 控制图

$\bar{X}\text{-}R$ 控制图被称为均值-极差控制图，主要用来研究非正态分布或正态分布的数据，用以检测过程的微小变异。$\bar{X}\text{-}R$ 控制图的制作步骤如下：

（1）数据收集。做图前，收集至少 100 个数据，然后依测定的先后顺序排列。

(2)数据分组。分成 20~25 组,2~5 个数据为一组(一般用 4~5 个)。
(3)将各组数据记入数据表栏内。
(4)计算各组的平均值 $\overline{X}$(取测定值最小单位下一位数)。
(5)计算各组之极差 R(最大值－最小值$=R$)。
(6)计算总平均 $\overline{\overline{X}}$。

$$\overline{\overline{X}} = (\overline{X}_1 + \overline{X}_2 + \overline{X}_3 + \cdots + \overline{X}_k)/k = (\sum_{i=1}^{k} \overline{X}_i)/k \quad (k \text{ 为组数})$$

(7)计算平均极差 $\overline{R}$。

$$\overline{R} = (R_1 + R_2 + R_3 + \cdots + R_k)/k = (\sum_{i=1}^{k} R_i)/k$$

(8)计算控制界限。

$\overline{X}$ 控制图:

中心线(CL)$= \overline{\overline{X}}$

控制上限(UCL)$= \overline{\overline{X}} + A_2 \overline{R}$,控制下限(LCL)$= \overline{\overline{X}} - A_2 \overline{R}$

R 控制图:

中心线(CL)$= \overline{R}$

控制上限(UCL)$= D_4 \overline{R}$,控制下限(LCL)$= D_3 \overline{R}$

A_2,D_3,D_4 之值,随每组的样本数不同而有差异,但仍遵循三个标准差的原理计算而得。

(9)画控制图。用普通方格纸或控制图专用纸来画,上面安排 $\overline{X}$ 控制图,下面安排 R 控制图,绘制中心线及控制界限,并将各点点入图中。$\overline{X}$-R 控制图如图 5-9 所示。

过程:		变量:		单位:				制图人:		日期:		
		UCL:		LCL:		$\overline{\overline{X}}$:		UCL:		LCL:		$\overline{R}$:
日期												
1												
2												
3												
4												
5												
6												
和												
均值												
极差												

图 5-9 $\overline{X}$-R 控制图

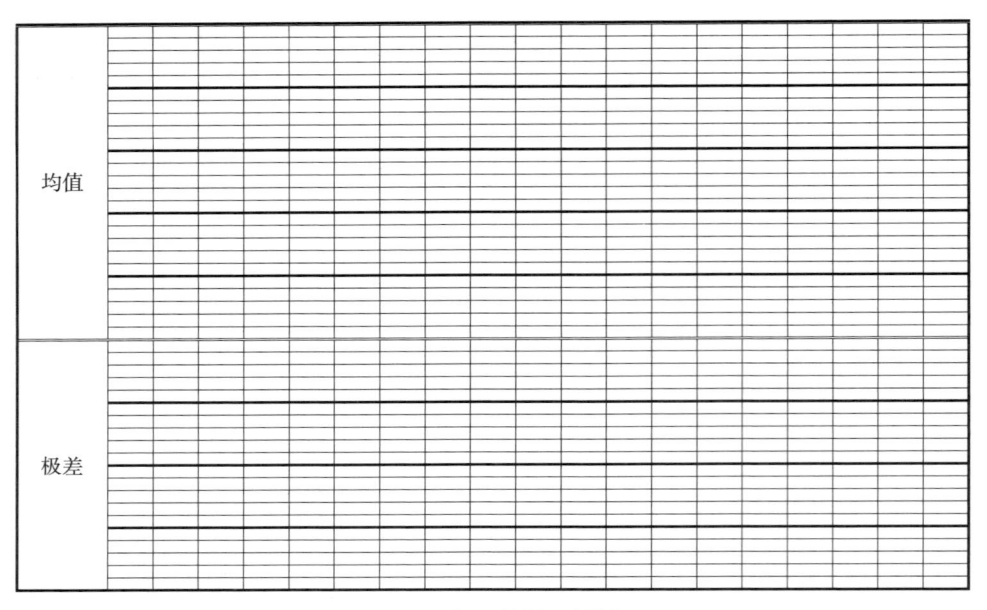

图 5-9　$\bar{X}$ - R 控制图（续）

2. $\tilde{X}$-R 控制图

$\tilde{X}$-R 控制图的数据（每组为一单位）依大小顺序排列，最中间的一个数据称为中位数。如为偶数个数值，则中间两数值的平均值即为中位数。$\tilde{X}$-R 控制图做图步骤如下：

（1）收集数据并排列（同 $\bar{X}$-R 图数据收集方式相同）。

（2）求各组的中位数 $\tilde{X}$。

（3）求各组的极差 R。

（4）计算中位数的总平均数 $\overline{\tilde{X}}_k$。

$$\overline{\tilde{X}} = (\tilde{X}_1 + \tilde{X}_2 + \cdots + \tilde{X}_k)/k = (\sum_{i=1}^{k} \tilde{X}_i)/k$$

（5）计算 $\bar{R}$。

$$\bar{R} = (R_1 + R_2 + \cdots + R_k)/k = (\sum_{i=1}^{k} R_i)/k$$

（6）计算控制界限。

$\tilde{X}$ 控制图

中心线（CL）= $\overline{\tilde{X}}$

控制上限（UCL）= $\overline{\overline{X}} + m_3 A_2 \overline{R}$，控制下限（LCL）= $\overline{\overline{X}} - m_3 A_2 \overline{R}$

R 控制图：

中心线（CL）= $\overline{R}$

控制上限（UCL）= $D_4 \overline{R}$，控制下限（LCL）= $D_3 \overline{R}$

系数 $m_3 A_2$，D_3，D_4 可从系数表中查得。

（7）绘制中心线及控制界限，并将各点点入图中。记录各数据履历及特殊原因，以备考查、分析和判断。

5.4.5 计数值控制图

计数值控制图包括两类计数值数据，一类描述产品不合格率和不合格数，质量统计领域用 p 控制图来表示；另一类描述产品的缺陷数或缺陷率，用 C 控制图或 U 控制图表示。计数值控制图类型说明如表 5-11 所示。

表 5-11 计数值控制图类型说明

类型	代号	控制界限 中心线	控制上下限	应用范围	分布
不合格率控制图	p	$\overline{p}$	$\overline{p} \pm 3\sqrt{\dfrac{\overline{p}(1-\overline{p})}{n}}$	不合格率、合格率、材料利用率、缺勤率等	二项分布
不合格品数控制图	np	$n\overline{p}$	$n\overline{p} \pm 3\sqrt{n\overline{p}(1-\overline{p})}$	不合格品数等	
缺陷率控制图	U	$\overline{U}$	$\overline{U} \pm 3\sqrt{\overline{U}/n}$	单位面积、单位长度缺陷数	泊松分布
缺陷数控制图	C	$\overline{C}$	$\overline{C} \pm 3\sqrt{\overline{C}}$	气孔、砂眼数和疵点等	

1. p 控制图

p 控制图又称作不良品控制图。通常 p 控制图用来研究产品的不良品率，它将引发产品不合格的信息反映到控制图上，进而分析造成这些不合格发生的原因。p 控制图的绘制步骤如下。

（1）收集数据 20～25 组，每组的样本数应一致，且最好能显现 1 个以上的不良数（样本数如每组不一致，会导致控制界限跳动，初期导入较不适当）。

（2）计算每组的不良率 p。

（3）计算平均不良率 $\overline{p}$。

$$\bar{p} = \frac{总不良个数}{总检查数} = \frac{p_1 + p_2 + \cdots + p_k}{k}$$

（4）计算控制界限：
中

控

控

（5）绘制中心线及控制界限，并将各点点入图中。记录各数据履历及特殊原因，以备考查、分析、判断。

2. C 控制图

对于每个被检验的产品来说，如果希望对其缺陷数进行控制，那么就使用 C 控制图。C 控制图的绘制步骤如下。

（1）收集数据 20～25 组，每组的样本数应一致，且最好能显现 1 个以上的不良数（样本数如每组不一致，会导致控制界限跳动，初期导入较不合适）。

（2）计算平均缺陷数

$$\bar{C} = \frac{C_1 + C_2 + \cdots + C_k}{k} = \left(\sum_{i=1}^{k} C_i\right)/k$$

（3）计算控制界限：
中

控

控

（4）绘制中心线及控制界限，并将点点入图中。记录各数据履历及特殊原因，以备考查、分析、判断。

5.4.6 控制图的应用

上面叙述了控制图的计算与绘制，接下来我们介绍控制图的应用。

1. 控制图的使用流程

控制图的使用流程如图 5-10 所示。

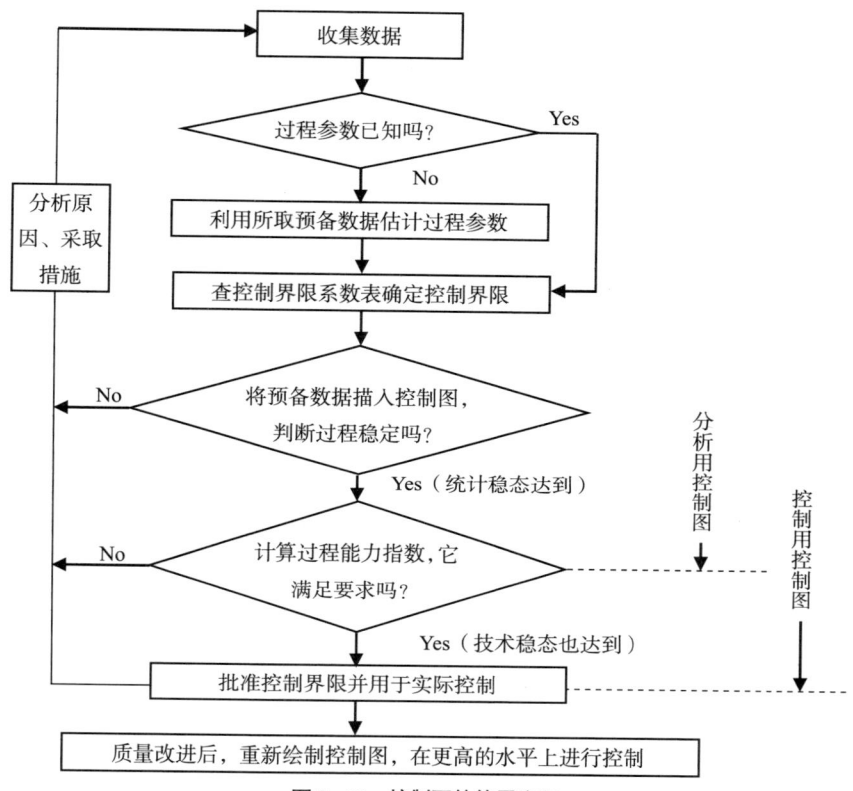

图 5-10 控制图的使用流程

控制图使用要点如下：

➢ 收集数据，可由软件完成，统计生产中的各种设备信息。

➢ 绘制用来分析的控制图，这将在接下来的内容中叙述。

➢ 通过分析控制图看生产状态是否稳定，假若系统不稳定，查找原因，解决问题，务必保持系统稳定。

2. 状态判定

进行状态判定应遵守一定的原则，即视每一个点为一个分配，而非单纯的点。点的动向代表过程的变化，有时虽无异常，但各点在界限内仍会有差异。

1）稳定状态判定

生产状态处于稳定状态的规律有以下两条：

➢ 控制图上的点没有越出控制界限。

➢ 控制图上的点排列是随机的。

如果在控制界限内的连续点较多，则即使有个别点出界，过程仍可看作稳态的，这是判定稳定状态的准则。因而，在点随机排列的情况下，符合下列各条件之一就认为过程处于稳态。

➢ 连续 25 个点都在控制界限内。
➢ 连续 35 个点至多 1 个点落在控制界限外。
➢ 连续 100 个点至多 2 个点落在控制界限外。

2）异常状态判定

一般情况下，如果控制图中出现一个或者多个点超出控制界限，则表示该点处于异常状态。出界点示意图如图 5-11 所示。

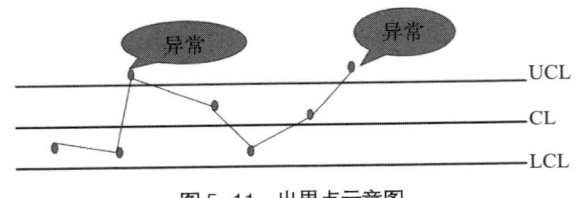

图 5-11 出界点示意图

判定准则：当控制图中的点出现下列情况之一时，表示生产过程存在特殊原因，须立即采取纠正措施，以确保制程稳定。过程异常状态一般有八种类型，如图 5-12 所示。

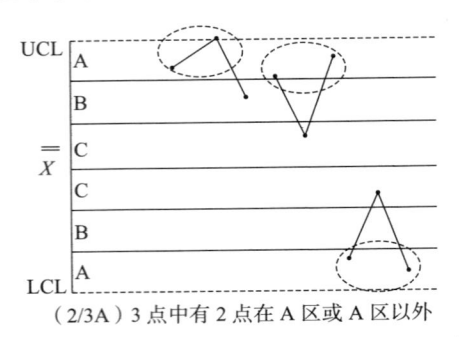

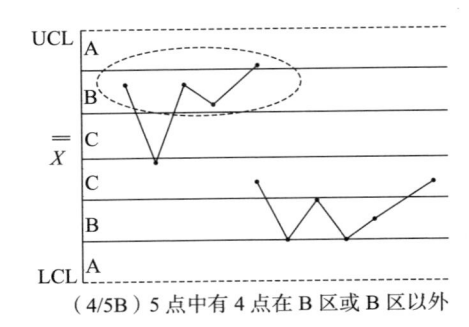

（2/3A）3 点中有 2 点在 A 区或 A 区以外　　（4/5B）5 点中有 4 点在 B 区或 B 区以外

图 5-12 过程异常状态类型

（6连串）连续6点持续地上升或下降

（8缺C）有8点在中心线的两侧，C区无点

（15C）连续15点在中心线上下两侧的C区

（1界外）有1点在A区以外

（7单侧）连续7点在C区或C区以外

（14升降）连续14点交互着一升一降

图 5-12　过程异常状态类型（续）

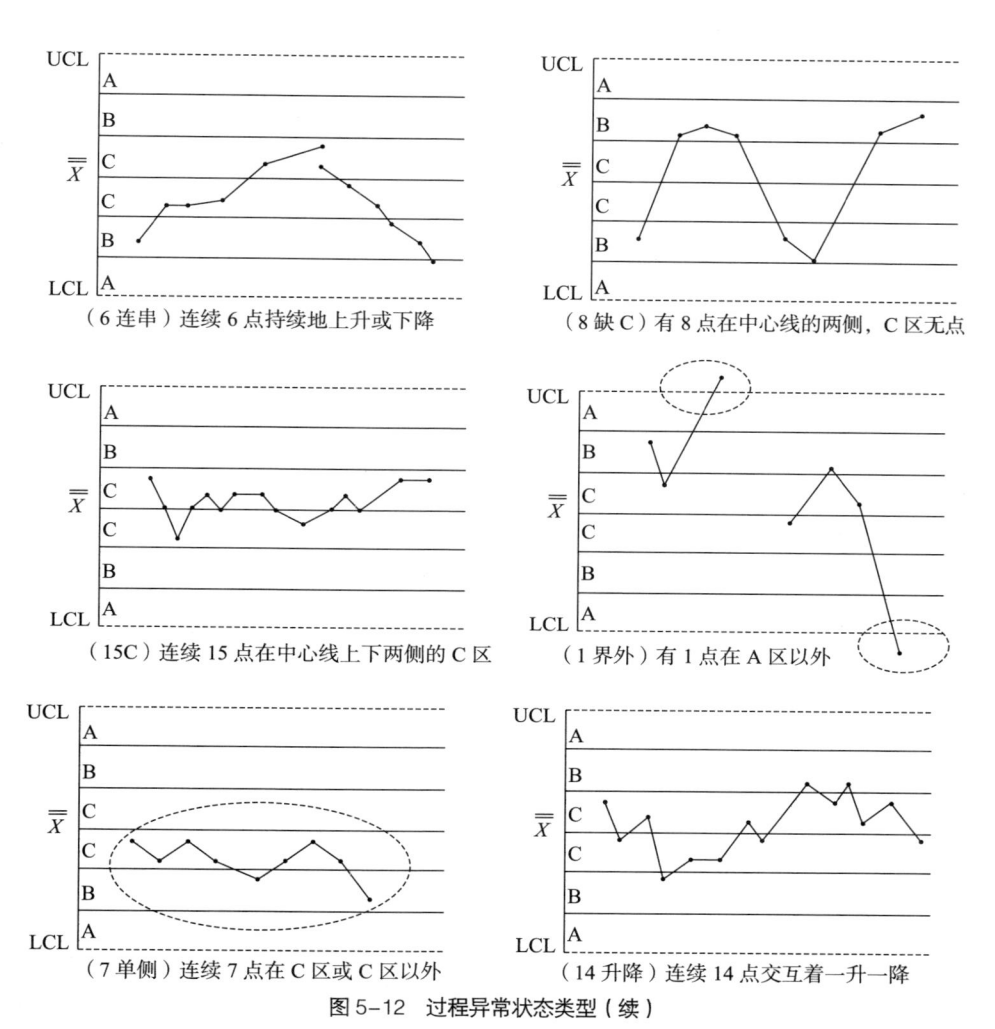

5.5　返修与质量记录

返修是让不合格的产品变为"可以使用的不合格品"。这与返工的概念是不同的，返工是指将不合格的产品变为合格产品。在制造业领域，很多企业将返修视为改善的宝库，通过返修发现一系列质量异常并积极进行改善。

5.5.1 异常分析

不合格产品的返修能够反映出潜在的不良，我们将返修作为源头分析异常原因，总结对策，以预防异常的再发生。例如，焊接工序发生虚焊，强度不达标。返修中增加一个焊点，不影响顾客使用。但从规则来看，返修的产品从 2 个焊点增加到 3 个焊点，不满足原有产品生产工艺规范。当出现这种情况时，质量管理者应及时进行异常原因分析，形成报告。

1. 返修数据收集

花费一到两个月的时间收集和甄别返修数据，将返修问题归类统计，可利用 QC 七大工具进行分析。我们在这里对自动货柜箱表面不良进行分析。返修问题帕累托图分析如表 5-12 所示。

表 5-12　返修问题帕累托图分析

批次：QW3089

问题点	不良数（个）	比 例	累计数（个）	累计比例
焊接侧面存在缝隙	2	6.45%	2	6.45%
接地点碰撞	3	9.68%	5	16.13%
沙眼	10	32.26%	15	48.39%
表面碰伤	2	6.45%	17	54.84%
表面喷涂颗粒杂质过大	5	16.13%	22	70.97%
表面橘纹过大	3	9.68%	25	80.65%
喷涂不均，漏青	4	12.90%	29	93.55%
边缘位置开焊	2	6.45%	31	100.00%
合计	31	—	—	—

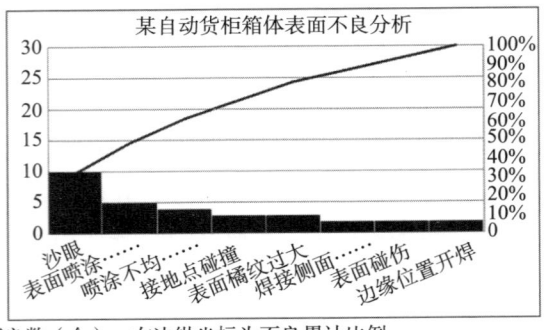

注：左边纵坐标为不良数（个），右边纵坐标为不良累计比例

我们可通过表 5-12 直观地发现沙眼、表面喷涂颗粒杂质过大、喷涂不均不良比例较大。我们可以专门针对这类返修问题继续展开原因分析。

2. 不良原因分析

针对每个不良问题进行分析，可以发现问题的根因。最常见的办法有鱼骨图。鱼骨图分析如图 5-13 所示。

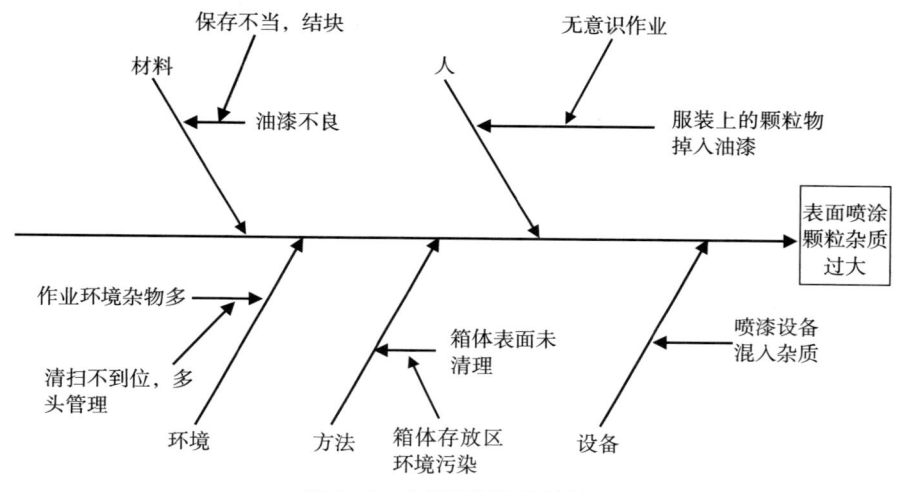

图 5-13 鱼骨图分析（示例）

在鱼骨图使用过程中，可用头脑风暴、5Why 法分析所有可能的原因。图 5-13 显示了箱体表面喷涂颗粒杂质过大的一些原因。这些原因归结起来都是现场作业环境不佳，需要进行 5S 管理。

5.5.2 改善对策实施

对顾客的返修品采取改正措施。如顾客有指定的解决问题的方法，依照顾客指定的方法进行。返修时必须填写质量问题信息反馈卡，如表 5-13 所示。

表 5-13 质量问题信息反馈卡

编号		顾客图号	
发卡时间		抄送部门	
签收时间		处理完毕时间	
不良批次		发生地点或机号	

续表

不良内容：			
提出人：	确认人：		
调查分析原因：			
短期改善措施：			
执行者：	预计完成日期： 月 日		确认人：
长期改善措施：	□适用	□不适用	
	执行者：	预计完成日期：	确认人：
不合格产品处理方案	□可进行下道工序 □人工返修 □拣用 □报废		
执行者：		预计完成日期：	确认人：
改善确认：		审核：	

采取有效的对策以防止不良再次发生，关联记录要保管好，顾客需要时要及时提供。改善对策实施流程如表 5-14 所示。

表 5-14　改善对策实施流程

区分	主管部门	关联部门	备注
Plan（计划）	不良事项发生 → 现象分析 → 异常报告发送		·异常报告制作/发送 ·台账记录
Do（执行）	自行解决 Yes／No	原因分析/对策制定 → 改正措施（临时/根本）	·7日内对策回信 ·台账记录
Check（检查）	结果确认 Yes／No		·自改正措施预定日起7日内确认 ·台账记录 ·自改正措施实施后50日内确认
Action（行动）	有效性评价 Yes／No → 标准化事后管理		

在决定对产品返修前，应做好以下准备工作：

➢ 运用PFMEA（过程失效模式及影响分析）评估返修过程中的风险。

➢ 编写返修作业指导书，包括拆解、检查零件、重新加工、重新检查和可追溯要求等内容。

➢ 在返修后，保存相关的记录。

➢ 返修后的产品、零配件需要重新检验，满足质量要求后才能进入生产线。

5.5.3 重点关注事项

返修工作从开始直至结束，我们要关注重点改进事项，避免成品出现各类不良并流出。这要求我们及时建立异常发生报告事后管理台账。异常发生报告事后管理台账如表5-15所示。

表5-15 异常发生报告事后管理台账

No.	不良管理	改正措施执行部门	不良内容	对策内容	完成者	发送日	回信日	改正措施日 计划	改正措施日 确认	事后管理结束日	确认者	事后管理
1												
2												
3												
4												
5												
6												
7												
8												
9												
10												
11												
12												
13												
14												
15												

不良事项报告　　　　实施对策　　　　改正措施结束　　　　事后管理结束

第6章
成品质量管理

质量是企业价值和尊严的起点,是唯一不可妥协的事情。

——三一重工董事长 梁稳根

6.1 成品检验

成品检验是保证交付质量的最后一个环节，相关部门和人员应明确各自职责，在标准文件和规范的指导下认真做好成品检验。

6.1.1 成品检验范畴

确定成品检验的范畴首先要明确成品检验的目的。成品检验有两个目的：一是确保成品出货后质量符合顾客的要求；二是通过检验找出潜在的质量问题，作为制程和质量改善的依据。其检验包括两个内容。

1. 成品入库检验

成品入库检验，是指产品下线后，即将入库之前进行的检验，该举措是为了防止不合格品入库，也是防止不合格品被交付到顾客手中的关键环节。

2. 成品出货检验

成品出货检验，是指向顾客交付之前进行的最后一次检验，以保证所交付的产品质量符合顾客的要求。

6.1.2 成品检验流程

进行成品检验之前，应明确检验的流程，以保证检验过程顺畅，此外，还应明确检验过程中各自的责任。

1. 成品检验流程

成品检验流程如图 6-1 所示。

与来料检验和制程检验一样，成品检验也需要确定相关部门、人员的责任。

2. 成品检验的责任划分

成品检验中承担主要责任的是品管部，其次是仓储部，其他关联性部门和人员负责成品检验的协助性工作。

➢ 品管部。负责成品的最终检验（外观检查、尺寸检验）。

➢ 工程、设计、生产部。负责品质异常的纠正。

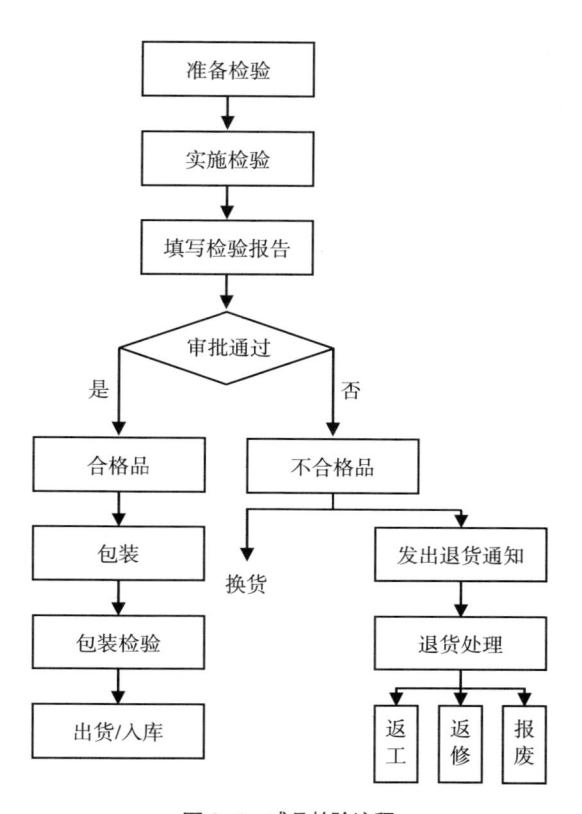

图 6-1 成品检验流程

> 仓储部。负责成品入库、成品出货的作业。

6.1.3 成品检验过程控制

成品检验过程控制要做好成品下线检验控制和成品出货检验控制，做好这两点的关键在于品管部与关联部门的配合以及是否按照操作规范进行。

1. 成品下线检验控制

成品下线检验偏重于对成品的可靠性的验证，即深入产品性能以发现问题，对相关过程及时进行追溯和纠正。

1）做好协作配合

生产部门最后一道工序人员将已生产的完成品放在待检验区，检验员每天依据完成品检查标准进行抽样检验。

2）正确处理检验结果

检验员将每日检查结果填写在检查日报上，交由品管部主管最终核准。经检验判定合格的成品，在制程转移单及产品标签上盖"合格"章，并包装入库；经检验判定不合格的成品，则依照不合格品管理程序处理。

3）进行可靠性实验

品管部针对成品的信赖度进行可靠性实验，其作业依照可靠性实验计划执行，并将实验结果填写于可靠性实验报告。若实验不通过则通知责任部门负责处理。

2. 成品出货检验控制

成品出货检验作为最后一个关口，在一定程度上决定了顾客的态度，因而检验人员要严格按照检验流程和检验标准执行成品出货检验。

1）依单据控制

品管部检验人员接收到仓管人员送货单，即到仓库待出货区进行出货产品检验，检验按出货检验标准执行，并填写出货检验书。

2）成品尺寸检验和功能试验

成品的全尺寸检验和功能试验应按照顾客确认的控制计划中规定的频次进行，项目包括尺寸、外观、标签、包装数量、性能和功能。对成品的性能和功能检验属于信赖度检验项目，相关记录必须保存并且在顾客需要时能随时提供。

检验员对检验后的产品标识，依照本企业的标识与追溯管理程序执行。检验过程中发现的不合格品按不合格品控制程序执行控制。检验记录纳入质量管理体系文件进行管制。

6.2 第三方检查

外贸验货在进出口贸易中也称第三方检查。第三方检查机构依据托方或者买家要求，代表它们对供应商出货进行检查验收，目的是查验供应商货物是否满足订货合同要求和其他特殊要求。

6.2.1 第三方检查接待

外贸企业作为供应商需要配合顾客安排的第三方做好出货检查，并做好检查环境布置。验货前供应商要做好以下几个方面的准备工作。

1. 确认被验货物

提供被验产品的信息，以及企业概况、业务范围。了解第三方的信息，在验货员测试的过程中，应答对产品方面的信息以及企业信息的询问。

2. 确认验货地点和时间

产品生产完成后，顾客安排第三方前往工厂验货，也可以在货物装柜前验货，因而要事先确定验货的地点和时间。

3. 准备验货时的工具

按照顾客和第三方的要求准备好验货工具，例如，胶带、小刀等，用于拆封包装箱；相机，用于拍摄外箱、产品等；卷尺，用于测量长度；卡尺，用于测量产品的直径、高度、长度等。

4. 确认检查环境

在不同环境中，存在不同的因素，对产品检测结果影响很大，最终可能导致检验结果不准确。例如，货物在装柜前检查，遇到雨雪天气，有些样品干燥需要的时间很长。这需要供应商与第三方确定好检查环境，并约定好相关条款。

6.2.2 对检查标准与第三方达成共识

供应商与第三方、顾客约定检查项目、标准、方式。一般产品交付前的抽样检验按照国际、国家或顾客 AQL（接收质量水平）标准进行。

1. 确认产品不良检查标准

供应商与第三方约定产品不良检查标准示例如表 6-1 所示。

2. 确认现场测试标准

除了产品不良检查标准，还有现场测试标准也要明确。现场测试标准示例如表 6-2 所示。

表 6-1 产品不良检查标准（示例）

疵　点		内　容	AQL		
			致命的	严重的	轻微的
运输包装疵点					
材料疵点	玻璃疵点				
	塑料疵点				
	金属疵点				
外观疵点					
功能疵点					

表 6-2 现场测试标准（示例）

测试项目	样本数量	检验要求
高压测试	例：所有抽检样本	例：不得有疵点，玻璃和塑料部件接触点上没有绝缘物被击穿
参数检查		
产品		
产品尺寸和重量测量		
功能测试		
条码扫描核实		
装箱数量/配比检查		
外箱尺寸和重量测量		
摔箱/跌落测试		

要与第三方事先明确产品的检验程序，确保产品的各部位均在检测范围之内，从根本上杜绝漏验现象。

此外，若有装柜检查，在最终产品抽样检验之后，在工厂仓库装箱或运输过程中，就装箱状况进行确认。

6.2.3 配合第三方完成质量检查

供应商应积极配合第三方完成出货检查计划和出货检验报告。第三方出货检验报告如表 6-3 所示。

6-3 第三方出货检验报告（示例）

订单号					顾客国别			
订单交期					验货日期			
生产单位					产品名称			
抽样标准					MA=1.5		AC/RE	
					MI=2.5		AC/RE	
检查内容	特别关注	致命缺陷	严重缺陷	轻微缺陷	缺陷说明		判定	
							Y	N
1								
2								
3								
4								
5								
6								
7								
8								
总计								

第三方检查有助于顾客与供应商建立信任关系。通常供应商几次检验合格后，顾客将会减少或取消第三方检验。

6.3 不合格品控制

为防止不合格成品、半成品、原物料、外包加工品发生误用情形，应尽快对不合格品进行标识、记载、隔离、处理，以保证产品质量满足顾客要求。

6.3.1 不合格品范畴

通常来讲，来料检验、外包加工品及制程检验、成品入库检验、仓库储存中的不良品均属于不合格品。不合格品的具体定义如下。

1. 不合格品

不满足规定要求的产品，包括未标识的或有可疑状况的材料和产品。

2. 可疑产品

可疑产品指不经鉴定就不能判定其是否合格或其群体中的个体已经被证实为不合格的产品。其来源包括以下几个：

- 产品缺标识或标识不明。
- 测量系统失准时与之相关的被测量产品。
- 依据有关信息（如顾客抱怨、过程更改等）分析、推测而导出的产品。

6.3.2 不合格品处理流程

在全面质量管理的框架下各类不合格品处理应纳入统一的管理流程，以保证管理的效率和提供稳定的质量检验能力。不合格品管理流程如图 6-2 所示。

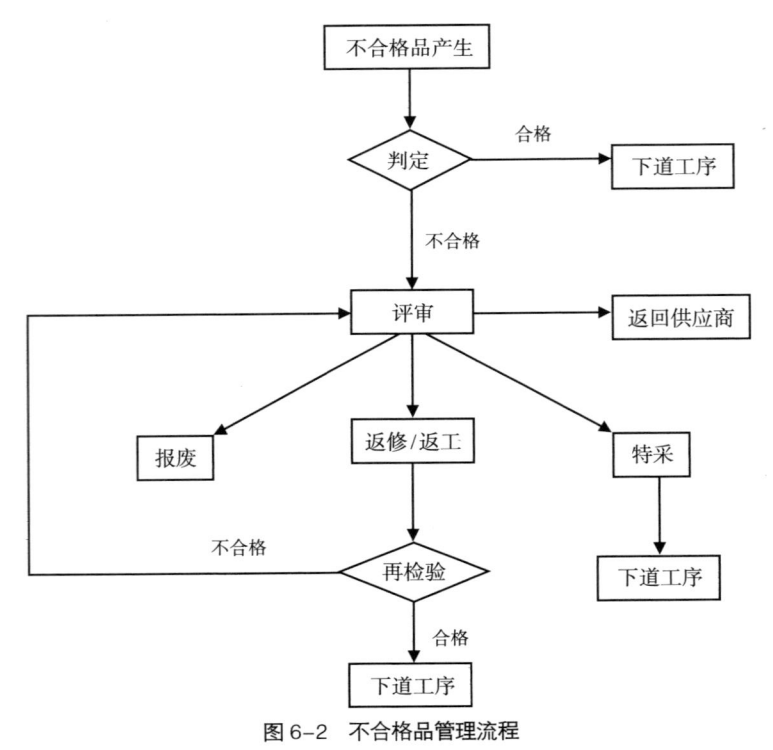

图 6-2 不合格品管理流程

我们在这里提供了不合格品的处理流程，依据全面质量管理的定义（全员参与），还需要明确参与人员及其责任。我们设计了不合格品处理的责任矩阵来反映相关人员的责任以及彼此的关系。不合格品处理责任矩阵如表 6-4 所示。

表 6-4 不合格品处理责任矩阵

责任单位	进料检验不良	制程检验不良	成品检验不良	顾客退货不良	仓储不良
品管部	√〇	√	√	√	〇
采购部	〇				
生产部		〇	〇		
仓储部					√〇
说明：√表示工作内容为判定与标识；〇表示工作内容为纠正、处理、检查。					

该责任矩阵是以责任单位为纵向的，企业也可以依据使用习惯，将其设置为横向的。

6.3.3 不合格品过程控制程序

从来料检验、制程检验、成品检验到仓储所发现的不合格品均由质量检验人员予以鉴定判别。

1. 来料检验不合格时

来料检验不合格品管理如下：

（1）不合格品的标识、隔离：由品管人员标识"不合格"，由仓管人员置于退货区或指定的区域并予以标识和隔离。

（2）不合格品通知：由品管人员以质量异常处理单通知采购单位处理。

（3）不合格品的处理步骤如下：

➢ 采购人员通知厂商做退货处理。

➢ 当生产急需时，由生产主管和采购负责人共同签名，由采购人员通知厂商筛选不合格品并补足合格品数。

➢ 当生产急需、必须对不符合检验标准的原材料做特采处理时，特采必须在符合依据时方可执行，并且必须获得技术部、品质保证部和生产部主管的审核，由总经理批准。

2. 制程检验不合格时

制程检验不合格品管理如下：

（1）不合格品的标识、隔离：由生产主管或品管人员予以标识并隔离。

（2）不合格品通知：由品管人员以质量异常处理单通知生产单位处理。

（3）不合格品的处理方式如下：

➢ 由品质工程师判定不合格品是否可以返修/返工，若可以返修/返工，则予以返修/返工，返修/返工前应获得品质主管批准的返修/返工指导书，但仍须检验合格才可以到下一制程。

➢ 如果不合格品数量较少，且品质工程师判定不可返修/返工，则予以直接报废，置于废品区。如果需要批量报废，必须通知品质主管判定。如果特采，必须技术部、品质保证部和生产部主管审核，总经理批准。

3. 成品检验不合格时

成品检验不合格品管理如下：

（1）不合格品的标识、隔离：由品管人员标识"不合格"，由仓管人员置于不合格区或指定区域并予以标识和隔离。

（2）不合格品的通知：对于批量不良（一般数量为连续半小时正常生产数量），由品管人员以质量异常处理单通知生产单位或相关单位做处理。

（3）不合格品的处理方式如下：

➢ 若品质工程师判定不合格品可以返修/返工使用，则予以返修/返工，返修/返工前应获得品质主管批准的返修/返工指导书，且仍须检验合格才可以入库出货。

➢ 如果不合格品数量较少，且品质工程师判定不可返修/返工，则予以直接报废，置于废品区；如果需要批量报废，必须通知品质主管判定，由总经理批准；如果特采，必须技术部、品质保证部、生产部主管审核，顾客代表联系顾客确定后，由顾客代表批准。

4. 仓储不良

由于仓储引发的不良管理方式如下：

（1）仓储不良的产品，不论原因为何，应先由品管人员判定，判定合格才能入库，若不合格则依成品检验不合格的规定处理。

（2）库中呆料应作为不合格品处理。

任何时候发现可疑产品都必须事先由品管人员进行检验确认。若合格，则做好标识，根据产品的状态转下道工序或入库；若不合格，则按上述流程进行评审处理。如果不合格产品或可疑产品已经发运，销售部必须立即通知顾客并商讨处理对策。

6.4 顾客投诉信息利用

顾客投诉是一笔巨大的财富。将不良问题反映到产品管理和服务管理中，可及早消除缺陷，改进服务，避免损失，并提高产品（服务）声誉；而且顾客投诉使产品（服务）设计更加谨慎，设计人员不得不认真考虑顾客的需求。当顾客满意投诉处理的结果时，满意度和忠诚度会大大提升。

6.4.1 信息收集与分类

顾客投诉需要有一定的渠道，通常企业设有投诉热线、售后服务热线等，这属于企业主动收集顾客投诉信息的行为。随着当下网络通信越来越发达，顾客的投诉可能出现在电视、网络媒体上面，这也是企业需要重点关注的方面。顾客投诉信息收集上来后需要进一步分类和统计，确保这些信息能得到合理的利用和管理。

1. 顾客服务信息收集

在某种程度上，顾客服务热线是顾客投诉的重点渠道。如果产品或服务质量没有问题，顾客很少会主动打电话告诉我们哪方面做得好或哪方面需要改进。有很多企业都开通了顾客服务热线，目的是处理顾客投诉，并收集有关信息，以改进产品问题。此外，网络售后服务渠道也是近些年兴起的顾客投诉渠道之一，是企业收集顾客信息的重要而有效的渠道，其不再局限于短短的几分钟电话，顾客可以将自己要表达的信息，清晰完整地写下来。

顾客服务热线要发挥积极作用,须配备一定数量、性能优异的通信设备,且处理顾客投诉的员工要有出色的服务技能、素养和意识。

2. 顾客投诉信息分类

对顾客投诉信息及时进行整理和分类,去除杂乱的、不真实的、模糊不清的信息,将相似、相同和有价值的信息进行分类统计,确保关联单位可以对投诉所反映出的问题点进行准确分析和管理。某快递机柜顾客投诉信息分类如表6-5所示。

表6-5 某快递机柜顾客投诉信息分类表(示例)

机柜编码:			安装日期:		
序 号	延误时长(分)	故障原因	原因分类	故障点	数量(个)
1	80	扫描头USB接口从扫描PC板脱落	原材料原因	扫描头	1
2	37	路由器不良	原材料原因	路由器	1
3	12	12V电源转换模块烧毁	原材料原因	12V电源转换模块	1
4		C柜盖板锁与钥匙不配套	装配操作错误	包装过程	1
5		主柜装电表板焊点脱落,地址主柜前面开门板倾斜	焊接不良	主柜焊接	1
6	70	主柜摄像头无法拍照	原材料原因	人脸摄像头	1
7	20	二维码扫描头损坏	原材料原因	扫描头	1
8	50	路由器有故障	原材料原因	路由器	1
9	20	条形码扫描头损坏	原材料原因	扫描头	1

3. 顾客投诉信息汇总

将顾客投诉信息分类后,一方面进行原因分析,另一方面进行数据汇总,以便从不同角度观察顾客投诉信息所反映出的现状和问题,例如,哪些设备被投诉的次数多,哪些不良重复率高等。这些都有助于企业在后期的质量控制中实施改进。

1)总体数据汇总

就分类后的顾客信息进行总体汇总,可以使用相关的统计软件及相应的

QC 七大工具。某快递机柜顾客投诉信息月度汇总如表 6-6 所示。

表 6-6　某快递机柜顾客投诉信息月度汇总

总体数据汇总					
月　份	2015 年 11 月	2015 年 12 月	2016 年 1 月	2016 年 2 月	2016 年 3 月
柜体派送及安装数量（个）	708	543			
柜体故障数量（个）	36	105			
开箱故障率（PPM）	50847	193370			

表 6-6 展示了每个月柜体派送及安装数量与故障率的关系，2015 年 12 月与 11 月相比，柜体派送及安装数量下降，但故障数量明显上升。这需要关联单位进一步分析。

2）物流柜故障汇总

为了查明故障率不断上升的原因，需要对故障，也就是不良进行分类和统计，确认主要不良类型，以做进一步改进。某快递机柜故障汇总如表 6-7 所示。

表 6-7　某快递机柜故障汇总

序　号	故障分类	故障数量（个）	比　例
1	零部件不良	44	31.0%
2	装配操作错误	59	41.5%
3	物流运输不良	11	7.7%
4	焊接不良	3	2.1%
5	原因不明	25	17.6%
	合计	142	100%

续表

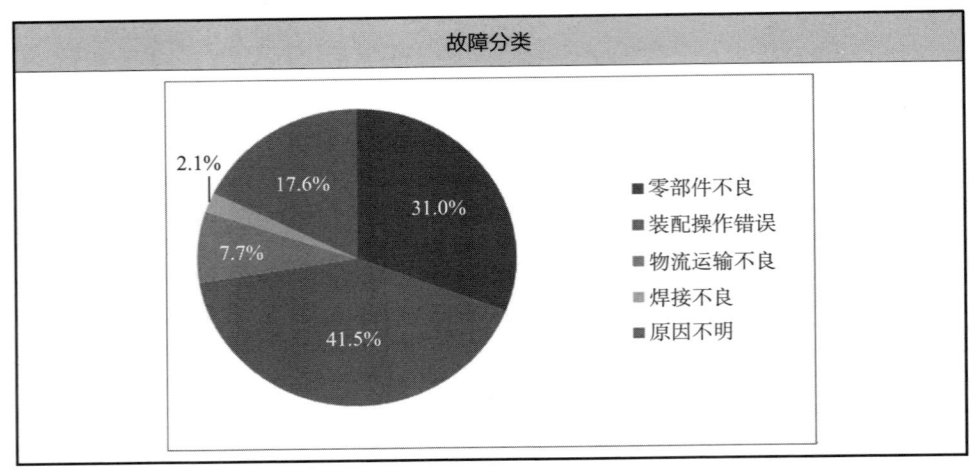

故障分类

- 零部件不良 41.5%
- 装配操作错误 31.0%
- 物流运输不良 17.6%
- 焊接不良 2.1%
- 原因不明 7.7%

从表 6-7 可以看到，零部件不良以及装配操作错误是顾客投诉的主要原因。还有一部分故障未查明原因，这为质量等部门开展后续改善工作指出了重点和方向。

3）故障明细统计

对于汇总后的主要故障要进一步分类和统计。对零部件不良进行分析，数据如表 6-8 所示。

表 6-8 零部件不良统计表

序号	故障	数量（个）	开箱故障率（PPM）	故障比例	累计
1	路由器	12	16949	27.3%	27.3%
2	扫描头	8	11299	18.2%	45.5%
3	副柜 IO 板	6	8475	13.6%	59.1%
4	监控摄像头	5	7062	11.4%	70.5%
5	主柜 IO 板	3	4237	6.8%	77.3%
6	电磁锁	2	2825	4.5%	81.8%
7	主板	2	2825	4.5%	86.4%
8	网线	1	1412	2.3%	88.6%
9	A 柜连接板	1	1412	2.3%	90.9%
10	13V 电源转换模块	1	1412	2.3%	93.2%

续表

序号	故障	数量（个）	开箱故障率（PPM）	故障比例	累计
11	灯条线	1	1412	2.3%	95.5%
12	485线	1	1412	2.3%	97.7%
13	人脸摄像头	1	1412	2.3%	100%
	总计	44	62147	100%	

表6-8显示零部件不良一共44个，主要零部件不良34个，占零部件不良77%，占总不良24%，开箱不良率为27178PPM。

6.4.2 问题宣导与培训

许多企业都十分重视顾客的投诉，它们会用各种方法将顾客的投诉展示给企业成员，以警示他们重视顾客的意见。三星集团会将顾客投诉做成记录文件进行公示。华为则会把顾客的投诉录音反复地让研发人员听。

华为早期GSM产品在设计、生产制造、测试等过程中由于没有相关的经验，市场上陆续出现"坏板"以及网络质量等问题，而且非常严重，顾客投诉率非常高，甚至投诉到高层。那段时间只要一开会，领导就会把顾客的投诉录音放给研发人员听。

于是无线部门开始从上到下进行反思，每天晚上都开会，开展自我批评，从每个人的角度谈问题，在思想意识上真正地关注顾客投诉的质量问题。随后根据任务安排，研发人员全部被安排到市场一线、生产一线，一待就是几个月。

被分配到生产线的研发人员，一方面做大量的试验，一方面开展包括顾客投诉在内的问题点的"地毯式"电路检视和测试。在这个过程中，大家把顾客投诉和反映的问题都写在一块黑板上，记录在手册上，逐条验证和改善，其间协力提出了在设计与生产环节防静电、增加一些可靠性测试用例、增加出厂老化试验等措施，这些措施的落实为以后的无线产品的大发展奠定了初步的基础。

对于顾客投诉的信息要引起各部门的足够重视，并能够认真检讨，就像华为等企业在遇到问题时，敢于自我批判那样。如果我们不知道自己错在哪里，质量管理就永远不会进步。知道过去什么错了，怎么错的，将是企业宝贵的财富。质量改进需要不断从错误中总结教训，在自我反思中提升水平。

6.4.3 新检查计划编写

被顾客投诉的产品及服务需要在改善后做重点检查，在新批次的产品出厂或下线检查中质量人员要重点关注和标记。成品出厂及落地验收表如表 6-9 所示，表中 VI 表示视觉识别。

表 6-9 成品出厂及落地验收（示例）

物流智能柜出厂以及落地验收项目表				
厂商名称		出厂检查日期/时间/人员		
主柜编号		落地检查日期/时间/人员		
智能柜类型		验收日期/时间/人员		
安装地点		整改验收日期/时间/人员		
检验人员标配：手电筒（1个）、白手套（一副）、一维码与二维码板、色卡、4G 通信卡				
改善工程检查：标"★"的重点检查				
1. VI、颜色检查（抽检）				
序号	检查项目		工厂检测结果	现场检测结果
出厂检验员签字：OQC				
2. 核心部件配置检查				
序号	设备名称	厂家名	固件版本	工厂检测结果	现场检测结果
出厂检验员签字：FQC　　　　OQC				
现场检验员签字：			现场检验时间：	

续表

3. 主控板配置验收（型号与实际参数）		
序号	设备名称	

出厂检验员签字：FQC　　　　　OQC

现场检验员签字：	现场检验时间：

4. 安规检查					
序号	验收项目	验收工具	验收方法	判断依据	工厂检测结果	现场实际结果

出厂检验员签字：FQC

5. 结构检查					
序号	验收项目	验收条件、工具	验收方法	判断依据	工厂检测结果	现场检测结果
1	★外观缺陷检查	1. 自然光下 2. 近距离观察	近距离目视，仔细观察柜体外表面	1. 柜体外表面无变形、损坏	是□ 否□	是□ 否□
				2. 整个柜体没有掉漆	是□ 否□	是□ 否□
				3. 柜体外表面无擦不掉的脏污	是□ 否□	是□ 否□
				4. 门板喷漆颜色无不均匀现象	是□ 否□	是□ 否□
				5. 主柜灯板上没有气泡等缺陷	是□ 否□	是□ 否□
2	★线材接口检查	1. 目视检查 2. 手动操作检查	1. 检查LCD连接线	线材接口连接处无松动	是□ 否□	是□ 否□
			2. 检查扫描头连接线	线材接口连接处无松动	是□ 否□	是□ 否□
			3. 检查锁控板接口线	线材接口连接处无松动	是□ 否□	是□ 否□
			★4. 检查NVR连接线	线材接口连接处无松动	是□ 否□	是□ 否□

出厂检验员签字：FQC　　　　　OQC

现场检验员签字：	现场检验时间：

续表

6.硬件功能检查						
序号	测试项目	测试工具	验收方法	判断依据	工厂检测结果	现场检测结果
					是□ 否□	是□ 否□
出厂检验员签字：FQC　　　　　OQC							
现场检验员签字：				现场检验时间：		
7.系统应用验收						
序号	测试项目	测试工具	验收方法	判断依据	工厂检测结果	现场检测结果
					是□ 否□	是□ 否□
出厂检验员签字：OQC							
现场检验员签字：				现场检验时间：		
8.预装软件清单检查						
序号	测试项目	测试工具	验收方法	判断依据	工厂检测结果	现场检测结果
					是□ 否□	是□ 否□
出厂检验员签字：OQC							
现场检验员签字：				现场检验时间：		
9.验收会签						
需方	工号：	签名：	时间：	□通过 □有条件通过，下次验收时间： □退机更换，下次验收时间：		
供应商	工号：	签名：	时间：	^		

第7章
质量成本管理

质量成本犹如"矿中黄金"。

——朱兰博士

7.1 质量成本概念

质量成本的概念出现于 20 世纪 50 年代。田口玄一博士曾说过:"成本比质量更重要,但是质量是降低成本的最佳途径。"

7.1.1 质量成本定义

ISO9000 系列国际标准对质量成本的定义是:将产品质量保持在规定的质量水平上所需的有关费用。

在质量成本的认识上,使用"质量低劣造成的损失"显然更能引起人们的关注,而且也容易看到改善效果。最重要的是顾客直观地看到了改善,提高了满意度,因而,我们建议从劣质成本入手进行质量成本的管理。

许多组织将质量成本归纳为预防成本、鉴定成本、内部故障成本和外部故障成本,用以进行具体的质量成本管理。

7.1.2 质量成本分类

预防成本、鉴定成本、内部故障成本和外部故障成本是企业主要的质量成本,我们详细进行介绍。

➢ 预防成本。指使故障成本和鉴定成本保持最低限度而耗费的成本。

➢ 鉴定成本。指为保证产品符合质量要求而发生的成本。

➢ 内部故障成本。指产品出厂前发现不能满足质量要求的缺陷而发生的成本以及过程中产生的损失和无效而发生的成本。

➢ 外部故障成本。指产品交付后,顾客发现缺陷,由此造成的损失,包括销售机会的丧失。

1. 预防成本

预防成本主要针对质量策划、评审、分析等活动所支出的成本,不包括产品设计、过程设计和顾客服务等这类基础性活动。预防成本主要构成说明如表 7-1 所示。

表 7-1 预防成本主要构成说明

内 容	说 明
质量策划费用	为制定质量政策、质量目标、质量计划、质量手册、体系文件等而发生的费用
设计评审费	为新产品可靠性设计评审及试验所支付的费用,还包括产品更新评审活动的费用
过程策划费用	过程能力研究、检验及计划和其他与制造过程有关的活动策划费用
质量审核费用	评估全面质量管理的各项活动所产生的费用
供应商质量评估	供应商开发、评估和其他与供应商有关的活动而发生的费用
培训	制订和落实与质量相关的计划而发生的费用
质量改进措施费	制订与落实质量改进措施和计划而发生的一切费用

进行预防成本的分析具有重要意义,它能通过提高预防成本来降低故障成本,同时在预防活动上的投入也可节约一定的费用。

2. 鉴定成本

收集鉴定成本的数据时,质量人员要依据工作的性质进行归类,切忌按部门执行。鉴定成本主要构成说明如表 7-2 所示。

表 7-2 鉴定成本主要构成说明

内 容	说 明
检验和试验费用	对进厂的原材料、外协件以及生产过程中的在制品、半成品、产成品按质量要求进行检测和计量校准所发生的费用
设备维护费用	质量检测设备的折旧和维修费用
检验和试验所需资源费用	检验和试验工作所需要的人工、设备、材料、设施的费用

鉴定成本的分析由专业人员进行,但数据收集的人员可以灵活选择,甚至可以由外部专业公司完成。

3. 内部故障成本

从定义可以得出内部故障成本包括两类:未满足顾客质量要求的成本和无效的过程成本。内部故障成本主要构成说明如表 7-3 所示。

表 7-3　内部故障成本主要构成说明

未满足顾客质量要求的成本	无效的过程成本
1. 废品 2. 返工带来的损耗，包括重新检验 3. 来自供应商的废品和返工品 4. 故障分析损耗的费用 5. 全检带来的损失，不论何种原因进行的 6. 过程变更造成的额外费用 7. 产品硬件设计校正费用 8. 产品软件设计校正费用 9. 过期产品的处置费用 10 折价处理的损失	1. 产品质量特性发生变异，如挤压变形 2. 设备非停工引起的损失 3. 非增值活动带来的损失，如操作失误 4. 库存损耗 5. 产能损耗，如计划不周、质量控制出现意外

内部故障成本是质量成本管理中的关键项，需要各部门及人员花更多的精力来处理和改善。

4. 外部故障成本

由于外部故障成本与顾客发现缺陷有关，这也就意味着，当缺陷得到控制，外部故障成本将会消失。外部故障成本主要构成说明如表 7-4 所示。

表 7-4　外部故障成本主要构成说明

内　容	说　明
承保费用	保修期内产品进行保修和更换的费用
索赔费用	顾客因产品质量缺陷提出申诉，企业处理索赔时所支付的费用
折价损失	顾客同意接收货物，但需要折价处理，由此造成的损失
返修或挑选费	因产品不合格退换后返工修理或挑选而产生的人工、材料、复检及有关设备折旧费用
销售机会损失	丧失顾客造成的损失

解决外部故障成本的关键在于控制内部缺陷，但就外部故障成本而言，要做好预防和应急处理措施，尽可能降低损失，尤其是在产品交运阶段，如运输安全的保障。

7.2 质量成本分析

我们在这里主要介绍质量成本特性分析、质量成本优化分析以及质量成本趋势分析三方面的内容。

7.2.1 质量成本特性分析

构成质量成本中四类成本与产品质量水平（合格率或不合格率）之间存在一定的变化关系，这种变化关系在一定程度上反映了质量成本特性。费根堡姆在他的著作《全面质量控制》中用模型描述了质量特性。质量成本特性曲线如图 7-1 所示。

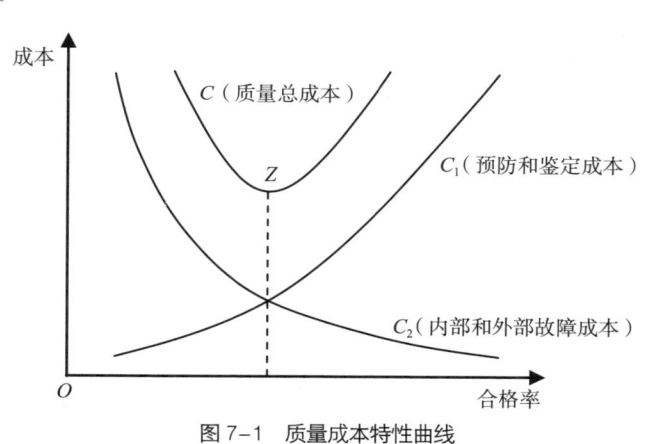

图 7-1 质量成本特性曲线

在质量成本特性曲线图中：
➢ 曲线 C_1 表示预防成本与鉴定成本之和，它随着合格率的增加而增加。
➢ 曲线 C_2 表示内部和外部故障成本之和，它随着合格率的增加而减少。
➢ 曲线 C 为 C_1、C_2 之和，即质量总成本曲线或质量成本特性曲线。

我们来具体解读该质量成本特性曲线。曲线 C 的最低点（设定为 Z 点）代表质量成本的最低值，而 Z 点两端质量成本呈上升趋势。

当预防和鉴定成本（C_1）增加时，合格率提升，内部和外部故障成本（C_2）降低，质量总成本（C）逐渐下降，但到了最低值（Z）后又逐渐升高。这意味着企业追求高的合格率，需要投入更多的成本。

因而，企业在追求产品高合格率时，要注意平衡各类成本的关系。

7.2.2 质量成本优化分析

就质量成本特性分析结果来看，质量成本管理需要进行优化，即确定构成质量成本各要素的合理比例，以使质量总成本最佳。朱兰博士在质量特性曲线以及质量成本理论的基础上，建立了一个质量成本经验控制模型，模型描述了质量成本各要素的比例。质量成本经验控制模型如图 7-2 所示。

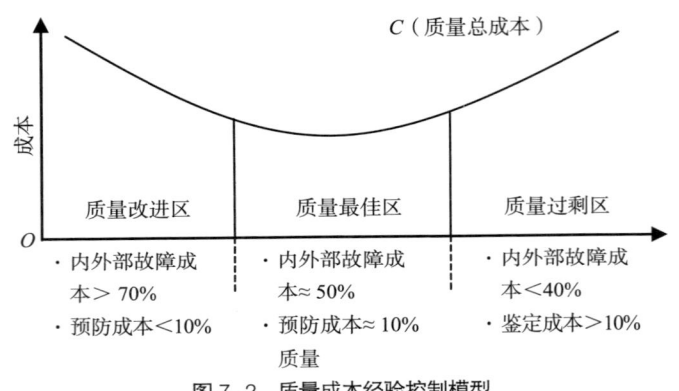

图 7-2 质量成本经验控制模型

在质量成本经验控制模型中，以质量总成本曲线为基准，划分了三个区域——质量改进区、质量最佳区和质量过剩区，并对应了不同的成本比例。

1. 质量改进区

质量改进区内外部故障成本占质量总成本的比例大于 70%，预防成本不足 10%，此时质量成本损失较高。该阶段的质量成本管理重点应放在增加预防和鉴定成本上，以降低内外部故障成本。

2. 质量最佳区

质量最佳区内外故障成本约占总成本的 50%，而预防成本约占总成本的 10%。如果这种状态下的质量水平可以满足顾客要求，则维持或控制这样的质量水平。

3. 质量过剩区

质量过剩区内外部故障成本占总成本的比例不到 40%，鉴定成本则大于 10%，质量成本损失较高。从质量成本经验控制模型可看出，鉴定成本是影响质量总成本的主要因素，因而，此时的工作重点应放在减少鉴定成本上，如减少或撤销部分检验过程等，以使质量总成本趋于最佳区域。

7.2.3 质量成本趋势分析

质量成本趋势分析是指在较长一段时间内，对质量成本各个要素的实际数据变动情况，进行系统分析、比较，以便从总体上直观地了解质量成本管理效果。质量成本的趋势分析通过工时基数、成本基数、销售基数、单位基数和增值基数来反映，它们的计算公式如下：

工时基数 = 内部故障成本 ÷ 直接工时

成本基数 = 总损失成本 ÷ 制造成本

销售基数 = 总质量成本 ÷ 净销售额

单位基数 = 试验和检验费用 ÷ 产品数量

增值基数 = 质量总成本 ÷ 增值额

利用上述公式进行期初预测数与实际执行数的对比分析，可以反映发展趋势。需要注意的是，只有保持基数计算的一致性才能反映准确的质量成本趋势。此外，在比较趋势时，还应考虑以下因素，但不限于这些因素：

➢ 自动化代替人工操作。
➢ 使用材料、方法或工艺发生变化，制造成本也随之发生变化。
➢ 企业毛利、售价、运费和市场需要发生变化。
➢ 产品组成发生变化。

当企业出现上述情况时，应对基数进行相应的调整。

7.3 质量成本控制

质量成本控制是指企业通过对质量成本的整体控制，使企业在维持满足顾客要求的质量水平的基础上实现质量总成本最佳。

7.3.1 质量成本控制原则

质量成本控制应遵守统一的原则，各责任部门及人员都必须在此原则下开展质量成本工作。

1. 全员参与

从质量成本的定义、分类以及特性阐述中，我们可以发现，质量成本涉及企业所有的运营活动，这就使得全员参与成为质量成本控制的必然要求。

2. 适宜的产品质量成本

企业追求的质量成本应该是适宜的，即与产品结构、生产能力、设备条件及人员素质等相适应，此外还要考虑质量成本过剩的问题。

3. 提高质量管理水平和质量保证能力

在进行质量成本控制过程中，企业应积极通过包括培训在内的手段，提高质量管理水平和质量保证能力，否则质量成本控制根本无法实现。

4. 数据真实可靠

在质量成本分析中所使用的数据必须以真实可靠的质量记录、文件的数据为依据，以确保质量成本分析准确、控制有效。

5. 职责明晰

质量成本控制作为全员参与的活动，必须明确所涉及的各相关职能部门的责任，以保证活动能够顺畅进行。

6. 程序清晰

建立完善的质量成本控制程序，在程序中应有预测、计划、核算、分析、控制和考核等环节以及相关标准。

7.3.2 质量成本控制流程

质量成本控制流程是进行质量成本控制的指导性文件，它以过程为主线为人们提供了质量控制的执行流程、信息流动以及各部门的责任。质量成本控制流程如图 7-3 所示。

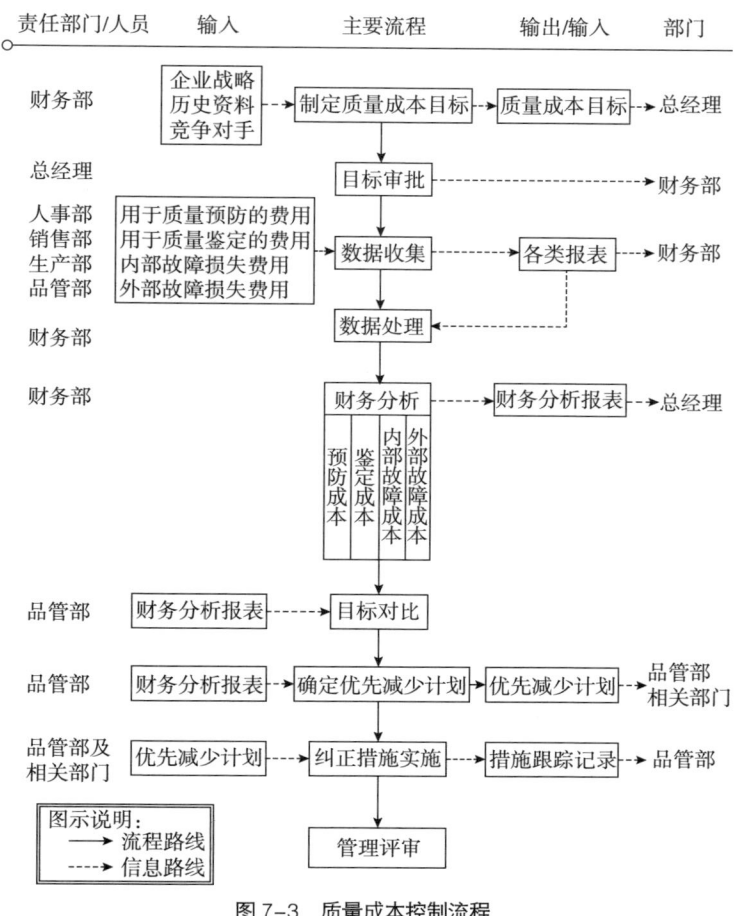

图 7-3 质量成本控制流程

图 7-3 是笔者依据多年咨询和实践经验提供的质量成本控制的一般流程，它基本可以反映质量成本控制的大部分环节。熟悉质量成本控制流程后，还须明确各部门在质量成本管理中的具体责任和工作方向。

（1）生产部对报废的产品、材料，填写报废单，统计的周期为一个月。生产部在本月上旬必须完成上月的数据统计，并报品管部。

（2）对于生产过程中的返工/返修，生产部应在作业日报表上记录返工/返修的时间、所用的设备及台数、参与的人员等；统计每月上报一次，生产部在本月上旬必须完成上月的数据统计，并报品管部。

（3）品管部应在仓库每月盘点时协助检查产品的变质/损坏情况，仓库在盘点的报表上写明产品的变质/损坏的相关数据，以及呆料、过期物料的相关数据，并通知品管部。

（4）设备部每月统计设备的异常停机时间，并上报品管部，异常停机时间必须注明设备名称、型号、台数。

（5）财务部统计和计算相关的外部损失，包括直接损失（赔款、处理投诉的差旅费、产品召回的相关费用、附加运费）和品牌损失。

（6）财务部根据品管部上报的数据，计算每月不良质量成本的损失，并发放给各部门部长和管理者代表、总经理。

（7）企业的质量成本目标由部长设定并应获得企业管理者代表或总经理批准。如果没有达成目标，应由相关部门分析原因并采取措施；如果连续两次没有达成目标，品管部应向相关部门发出质量异常报告，相关部门应在一周内完成纠正及预防措施并交品管部。品管部负责在下次的品质会议上验证有效性。

质量成本的控制情况应每年总结并由品管部在管理评审会议上提报。

7.3.3 质量成本预测和计划

质量成本预测，是指通过分析大量收集的数据和资料，并结合产品质量目标，对某阶段的质量成本目标和水平进行测算和分析。质量成本预测的目的是提高产品质量、编制计划期质量成本计划，并为产品质量改进计划提供可靠依据。

1. 收集、归整资料

进行质量成本预测时要掌握大量而准确的数据和资料。质量成本预测的主要依据如下。

（1）顾客资料。顾客对产品质量、售后服务等方面的要求。

（2）竞争对手资料。包括产品质量水平、质量成本，顾客对其产品质量的反映等。

（3）企业质量成本的历史资料。包括质量成本结构、质量成本水平等。

（4）企业技术资料。包括企业当前所使用的检测设备、检测标准、检测方法，以及企业新产品开发、新技术和新工艺使用情况。

（5）企业采购资料。企业所使用的原材料、外购件对产品质量和质量成本的影响情况。

（6）宏观政策。国家或地方关于产品质量政策等。

（7）国际标准及政策。相关经济体、机构颁布的产品质量政策或标准对成本的影响。

对收集到的资料进行整理分析，从中寻找质量成本变化的规律、用户需求的规律、质量成本不同构成要素之间相互作用的规律等，在充分准备的基础上做长期、中期、短期预测。

2. 确定比较基期和比较基数

质量成本分析人员应依据所收集的资料确定比较基期和比较基数。比较基期一般应选定具有代表性的某一时期，一旦确定，应保持相对稳定。比较基数从不同角度说明企业的经营状况、管理水平，并随情况变化做出相应调整。比较基数一般有以下几种：

（1）工时基数，如定额工时等。

（2）成本基数，如产品成本、质量成本等。

（3）销售额基数，如产品销售额等。

（4）产量基数，如总产量、总产值等。

3. 选择质量成本指标

质量成本指标体系主要包括预防成本率、鉴定成本率、内部故障成本率、外部故障成本率、质量损失率、产品成本内部质量损失率、单位产品质量成本七项指标。质量成本指标体系如表 7-5 所示。

表 7-5 质量成本指标体系

序 号	指 标
1	预防成本率 = $\dfrac{\text{预防成本}}{\text{质量成本}} \times 100\%$
2	鉴定成本率 = $\dfrac{\text{鉴定成本}}{\text{质量成本}} \times 100\%$
3	内部故障成本率 = $\dfrac{\text{内部故障成本}}{\text{质量成本}} \times 100\%$

续表

序号	指标
4	外部故障成本率 = $\dfrac{外部故障成本}{质量成本} \times 100\%$
5	质量损失率 = $\dfrac{内部故障成本 + 外部故障成本}{总产值} \times 100\%$
6	产品成本内部质量损失率 = $\dfrac{内部故障成本}{产品成本} \times 100\%$
7	单位产品质量成本 = $\dfrac{产品质量成本}{产品产量}$

在进行质量成本的预测时，分析人员可结合部门、企业特点以及当前的工作重点，使用不同的指标构成相应的质量成本指标体系。

4. 制订质量成本计划

分析人员应依据质量成本预测结果，制订质量成本计划。质量成本计划应与企业综合经营计划、质量计划和产品成本计划相协调。

质量成本计划一般包括：

➤ 单位产品质量成本计划。

➤ 总质量成本计划。

➤ 质量成本构成比例计划。

➤ 质量改进措施和费用计划。

质量成本计划应规定要达到的质量成本目标、为完成质量成本计划所采取的措施和考核质量成本的指标。

7.3.4 质量成本科目设置与核算

质量成本科目是指质量成本的内容项。对这些科目进行恰当设置和核算，有助于实现质量成本的优化。

1. 质量成本科目的设置原则

分析人员在设置质量成本科目的时候，应明确设置原则，避免设置错误、烦琐而导致核算结果不准确的情况。具体原则如下：

第7章 质量成本管理

- ➢ 符合国家现行成本核算制度。
- ➢ 依据质量费用的用途和发生范围确定。
- ➢ 能够反映质量管理和经济核算的要求。
- ➢ 便于统计、核算、比较、分析，且有利于质量改进。
- ➢ 规定的三级科目，可根据具体情况进行增或删。

2. 质量成本科目设置

质量成本包括三个级别的科目，如表7-6所示。

表7-6 质量成本科目设置（推荐）

一级科目	二级科目	三级科目	说 明
质量成本	预防成本	质量策划活动费	
		质量培训费	
		质量改进措施费	
		质量评审费	
		参与人员的工资及福利	
	鉴定成本	试验、检验费	
		检测设备维修折旧费和人员工资	
		质检部门办公费及福利	
	内部故障成本	报废损失费	
		返修费	
		停工损失费	
		产品质量处理费	
	外部故障成本	保修费	
		退货损失	
		折价损失	
		诉讼费	
		索赔费	

质量成本科目要有明确的定义和范围。通常情况下，要识别产品成本和质量成本的范围，且细目不要过细，最好根据费用的性质和目的设置细目。此外，如有特殊要求，可增设外部质量保证成本项。

3. 质量成本科目核算关键

质量成本的核算应按质量成本的各级科目进行。显性质量成本按会计科目进行核算，隐性质量成本按统计项目进行核算。显性质量成本与隐性质量成本之和即为质量成本。在进行质量成本核算时要抓住关键环节。

1）质量成本的核算周期

质量成本的核算周期要依据企业的具体情况，如生产、检验等内容确定。就一般情况而言，质量成本核算周期与相应的产品成本核算周期相一致。

2）质量成本核算责任归口

质量成本核算要明确责任归口，以便准确衔接相关核算内容。

➢ 一般根据质量成本科目的具体内容、费用开支范围和费用发生的区域，将质量成本核算业务归口至相对应的部门或人员。

➢ 建立核算点，明确核算传递程序，进行责任归口管理。

➢ 财务部门建立完善的费用归集、分配体系及相应的费用数据报表。

➢ 各质量成本归口管理部门建立相应的质量成本科目账户，明确质量成本数据的收集范围和渠道及有关的原始凭证，按时将报表逐级上报至财务部。

3）质量成本的开支范围

质量成本的开支范围可归纳为八类，如表7-7所示。

表7-7 质量成本的开支范围

序 号	开支范围
1	开展质量管理活动和改进产品质量而消耗的各种原材料、燃料、物品的费用
2	质量管理人员、质量检验人员的工资总额及提取的职工福利基金、工会经费、职工教育经费及各种津贴补助
3	其他从事质量管理、质量检验、售后服务等工作的人员按规定计算的工资总额及提取的职工福利基金
4	质量部门使用的设备、仪器、仪表的折旧费以及实际支付的中小修理费，日常维护校准费和进行质量管理和质量检验使用的工具、量具等低值易耗品的费用
5	质量部门以及其他部门与质量管理有关的办公费、旅差费、劳保费等
6	因质量不符合顾客要求造成的停工损失、返修、报废、减产、产品降级等内部损失费，以及因产品质量未达到标准造成的维修、退货等外部损失费
7	质量机构对产品质量进行抽查、认证、测试以及对质量体系进行审核等所支付的费用
8	与质量管理、质量检验和产品质量有关的其他费用和质量奖金

4）质量成本数据的收集渠道

质量成本数据可从以下四个渠道获得：

➢ 从现有的各种会计原始凭证和会计账户中直接获得。

➢ 从现有的各种会计原始凭证和会计账户中分析获得。

➢ 从统计原始资料或凭证中获得。

➢ 从各种质量原始凭证中分析获得。

5）质量费用原始凭证与归集

质量费用原始凭证与归集依据相应的成本核算方法归集。

➢ 显性质量费用原始凭证（会计原始凭证）按会计科目归集。

➢ 隐性质量费用原始凭证（统计原始凭证）按统计项目归集。

质量成本的核算方法主要有三种形式，如表 7-8 所示。

表 7-8 质量成本核算方法

方　法	具体内容
统计核算	1. 采用货币、实物量、工时等多种计量手段，并运用一系列的统计指标和统计图表 2. 运用统计调查的方法取得数据，并通过对统计数据的分组、整理获得需要的信息 3. 以揭示质量经济性的基本规律为目的，不注重质量成本数据的完整性和准确性
会计核算	1. 采用货币作为统一度量单位 2. 采用设置账户、复试记账、填制凭证、登记账簿、成本计算和分析、编制会计报表等一系列专门方法，对质量管理的全过程进行全面和综合的记录和反映 3. 严格按照审核后无误的凭证为依据，质量成本的资料必须准确、完整
会计与统计结合核算	1. 根据质量成本数据来源的不同而采取灵活的处理方法。其特点是采用货币、实物量、工时等多种计量手段 2. 采取统计调查、会计记账等方法收集数据，方法灵活机动，资料力求齐全

6）质量费用的分配

质量成本核算中还有一点非常重要，就是质量费用的分配。通常采用以下分配方式：

➢ 显性质量费用，按现行产品成本核算办法计入质量成本。

➢ 隐性质量费用中的直接费用直接计入相应的质量成本之中。

➢ 间接费用分摊到各产品的质量成本中。分摊的原则可参照成本核算制度规定的相应原则。

掌握了质量成本科目核算关键内容后，应有步骤地进行核算。

4. 质量成本核算程序

这里提供了普遍使用的质量成本核算程序，如图 7-4 所示。

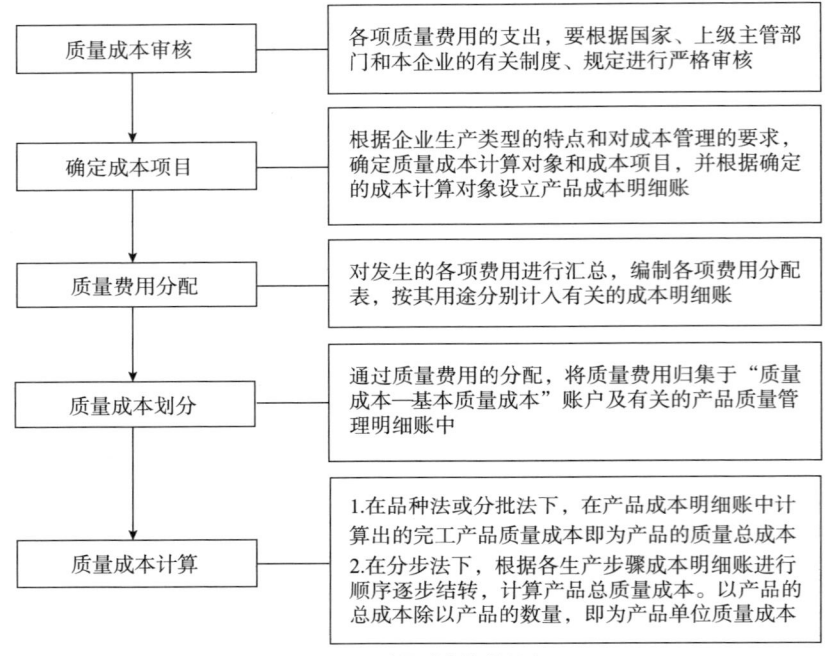

```
质量成本审核 —— 各项质量费用的支出，要根据国家、上级主管部门和本企业的有关制度、规定进行严格审核

确定成本项目 —— 根据企业生产类型的特点和对成本管理的要求，确定质量成本计算对象和成本项目，并根据确定的成本计算对象设立产品成本明细账

质量费用分配 —— 对发生的各项费用进行汇总，编制各项费用分配表，按其用途分别计入有关的成本明细账

质量成本划分 —— 通过质量费用的分配，将质量费用归集于"质量成本—基本质量成本"账户及有关的产品质量管理明细账中

质量成本计算 —— 1.在品种法或分批法下，在产品成本明细账中计算出的完工产品质量成本即为产品的质量总成本
2.在分步法下，根据各生产步骤成本明细账进行顺序逐步结转，计算产品总质量成本。以产品的总成本除以产品的数量，即为产品单位质量成本
```

图 7-4　质量成本核算程序

质量成本的核算可以有效控制产品质量成本，从而帮助企业获得较高的竞争力。

7.3.5　质量成本报告

质量成本报告是质量部门和财务部门对上期质量成本管理活动或某一典型事件进行调查、分析、建议的书面文件。

质量管理部应对质量成本进行监控，并与其他经济指标（如总产值、销售额、利润等）联系起来，对以下内容进行分析，定期向领导提供质量成本报告。

➢ 评价质量管理的适用性和有效性。

➢ 确定质量和质量成本的目标。

➢ 发现需要注意的其他方面。

1. 质量成本报告的内容与形式

通常，质量成本报告的内容包括以下三个方面：

➢ 质量成本构成及趋势分析。依据质量成本统计、核算结果，计算分析比例。进行质量成本水平分析和质量成本对比分析，给出相应分析结果。

➢ 报告期质量成本计划指标执行情况以及与基期和前期对比分析。分析影响质量成本的关键因素，并提出改进措施。

➢ 典型事件分析。提出对典型事件的具体分析结果。

质量成本报告有图表式、表格式、叙述式和综合式四种形式。

2. 质量成本综合分析结果

报告提出单位应依据实际情况和报送部门的级别，确定质量成本报告的格式和频次以及报告的内容。

➢ 指出报告期内影响质量成本的关键区域和主要因素，提出改进措施。

➢ 对质量管理体系的有效性做出定性或定量评价。

➢ 提出下期质量成本管理工作的重点和目标。

3. 质量成本报告的应用

某公司月度质量成本统计与分析报告如表 7-9 所示。

表 7-9 质量成本统计与分析报告

一、成本科目核算：本月销售收入 200 万元，质量成本额 3350 元，占销售额 0.17%					
项目		本月发生数		本年累计	
		金额（元）	比例	金额（元）	比例
内部成本	报废损失	1200	35.82%		
	质量事故处理费	1100	32.84%		
	停工损失	850	25.37%		
	返工损失	200	5.97%		
	合计	3350	100%		
外部成本	质量处罚	0			
	质量事故处理费	0			
	损失费	0			
	合计	0			

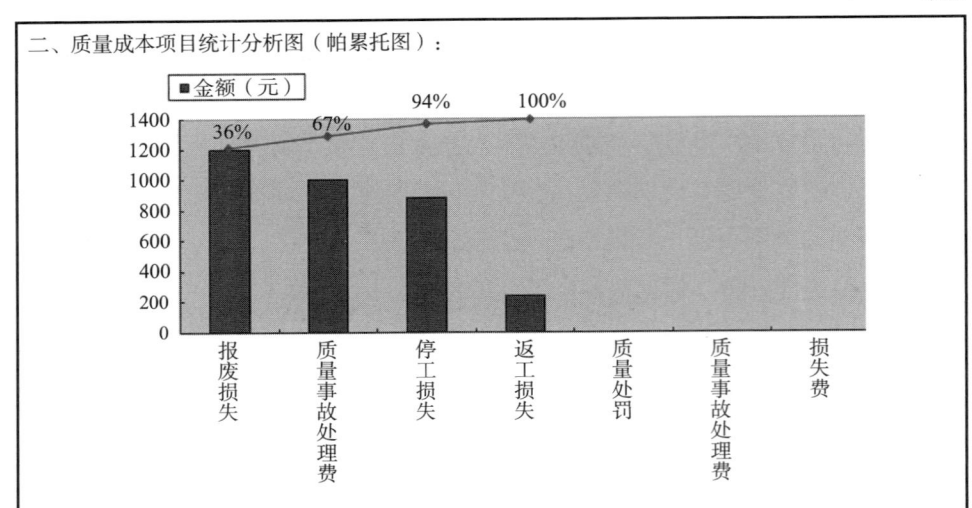

续表

二、质量成本项目统计分析图（帕累托图）：
（柱状图：报废损失、质量事故处理费、停工损失、返工损失、质量处罚、质量事故处理费、损失费；累计百分比 36%、67%、94%、100%）

总结：
本月质量成本损失主要来自原材料在储存中受到污染造成报废，并由此导致返工、停工、质量事故处理等，以上质量成本合计 3350 元，占本月销售额的 0.17%。

三、原因分析	
鱼骨图分析	（鱼骨图：环境、材料、人员、方法、设备 → 原材料污染；质量意识差、未能按程序操作、防范措施薄弱、未对关键储料罐加以控制，造成使用错误）
结论	原材料污染的主要原因： 1. 未对关键设备加以严格控制，造成设备操作失误 2. 操作者质量意识不够，没有严格按程序进行操作 3. 投料前，质检员未进行严格防范
纠正措施	1. 应对关键设备加以严格控制，非授权人员或无资格证者不得进行设备操作 2. 召集所有生产一线员工进行全面质量意识培训，并进行评估 3. 建立质量文件记录制度

质量成本报告应详细列出质量成本的分类信息，如预防成本、鉴定成本、内部故障成本和外部故障成本，以便领导通过报告快速洞察每类质量成本数量

变化对销售额的影响。

此外，对质量成本的考核也是质量成本控制的关键。质量部门应联合财务部门就质量成本科目设置考核指标，具体考核办法可结合实际自行制定。

7.4 错误纠正和预防

企业要确保顾客的投诉和企业质量体系内的不合格得到及时处理，消除潜在的不合格隐患，预防类似不合格事项再次发生，把损失和风险降到最低。

7.4.1 工作实施范围

从来料检验到成品出货全过程，顾客投诉及内部审核不符合等显著的质量异常应采取纠正措施。通过各部门资料分析或统计，得知那些潜在的异常并采取预防措施。这里，我们归纳了纠正措施和预防措施的实施范围。

1. 纠正措施范围

表 7-10 所提供的纠正措施范围并不能代表全部，但在一定程度上能够大部分反映纠正措施范围。

表 7-10 纠正措施的范围

纠正措施的范围	
1. 来料检验不合格	10. 健康安全管理方案实施进度为 C 级
2. 成品检验不合格	11. 职业健康安全目标达成为 C 级
3. 制程发现产品外观单项不良超过规定值	12. 资源浪费严重
4. 任何一项质量特性不良超过规定值	13. 统计分析结果发生异常
5. 关键零件出现问题，且不良超过规定值	14. 年度质量规划不能达成
6. 改善对策不能按要求实施	15. 其他违背程序要求的事项
7. 试验发生不合格	16. 其他发生职业健康安全事故的事项
8. 环境管理方案实施进度是 C 级	17. 发生其他环境事故
9. 环境目标达成为 C 级	18. 出现环境或职业健康投诉

2. 预防措施的范围

预防措施的范围一般包括以下六项：
➢ 调查原因时，发现产生不合格的原因并非偶发，且现行的程序和方法都不能有效地进行预防。

➢ 就目前知道的不合格问题，有可能产生其他潜在的不合格，且现行的程序和方法都不能有效地进行预防。

➢ 纠正措施有可能产生潜在的不合格，且现行的程序和方法都不能有效地进行预防。

➢ 制程不良较严重，有恶化趋势，且不能立即解决。

➢ 统计资料分析结果有异常。

➢ 年度质量计划不能完成。

7.4.2 各部门责任划分

质量委员会负责划分纠正和预防措施实施中各部门及人员的责任，并指派一名管理代表，负责该工作的领导。

1. 纠正措施责任划分

纠正措施责任划分建立在对已出现问题/不合格采取措施的基础上。纠正措施责任划分如表7-11所示。

表7-11 纠正措施责任划分（示例）

阶 段	提出时机	提出部门	分析部门	对策部门	表 单
来料	发生不合格时	品管部	供应商	供应商	质量异常处理单
生产过程	过程参数错误时	生产部/品管部	生产部	生产部	质量异常处理单
	批量不良（10件）时				
成品	成品检验发现不良时	品管部	生产部	责任部门	
顾客投诉/退货	顾客投诉或退货时	开发技术部/销售部	生产部/品管部/开发技术部	责任部门	8D报告
内审	内审发现不符合事项时	审核组	发生部门	发生部门	内部审核纠正通知单
质量目标	连续两次未达目标值时	管理代表	各部门	相关部门	纠正措施单
	其他不合格	发现部门	责任部门	责任部门	

2. 预防措施责任划分

预防措施责任划分建立在对未出现问题/不合格采取措施的基础上。预防措施责任划分如表7-12所示。

表 7-12 预防措施责任划分

阶 段	提出时机	提出部门	分析部门	对策部门	表 单
来料	根据来料检查记录的分析结果	品管部	供应商	供应商	预防措施单
生产过程	根据相关数据的分析结果（如生产计划的完成情况、关键设备停机时间较多、部门指标达标趋势连续下滑等）	生产部	生产部	生产部	
内审	内部审核观察发现有问题	审核小组	责任部门	责任部门	
生产过程/仓储	存在安全隐患	发现部门	存在部门	责任部门	
审核	第二、第三方评审观察项	第二、第三方	发生部门	发生部门	
质量目标追踪	有趋势表明不能达标时	管理代表	相关部门	相关部门	
	其他情况	发现人员	技术部	相关责任部门	

在明确了纠正和预防工作范围和相关责任后，还应确定纠正和预防措施的工作程序，以便按部就班地开展工作。

7.4.3 纠正措施实施程序

纠正措施实施程序，不同的行业、企业不尽相同，在这里我们给出一个普遍使用的规范供大家参考。

纠正措施实施程序如图 7-5 所示。

执行纠正措施，仅仅有程序图不能满足要求，还应注意纠正措施的实施要点。

纠正措施实施要点归纳为四项：异常提出，原因调查分析，对策制定与实施，效果记录与确认。每一项都需要认真执行，并做到位。

1. 异常提出

各部门根据本部门的具体情况，考虑问题的重要性及可承受的风险大小。

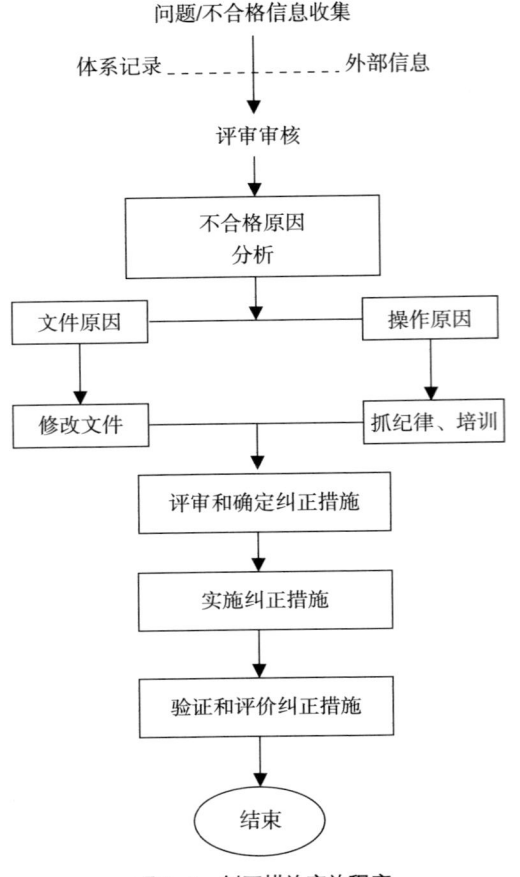

```
              问题/不合格信息收集
   体系记录 ─ ─ ─ ─ ─ ┼ ─ ─ ─ ─ ─ 外部信息
                        ↓
                      评审审核
                        ↓
                   ┌─────────┐
                   │ 不合格原因 │
                   │   分析    │
                   └─────────┘
                  ↙           ↘
          ┌────────┐      ┌────────┐
          │ 文件原因 │      │ 操作原因 │
          └────────┘      └────────┘
               ↓               ↓
          ┌────────┐      ┌──────────┐
          │ 修改文件 │      │ 抓纪律、培训 │
          └────────┘      └──────────┘
                  ↘           ↙
               ┌──────────────┐
               │ 评审和确定纠正措施 │
               └──────────────┘
                      ↓
               ┌──────────────┐
               │  实施纠正措施   │
               └──────────────┘
                      ↓
               ┌──────────────┐
               │ 验证和评价纠正措施 │
               └──────────────┘
                      ↓
                   (  结束  )
```

图 7-5 纠正措施实施程序

2. 原因调查分析

针对异常现象提交相关部门进行原因分析，并采取措施。特别对于质量异常，责任部门进行原因的多角度调查，分析时要充分收集资料并记录调查结果。

3. 对策制定与实施

根据原因分析的结果，由责任部门制定相应的纠正措施、规定实施日程。若顾客有要求则必须依其要求执行。制定的对策必须针对问题产生的根本原因，并且考虑对同类产品的影响，最后经责任部门负责人确认。

在对策实施过程中,应先制订实施计划,然后根据计划实施,直至问题得到解决。

4. 效果记录与确认

采取措施后相应的结果由具体的实施部门负责记录。对于纠正结果,由提出部门按责任部门的完成时间进行验收,并保留证据。

在效果确认中发现纠正结果不好时,应上报管理代表,以便组织有关部门,进行进一步的分析,重新制定措施。

最后,管理代表将纠正措施的结果进行总结,并提交质量委员会评审。

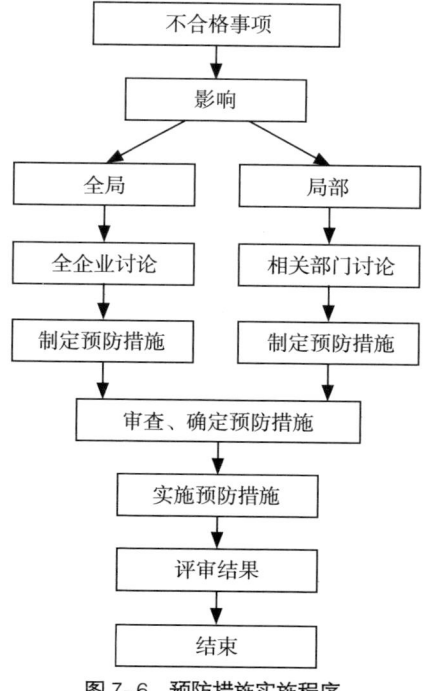

7.4.4 预防措施实施程序

预防措施实施程序反映了对问题/不合格事件的关注和处理过程,恰当的预防措施实施程序可以杜绝质量问题的发生,进而降低质量成本。

预防措施实施程序由质量委员会负责组织制定,审核通过后,编制正式文件,经批准后执行。预防措施实施程序如图 7-6 所示。

图 7-6 预防措施实施程序

预防措施的实施要点与纠正措施的实施要点基本相同，只是实施内容略有差别。

1. 异常提出

各部门可根据工作的具体情况，识别潜在的故障发生的可能性，评价问题的重要性及可承受风险的大小，决定是否提出预防要求。对于存在的安全隐患，必须提交预防措施。

2. 原因调查分析

针对潜在的故障，责任部门会同相关部门进行原因分析，商量对策并进行改进。

3. 对策制定与实施

根据原因分析的结果，由责任部门制定相应的纠正措施，规定实施日程。此外还需要注意以下事项：

➢ 制定的对策必须经责任部门负责人确认，以确保其有效性。
➢ 在对策实施中，若对策可行，应订出实施计划，并尽可能根据计划实施。
➢ 若对策不可行，应详细说明原因，并经过管理者代表确认。

如预防措施未达到预期效果，应停止实施，并由措施提出部门重新提出预防措施，直至异常得到解决为止。

4. 效果记录与确认

效果记录与确认同纠正措施实施要点一致。管理者代表将预防措施实施的结果进行总结，并提交质量委员会评审。

最后，应对于纠正和预防措施的实施结果进行标准化。对纠正和预防措施产生的永久性更改，有关部门在充分验证后，应纳入相关技术或管理文件中。

第 8 章
质量可靠性管理

我们青睐的是既省电，又复印清晰的复印机；我们喜爱的是即使在路滑的雨天或崎岖不平的道路上，仍可安全稳定行驶的汽车……我们称这样的产品为稳健产品。只有稳健的产品才能赢得顾客的忠诚。

——质量管理大师　田口玄一

8.1 可靠性的内涵

质量可靠性是企业对顾客的承诺,耐久性、安全性,故障率低等是顾客在不同场景下使用产品的基本保障。

8.1.1 可靠性的定义

简单地说,可靠性指任何项目在规定的条件下,在规定的时间内,(令人满意地)执行所需功能的可能性(概率)。

产品的质量周期有着自身的客观规律。通过生活中的观察可发现,产品在早期,即刚开始使用时,由于稳定性不佳以及磨合等原因会发生故障,但一段时间后,不良状况开始消失,性能趋于稳定。之后很长的一段时间内也会保持稳定或低的故障率。最后随着使用时间的增加,产品的故障率开始升高。这个规律用图表示出来便是浴盆危险曲线。浴盆危险曲线如图 8-1 所示。

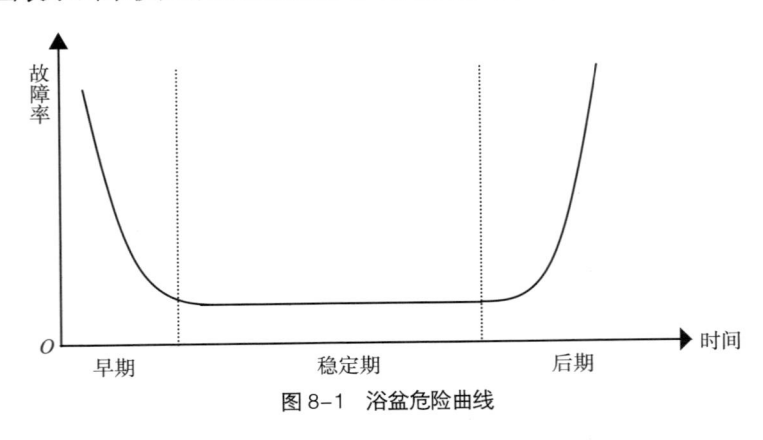

图 8-1 浴盆危险曲线

浴盆危险曲线中横轴为时间,纵轴为产品故障率。此可靠性模型既能反映原件可靠性,又能反映系统的可靠性。那么,可靠性的定义中包含的要素是什么呢?笔者给大家逐一介绍。

1. 项目

项目包括能够个别考虑的单独产品、配件、装置、部件、装备、伺服系统等。项目可由硬件、软件或二者共同构成,在特殊情况下还可以包括人。

2. 给予的时间

为执行项目而设置的目标时间，具体包括几下几种：

（1）时间尺度：（日历/运作）时间、使用次数、距离、周期。

（2）目标时间以性能规格加以明示，如继电器寿命10万次。

（3）使用行业存在惯例的目标时间，如家电产品10年质保、汽车10年/15万公里质保等。

3. 给予的条件

从项目使用到废弃可影响功能和性能的所有条件，包括环境条件和使用条件。环境条件为来自温度、湿度、振动等外部的自然条件；使用条件为安装及使用场所、连续使用时间和次数等根据使用变化的条件等。

4. 要求的功能

用于提供特定服务所需项目的功能或功能的组合。它的衡量指标包括故障，即无法执行项目所要求功能的事件；故障时间，即截至项目发生故障时的时间。

5. 可能性（概率）

无法预先得知的在相同条件下生产的产品发生故障的时间，以及不确定性的定量表现，也就是可靠性尺度。

8.1.2 产品的预期价值梳理

可靠性分析被应用在工艺流程中的每一项工艺中，以确定可能发生的失效（故障）模式。这实际上是对产品预期价值的一种梳理。通过FMEA分析发现并纠正故障，可以确保每项工艺符合顾客（内外部顾客）要求。产品开发与可靠性分析如图8-2所示。图中，SRR为系统需求评审，PDR为初步设计评审，CDR为关键设计审查，DOE为试验设计，FMEA为失效模式与效应分析，FTA为故障树分析，FEM为有限元分析。

图 8-2　产品开发与可靠性分析

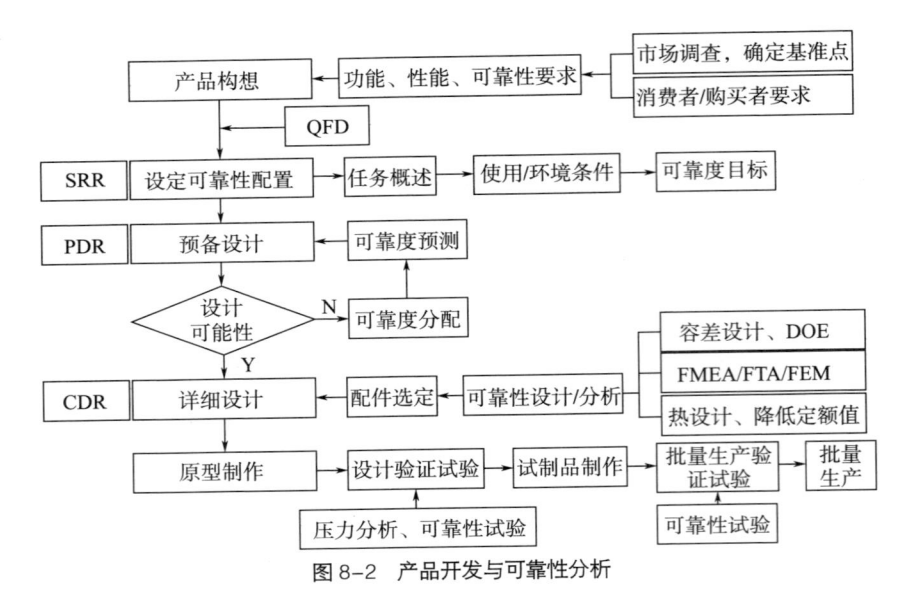

可靠性分析关注事件发生之前的动作，而非故障发生后的补救。这也是产品开发价值梳理的具体体现。

8.1.3　保障产品安全与品牌价值

20 世纪 50 年代，可靠性管理应用于螺旋桨航空器向喷气式航空器转变的过程中，用以检验发动机故障的问题。20 世纪 60 年代，该方法由美国航空航天局正式引入，并于 20 世纪 90 年代广泛用于西格玛管理。它能够保障产品安全和企业品牌价值。

1. 消费者观点

一方面，随着市场竞争的不断加剧，消费者（顾客）选择产品的机会扩大，对产品的要求也越来越高。这迫使生产企业提高质量标准，在产品制造中心增加面向可靠性设计。另一方面，政府对消费者权益保护加强，设立了产品可靠性管理的国家标准。

2. 企业观点

可靠性管理可以避免产品缺陷、减少故障时间、延长产品寿命，对维护企业品牌有重要意义。具体的推动因素有以下几个方面：

- 技术发展速度的加快引起企业创新力度的增加。
- 由故障引起的损失（索赔、召回）及顾客不满增加。
- 顾客对可靠性要求增加，如平均故障时间间隔、可靠性数据等。
- 产品要延长寿命、循环使用、获得安全认证等。

3. 供应链中的可靠性

质量可靠性对供应链统一质量标准具有重要意义。供应链上下游拥有可靠性的国家标准，意味着供应商可以提供质量标准一致的产品。以往那种由需方推动上下游树立质量意识的阻力和成本将会大大降低。

4. 竞争的要求

先进企业可以通过可靠性差别化强化其竞争力。20 世纪 90 年代，美国汽车协会引入可靠性管理，旨在为顾客（下游、终端）提供一流性能与安全的汽车和配件。如今可靠性管理不断完善，以适应新的市场机会与消费者需求。

8.2 可靠性目标设定

一般来说，产品的可靠性目标指产品在预期使用寿命内，不会进入磨损阶段的概率。可靠性目标不仅要满足顾客需求，还要达到相关国家标准。

8.2.1 规划关键检测点

产品在生命周期内的缺陷通常分为三种：早期故障、随机故障和磨损故障。其中，早期故障和随机故障源于制造和零部件缺陷，磨损故障要在设计阶段进行控制。

我们要对可靠性目标进行合理的设置，确保产品在设计寿命或质保期内不会进入磨损阶段。一般在三个方面入手。

（1）针对可靠性设计的出发点。在设计初期阶段进行设置，加入可靠性要求，如汽车整车设计寿命、电子产品设计寿命等。

（2）可靠性要求条件。在设计中必须满足的性能，如汽车梁柱的电泳工艺确保梁柱不会发生生锈问题等。

（3）可测定，可达成。了解顾客的要求，反映顾客的要求。例如，顾客要求产品故障率不超过 0.24%/6 月，设计寿命为 10 年。那么其每年故障率为：（0.24%/6）×12=0.48%，产品 10 年可靠性目标为（100-10×0.48）%=95.2%。

这要求我们以产品的整个生命生期为依据，规划关键检测点，如功能分类、零配件寿命、体验度、安全、质量要求等，赋予可靠性指标。

产品的功能、寿命等通过部署 QFD（质量功能展开）实施，并对这些项目进行故障模式分析，建立预防故障机制。

8.2.2 检测标准设计

通过特定的检测方法判定产品上市的可行性。

1. 可靠度函数

可靠度函数（Reliability Function）$R(t)$ 指截至特定时间 t，项目不发生故障的概率。例如 $R(1000)=0.95$，就表示在 1000 小时内不发生故障的概率为 95%；或在整个项目中，在 1000 小时内发生故障的概率为 5%。可靠度函数说明如表 8-1 所示。

表 8-1　可靠度函数说明

时间	故障数（次）	累积故障数（次）	$R(t)$
[0, 10)	5	5	1.00
[10, 20)	10	15	0.95
[20, 30)	35	50	0.85
[30, 40)	30	80	0.50
[40, 50)	15	95	0.20
[50, 60)	2	97	0.05
[60, 70)	2	99	0.03
[70, 80)	1	100	0.01
合计	100		

2. 平均故障间隔时间

平均故障间隔时间（MTBF）是指设备在某段时间内，相邻两次故障间工作时间的平均值。它是衡量设备可靠性的重要尺度之一。

例如，某设备运转 100 小时后发生故障，修复后运转 80 小时再次发生故障，修复后运行 90 小时又发生故障。则设备平均故障间隔时间为：

$$MTBF=（100+80+90）/3=90（h）$$

3. 平均故障发生前时间（MTTF）

不可修复产品发生故障前的平均时间，也可将其看作产品的寿命值。

$$MTTF=\frac{1}{N}\sum_{i=1}^{N}T_i$$

式中，N 为不可修复的产品数；T_i 为故障发生前时间。

4. 平均寿命

产品的不可修复性和可修复性，决定了产品平均寿命具有不同的含义。

（1）不可修复产品寿命。不可修复产品寿命是指产品发生故障前的工作时间或工作次数。其平均寿命为寿命的平均值，即平均故障发生前时间。

（2）可修复产品寿命。可修复产品寿命是指产品两次相邻故障间的工作时间（不是指产品的报废时间）。其平均寿命为平均故障间隔时间（也叫平均无故障工作时间）。

5. 首次故障平均时间

它是指可修复产品首次发生故障前的时间。它反映的是某个系列产品的可靠性，对于可修复产品而言具有重要的意义。因为，至首次故障的平均时间越长，意味着该系列产品的可靠性越高，顾客的满意度越高。

6. 百分位数

它是指特定比例的产品发生故障前的时间。B_a 表示 $a\%$ 产品发生故障前的时间（如 B_{10}、B_5、B_1 等）。

（1）B 指初期破损或生产期。

（2）B_1 表示轻微故障，$B_{0.1}$ 表示致命故障，$B_{0.01}$ 表示灾难性故障。

（3）B_{10} 表示整体产品中 10% 发生故障前的时间。B_{10} 的意义如图 8-3 所示。

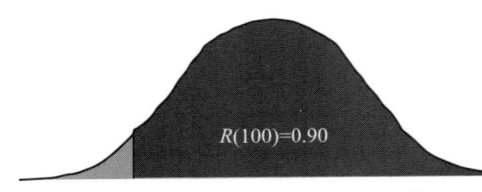

$B_{10}=100$

100 小时内发生故障的概率 = 10%

100 小时的可靠度 = 0.9

B_{10} = 保证 100 小时的可靠标准为 60%

R（100）= 保证可靠度 0.90 以上的可靠标准为 60%

$R(100)=0.90$

图 8-3　B_{10} 的意义

7. 平均维修间隔时间

平均维修间隔时间没有固定的计算方式。因为产品在使用过程中，环境的不确定性使维修时间也不确定。此外，维修政策也对维修时间有影响，因而平均维修间隔时间取决于这两个方面。

在产品的设计过程中，要充分考虑这些方面的影响，采取必要措施，例如重新设计、元器件加固等，以缩短产品的平均维修间隔时间。

8.2.3　达到可靠性国家标准

可靠性设计与可靠性制造需要符合可靠性国家标准，如《中华人民共和国国家标准·可靠性试验（第 1 部分）：试验条件和统计检验原理》（GB/T 5080.1—2012）（IEC 60300-3-5：2001）。遵守可靠性标准既是企业社会责任的体现，也是对消费者的承诺。

1. 明确可靠性标准体系

可靠性标准体系分三个层次，它们分别是可靠性基础标准、专业可靠性基础标准、有可靠性要求的产品标准。

（1）可靠性基础标准。对展开可靠性工程与管理有广泛指导作用的基础标准。

（2）专业可靠性基础标准。针对某一大类产品通用的可靠性标准，如家电类产品可靠性标准。

（3）有可靠性要求的产品标准。指各种有可靠性指标要求的具体产品标准。换向阀可靠性评估标准如图 8-4 所示。

标准编号	GB/T 38206.2—2020
中文名称	气动元件可靠性评估方法 第2部分：换向阀
英文名称	Methods to assess the reliability of pneumatic components—Part2：Directional control valve
发布日期	2020-04-28　　　　实施日期　　　2020-11-01
代替标准	
采标号	ISO 19973-2:2015
采标名称	气动元件可靠性的试验评价 第2部分：换向阀
采标程度	修改　　　　　　　采标类型　　　ISO
ICS	23.100.01　　　　CCS　　　　　J20
标准类别	方法
主管部门	中国机械工业联合会（604-1）
归口单位	全国液压气动标准化技术委员会（TC3）
公告号	2020年第8号

图 8-4　换向阀可靠性评估标准

此外，可靠性标准体系按内容分为管理、采购、研发、试产、试验、分析、安装、存储、使用和维修等方面的标准，按形式可分为规范、标准和手册等。

2. 可靠性设计流程

可靠性设计流程如图 8-5 所示。

在明确产品可靠性设计的流程之后，还需要确定参与本项目人员的任务、责任、分工，以及本项目的控制措施，以便合理、有序地推进项目的设计。

3. 产品设计可靠性管理

我们将产品的可靠性设计视作一个项目，这样可以很好地整合各种资源，同时又便于对内容（产品设计）进行控制。

通常对一个项目从任务（总目标、独立任务、关联任务）、主要职能部门、辅助职责部门、任务程序、控制措施以及任务时间表六个方面考虑。产品设计可靠性管理如表 8-2 所示。

精益质量管理

```
          定义产品可靠性目标
                ↓
          可靠性目标分解  ←——  降低可靠性目标
                ↓                    ↑
          产品设计活动（过程） ←—— 再验证
                ↓                    ↑
            设计评审                  |
                ↓                    |
          <可靠性评估>  ——未满足——→  |
                ↓ 满足可靠性目标
            模型制作
                ↓
          <可靠性测试>  ——未满足———→
                ↓ 满足可靠性目标
              试产
                ↓
          <样品可靠性>  ——未满足———→
                ↓ 满足可靠性目标
            (批量生产)
```

图 8-5 可靠性设计流程

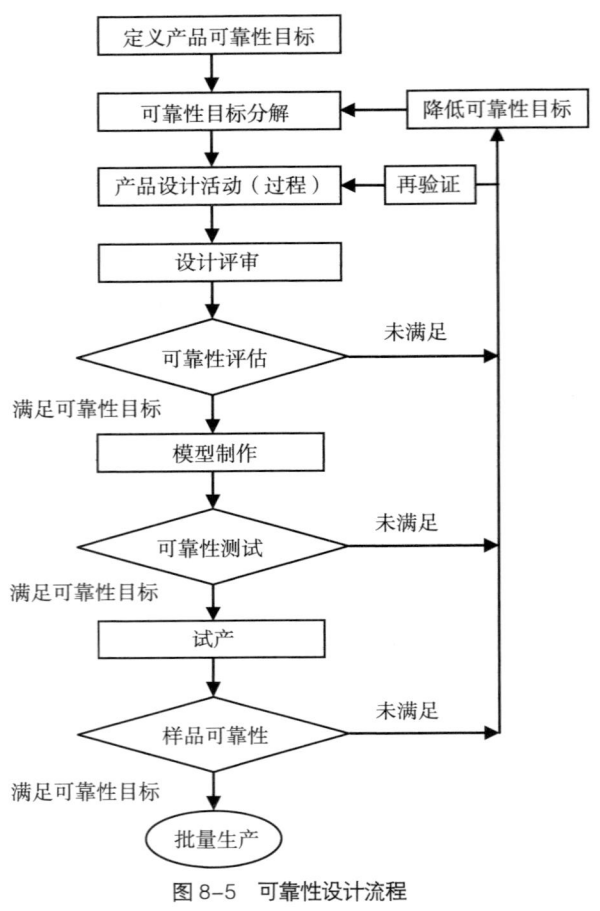

表 8-2 产品设计可靠性管理（部分）

任 务	主要职能部门	辅助职能部门	任务程序	控制措施	时间起始	时间结束
通过对顾客需求、产品组件以及质量特性进行分析，预测产品可靠性	设计部	质量部	项目督导（由高层任命或高层领导亲自担任）	技术主管：1.制定任务进展报告时间表 2.项目工程师对任务进行检查和考核		
检查和评估设计图，并验证元器件在可靠性上的局限性	生产部	质量部		生产主管：生产部代表先期对设计图进行评估验证		

续表

任务	主要职能部门	辅助职能部门	任务程序	控制措施	时间 起 始	时间 结 束
建立故障统计及故障分析报告体系	质量部	生产部 客服部 技术部	项目督导（由高层任命或高层领导亲自担任）	1. 项目工程师负责纠正和解决相关问题 2. 设置故障统计岗，监督故障统计报告体系	质量主管		

项目（产品设计可靠性管理）需要全面质量管理委员会委员的介入，讨论建立关于项目的质量组织，这样可以保证项目有组织、有计划、高水平地执行。

总之，可靠性管理一定要符合和达到国家标准。

8.3 可靠性设计方法

企业一般从假设极端条件、研发检测设备和测试方法，以及模拟体验场景这三个方面进行可靠性设计。

8.3.1 假设极端条件

在可靠性设计中，开发、生产和质量部门应假设各种极端条件，以确定影响产品状态的条件，包括机械应力和变形、电流和电压等，也包括温度、湿度、化学环境和辐射等。极端条件分析内容如表 8-3 所示。

表 8-3 极端条件分析内容（环境）

符 号	分类标准	详细的环境要素
K	气候条件	温度、相对湿度、温度变化、压力、日照、热放射、空气的流动、雨或雪，以及来自雨以外的水、结冰
Z	特殊气候条件	温度、压力、热辐射、空气流动等
B	生物学条件	霉、菌、对安装类或其他产品有害的动物
C	化学性能动物质	盐、二氧化硫、氢化硫、氯、氯化氢、氟化氢、氨、臭氧、硝酸物
S	机械性能动物质	沙子、灰尘
M	机械性条件	一定的振动，包括冲击产生的不确定的振动

8.3.2 研发检测设备和测试方法

可靠性技术在产品设计领域应用越来越广泛。在全面质量管理中,可靠性设计不仅仅是由设计人员在实验室中进行的,它还需要来自不同领域的人在设计和制造过程共同完成,这就需要有一个设计方法。可靠性测试方法是为了预估产品在给定工作条件下的可靠性,运用过往的工程经验、故障数据和当前技术水平,以元器件、零部件的故障率为依据,预估元器件、零部件、子系统或系统等实际可能达到的可靠度。

1. 可靠性预计模型

基本的可靠性预计模型为串联模型和并联模型。我们可通过这些模型预计产品可靠性各项指标。

1)串联可靠性预计

整个系统性能依赖所有部件能够正常工作,那么这些部件是串联的。n 个部件串联系统如图 8-6 所示。

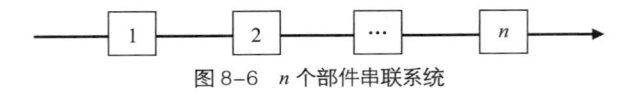

图 8-6 n 个部件串联系统

要想使系统正常运作,所有部件必须同时正常工作。不过串联系统中部件不一定是顺序连接的。

串联系统的可靠度计算公式如下:

$R_S = P(x_1, x_2, x_3, \cdots, x_n)$

式中,R_S 为串联系统可靠度。

$P(x) = 1 -$ 部件 x_i 的故障概率

式中,$P(x)$ 表示 $P(x_1, x_2, \cdots, x_n)$ 中单个部件相同的标记,系统不可靠度为:

$Q_S = 1 - R_S$

式中,Q_S 为系统不可靠度。

2)并联可靠性预计

一个可靠性高的系统对部件的可靠性要求极高。为了避免意外,就要引入备用系统,即并联系统。它与串联系统正好相反,当某个部件失效时,系统仍能正常工作。并联可靠性系统如图 8-7 所示。

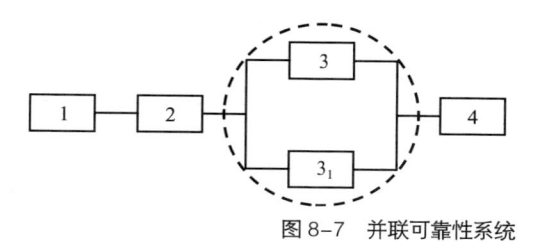

图 8-7　并联可靠性系统

注：本图实为并联与串联可靠性系统，其中圆圈内部分为并联系统。

并联系统的可靠度为：

$R_p = P(x_1 + x_2 + \cdots + x_n) = 1 - P(\bar{x}_1 \bar{x}_2 \cdots \bar{x}_n)$

假定部件的故障是相互独立的，冗余可靠度为：

$R_p = 1 - P(\bar{x}_1) P(\bar{x}_2 | \bar{x}_1) P(\bar{x}_3 | \bar{x}_1 \bar{x}_2) \cdots P(\bar{x}_n | \bar{x}_1 \bar{x}_2 \cdots \bar{x}_{n-1})$

对于产品可靠性设计而言，需要制订可靠性计划，这个计划贯穿于早期的设计、制造、质量反馈等阶段，而不是停留在某个阶段。

2. 利用 FMEA 和 QFD 的试验设计

满足可靠性要求的设计所包含的内容有单纯的设计、使用经过验证的配件及设计、负荷与强度设计、局部环境控制（温度、热、振动等）、确认及清除重要故障、容差评价等。

我们可利用 FMEA 与 QFD 对产品及零配件性能、寿命等的失效模式（故障模式）进行全方位的测试，以确定它们的可靠度。FMEA 与 QFD 设计模型如图 8-8 所示。

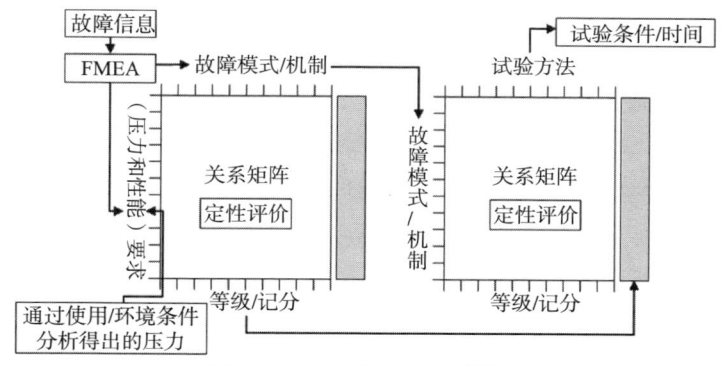

图 8-8　FMEA 与 QFD 设计模型

QFD 模式展示了可靠性设计与控制的过程。我们举一个简单的例子来说明。铝电解电容器的两级 QFD 的试验设计如表 8-4 所示。

表 8-4　铝电解电容器的两级（第一级）QFD 的试验设计

（压力与性能）要求	失效模式					
	短路	断线	静电容量减小及增大	漏电	电解液泄漏	改变
温度					○	○
过电压	○		○	○		
机械性负荷	○	○				
过度放电						○
过大波纹电流			○	○		

表 8-4 显示了失效模式与相关要求的关联性。例如，短路与过电压、机械性负荷成强相关；漏电与过电压、过大波纹电流强相关。通过 QFD 可以清晰地分析出铝电解电容器在设计时需要考虑的性能等要求。

接下来我们分析产品可靠性试验的方法。铝电解电容器的两级（第二级）QFD 的试验设计如表 8-5 所示。

表 8-5　铝电解电容器的两级（第二级）QFD 的试验设计

失效模式	试验方法				
	高温试验	温度周期试验	温度湿度试验	充放电试验	振动试验
短路				○	
断线				○	○
静电容量减小及增大	○	○	○		
漏电			○		
电解液泄漏	○	○	○		
改变	○			○	

产品的各部分在给定的试验条件下，会出现不同的失效模式（也称为故障模式）。以上是可靠性试验设计的一个简要思路。

8.3.3 模拟体验场景

创造和模拟顾客的使用习惯作为检测的场景。通过场景模拟，可以实际检测产品、配件以及性能的可靠性目标设定是否合理。

2008年，华为无线产品"共主控"研发启动。在研发的过程中，遇到了很多困难。华为团队没有放弃，而是不断追求产品的完美。

为了让顾客有一个好的体验，华为在研发阶段就注意站在顾客的角度考虑问题。比如，为了保证WD22UMPT硬件在共主控开发过程中不出现问题，以及Nand Flash器件不出现问题，华为团队预先规划和开发了一块验证板，对所有厂家的Nand Flash进行了全面的可靠性验证。

整个研发过程经历了5年时间。产品交付顾客使用后，顾客盛赞"从来没有使用过这么好的产品"。其他顾客得知产品的质量非常好后，也提出了购买要求。之后，该产品被投放到全球各地市场。时至今日，该产品还保持着零事故、顾客零投诉的纪录。

华为这款无线产品有过硬的质量，得益于其模拟了所有厂家的Nand Flash，并开发了验证板进行可靠性验证。

此外，企业也可以根据场景模拟下产品的实际表现及国家标准改进和完善产品设计。

以产品包装可靠性测试为例。产品在运输过程中要考虑恶劣运输条件、装卸环境下产品的可靠性，模拟产品跌落场景就十分重要了。通过模拟包装不同的棱、角、面在不同的高度跌落地面时的情况，记录、分析和统计产品受损情况，并评估产品包装组件在跌落时可承受的坠落高度与耐冲击强度。这为包装效果和产品的可靠性分析提供了准确的数据。

模拟体验场景需要注意以下几点：

（1）模拟场景可以选择专门的实验室，也可以选择临时场景。临时模拟场景可以用于产品问题的再现。

（2）模拟试验必须是典型的分布循环。例如产品跌落，从出厂到目的地，包括工厂发货、运输振动、中转仓库装卸堆放、运输到零售商或顾客手中，这种情况经常发生，而不是偶尔发生的。

（3）数据记录必须详尽。模拟场景下的每次试验都要有翔实的记录。

（4）符合可靠性试验标准。模拟场景必须满足国家、行业、企业的可靠性标准。

现在有许多专门从事可靠性试验服务的机构。企业可以依据自身的资源情况选择是自己搭建试验场景还是交由这些机构进行可靠性试验。

8.4 产品潜在故障分析

产品潜在故障分析是现行通用的可靠性测量方法，具体包括失效模式与效应分析和故障树分析两种。其中故障树用于需要进行详细分析的严重故障，偏向于安全性问题，我们已在前文讨论过，本节只探讨失效模式与效应分析的应用。

8.4.1 失效模式与效应分析

失效模式与效应分析（FMEA）是指在设计、生产、装配过程和服务中，逐步识别这些过程中所有可能的失效问题的一种方法。

"失效"是指可能产生的任何错误或缺陷，"效应分析"指的是对这些失效的后果或效应所做的分析和检查。我们借助 FMEA 表来充分认识失效模式与效应分析的相关内容，如表 8-6 所示。

表 8-6　FMEA

FMEA类别	功能	潜在失效模式	潜在失效后果	S	失效潜在原因	O	目前控制过程	D	RPN	CRIT	建议	主管及目标日期	采取行动	S	O	D	RPN	CRIT

（修正结果栏包含：采取行动、S、O、D、RPN、CRIT）

失效模式与效应分析相关术语解释如下。

（1）功能：说明产品设计的目的是什么，顾客需求是什么，要达到什么效果。

（2）潜在失效模式：未能实现功能要求的内容。

要记录具有发生可能性的（潜在的）失效的形态，包括破裂、黏连、变形、短路（电气）、松开、氧化、渗漏和断裂等。记录来源于故障记录、事例、讨论报告书或改善会议。此外，记录时必须考虑特定环境条件和使用条件。

（3）潜在失效后果：潜在失效模式产生的结果。

当失效发生后可能产生的影响包括以下几个方面：

➢ 被消费者（内部或最终）意识到的失效模式的影响。

➢ 对安全等造成的影响。

➢ 在配件、伺服系统、系统之间形成的连贯性影响（例如配件破坏→装配振动→间歇性动作→性能低下→消费者不满）。

➢ 代表性的失效的影响，包括产生噪声、表面粗糙、不稳定运转、不运转、外观差、有难闻的气味、晃动、性能下降、间歇性运转等。

（4）S（严重度）：针对潜在失效后果的严重度进行等级划分（当失效模式有多个后果时），可用 1～5 或 1～10 表示。其中 1 表示该后果不严重，5 或 10 表示后果极其严重。

（5）失效潜在原因：每个潜在失效模式发生的可能原因。

具体的原因包括以下几个：

➢ 设计缺陷。

➢ 代表性的失效原因有错误的材料规格、设计寿命不足、过度应力、润滑性能不良、不当的维护方式、不良的环境保护和错误的运算法则等。

➢ 代表性的失效机制包括弯曲、蠕变、疲劳、磨损、材料不稳定和腐蚀等。

（6）O（发生率）：造成潜在失效模式各原因发生的概率。发生率可用 1～5 或 1～10 表示。其中 1 表示无关联，5 或 10 表示关联极大。可通过设计变更消除失效原因/机制或仅利用控制措施降低发生率等级。失效发生率说明如表 8-7 所示。

表 8-7　失效发生率说明

发生率	可能的故障率	顺　序
很高，故障几乎是必然的	1/2 以上	10
	1/3	9
高，反复发生的故障	1/8	8
	1/20	7
普通的故障，时而发生	1/80	6
	1/400	5
低，发生可能性比较低的故障	1/2000	4
	1/15000	3
稀少，故障几乎不发生	1/150000	2
	1/1500000	1

（7）目前控制过程：针对失效潜在原因，给出的控制过程，如道路测试、设计检验、失败/安全性测试、精确性研究、装备/实验室测试、可行性检验、原型测试、快速测试等。通常控制过程有两种设计方法：一是预防失效发生，给出失效不发生的机制；二是发现现有失效的发生模式，并给出修正措施。

（8）D（检测水平）：控制过程的检测水平。检测水平可用 1～5 或 1～10 表示。其中 1 表示绝对可发现，5 或 10 表示无法检测到问题或问题不存在。

（9）RPN（Risk Priority Number，危险优先等级）：

计算危险的尺度，计算方式为 RPN=$S \times O \times D$，其值为 1～1000。如果 RPN 值大，则必须通过修正措施努力减小危险。一般来说，当 RPN 值大时，应特别加以注意。

（10）CRIT：危害性，CRIT=$S \times O$

确定 RPN 后，对于具有最高等级的重要配件，应优先确立用于降低 S、O、D 等级的对策。在设计中增加确认和验证活动只能减小失效发生率等级。可以通过设计变更消除失效发生原因或机制，或进行控制来减小失效发生率。当危害性等级较高时需要通过设计变更来消除失效。具体可考虑的对策包括设计试验、修订测试方案、修订设计和修订材料规格。

（11）主管及目标日期。记录修正措施的主管所在部门和主管名，以及完成措施的目标日期。

（12）修正结果。实施修正措施方案，并简单记录修正结果以及采取修正措施的日期，评估修正后的失效严重度、发生率、检测水平等级，计算新的 RPN 并讨论。如果未采取任何措施，则该列保持空白。

8.4.2 失效模式与效应分析的实施

针对一些良品的下限进行测定，设定合理的富余度。本步骤只描述一个大概的过程，可作为企业在产品设计中进行失效模式与效应分析的参考。

1. 组建跨职能团队

建立质量组织是实施 FMEA 的重要保证。又因产品系统是一个复杂的结构，涉及多种知识领域，因而分阶段、跨职能团队是 FMEA 的主要活动形式。

（1）团队人数。团队由 5～7 人组成。

（2）团队负责人。企业领导者或质量委员会委员确定该团队的负责人，并授予必要的权力。

（3）团队成员。成员是各领域的精英，必要时考虑让供应商和顾客加入。

（4）责任及分工。企业领导者或质量委员会与团队负责人明确团队及个人在 FMEA 项目中的工作职责。

FMEA 的工作量很大，须集体协作、充分讨论，必要时还要做一系列试验或者调查研究。

2. 事前准备

预先设定分析目的，即保证可靠性或解决问题，如质量改善，明确分析对象及水平。同时准备有关资料和 FMEA 表格，这包括以下几个方面：

（1）关于类似产品（配件、工序）的记录、试验结果、FMEA 实施结果。

（2）顾客使用信息、投诉事项、措施。

（3）设计信息（图纸、产品规格、指南、材料等）。

（4）使用/环境条件、物流条件（包含压力分析结果）。

3. 进行 FMEA 数据分析

参照 FMEA 表中前 11 项内容进行分析，如图 8-9 所示。

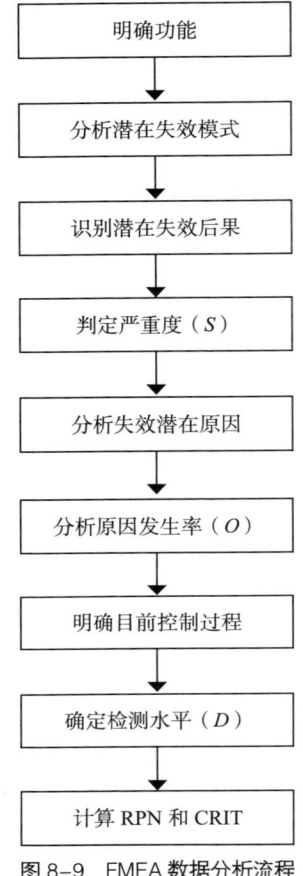

```
明确功能
   ↓
分析潜在失效模式
   ↓
识别潜在失效后果
   ↓
判定严重度（S）
   ↓
分析失效潜在原因
   ↓
分析原因发生率（O）
   ↓
明确目前控制过程
   ↓
确定检测水平（D）
   ↓
计算 RPN 和 CRIT
```

图 8-9　FMEA 数据分析流程

进行 FMEA 数据分析的时候项目人员应注意以下事项：

➢ 潜在失效后果的识别包括失效对上一级系统的直接影响和对整个系统（内外部顾客）的影响。

➢ 尽可能多地找出每一个潜在失效模式失效原因。此外，当原因是唯一的时候，且得到纠正后，此种失效不再发生，此项工作结束；若原因有多个，要用头脑风暴、试验设计等方法来确定主要起因。

➢ 控制过程大致分为四类：能阻止失效发生，或减少发生概率；虽不能阻止失效发生，但是能减轻失效后果的严重度；虽不能阻止失效发生，但能感知失效的征兆；只能查明失效模式。

➢ 在确定相关数据时，应尽可能建立在对历史数据和调查进行统计的基础上，若无法进行时，可适当根据经验做出估计。

各种失效模式的严重度、发生率、检测水平的评定结果，最终要一致。需要注意的是，企业内类似的产品，要采用相同的评价尺度。

4. 行动建议

得出 RPN 和 CRIT 值后，应就失效模式给出行动建议，提出具体可行的纠正和预防措施，以便尽快运用到产品的可靠性设计中，提高产品的可靠性。

在此基础上明确改善失效的责任人和完成日期，以保证改善的效果和进度。

5. 改进结束后评估

责任人及时进行改善，并跟踪建议的执行情况。改善结束后验证效果，通过新一轮的 FMEA 分析进行评估。若没有采取任何纠正措施，RPN 一栏必须保持空白。

通常，失效的改善不可能一次成功，需要持续不断地验证和改善。只有当严重度和 RPN 都大幅下降时，FMEA 才告一段落。

6.FMEA 报告

FMEA 是产品可靠性设计的重要内容，也是设计评审的重要依据。因此，要对 FMEA 活动的过程、结果进行记录，并形成报告。

作为 FMEA 的输出，FMEA 报告可生成质量控制计划。

8.4.3 进行破坏性验证

样品完成后可进行破坏性试验，以验证整机的研发工艺和产品各项特性是否满足技术标准。常见的破坏性试验有汽车碰撞试验、金属拉伸试验、手机跌落试验。进行破坏性试验前必须确定破坏性试验对象、方法、测量及记录、环境要求等。破坏性试验的结果应能反映产品的整体质量水平。

（1）破坏性试验的对象。它必须是合格的样品，必要时选择多个样品进行测试，以确保测试数据的同一性和准确性。

（2）破坏性试验的方法。依据测试对象和能力合理确定试验方法。测试中使用的物理或化学等手段要确保被测试对象可达到损坏的程度。

（3）破坏性试验的测量及记录。测量设备、测量材料可复制；测量记录要规范、详尽、可追溯，依据记录可以再现前次破坏性试验。

（4）环境要求。破坏性试验要明确试验的环境条件。通常企业都在实验室环境下进行试验，与产品销售后使用的场所是不同的。

破坏性试验每个行业都有自己的标准，但必须符合国家标准。

第 9 章
质量改进管理

次品是蛀蚀公司的癌细胞,是经营上的犯罪。各位都在犯罪!

——韩国三星集团原会长　李健熙

9.1 质量改进概述

质量改进是企业以跨职能方式，对现有过程持续进行的改进活动。

9.1.1 质量改进定义

ISO9001:2008《质量管理体系 要求》对质量改进的定义是：质量管理的一部分，致力于满足质量要求的能力。美国质量管理学家朱兰博士指出：质量改进是使效果达到前所未有的水平的突破过程。

基于以上所述，我们可以得出质量管理的内容和特点，这些有助于质量改进工作的执行。

1. 质量改进的范围

全面质量管理中质量改进的范围十分广泛，包括产品（或服务）质量以及与它有关的工作质量。

（1）产品质量。与产品质量有关的一切，如产品外观性能、可靠性、安全性、维修性等产品和服务质量特征等。

（2）工作质量。以人为主体的质量工作，如经营管理的质量、操作的质量、车间计划调度部门的工作质量等。

总之，质量改进属于"大质量"的范畴。

2. 质量改进的目的在于"突破"

从朱兰博士对质量改进的定义可以看出，质量改进的最终目标是质量水平比原来要有很高的提升。质量水平的突破是相对于质量控制而言的，前文我们提到质量控制是为了使质量水平保持稳定状态。质量控制是质量改进的前提，质量改进是质量控制的发展方向。

3. 质量改进是一个过程

质量改进应是永无止境的，停滞意味着质量无法获得更高水平的提升。因而，质量改进也是一个寻求突破的过程，即遵循 PDCA 循环的规律。此外，在质量改进过程中，还应预见可能的阻力并消除它们。

4. 偶发性故障与经常性缺陷

在质量管理过程中,质量故障是质量管理的主要对象,它是指质量不能满足预期的使用要求。一般质量缺陷分为偶发性故障和经常性故障。

1) 偶发性故障

指在无任何迹象的情况下,质量状况突然恶化。通常偶发性故障非常明显,产生的影响也很大,需要及时通过相关措施进行纠正,如质量 8D 工作法。

2) 经常性故障

某些问题(非偶发性的、慢性的)使质量状况长期处于不利状态。由于引起慢性故障的问题非常多且复杂,如设备老化、工艺陈旧等,使得慢性故障无法在短时间内解决,因而要成立专门团队进行质量改进,如项目质量团队,以使质量状况提升到一个新的水平。

9.1.2 质量改进的理论支持

主要通过对两个问题的研究阐述质量改进原理及可行性:一是质量控制与质量改进,二是质量改进的策略。

1. 质量控制与质量改进

质量控制的目的是维持特定的质量水平,控制偶发性故障;质量改进则指对质量水平进行"突破性"变革。质量控制与质量改进关系模型如图 9-1 所示。

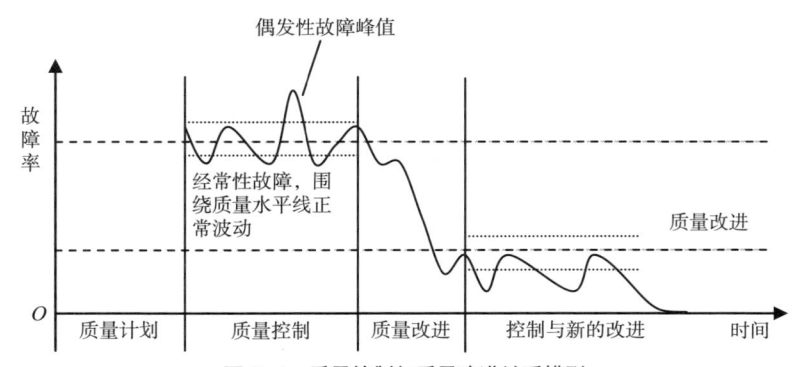

图 9-1 质量控制与质量改进关系模型

通过质量计划、质量控制和质量改进可以持续降低产品的故障率。

➢ 质量计划。在某一个阶段,如新工艺应用、新产品加工等,确定质量能满足顾客需求的质量要求,并执行控制计划。

➢ 质量控制。在日常工作中,由人依据操作规程进行控制。

➢ 质量改进。针对经常性故障和偶发性故障进行改进,不断降低故障率。

2. 质量改进的策略

质量改进的策略各不相同。美国麻省理工学院一位教授将质量改进策略归纳为两种类型,即递增型和跳跃型。质量改进模型如图 9-2 所示。

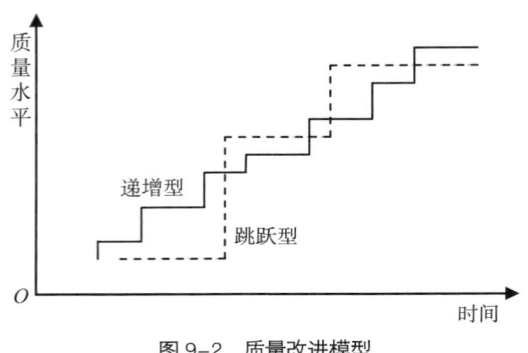

图 9-2 质量改进模型

1)递增型质量改进

每天每月都要进行改进,即使改进的幅度很微小,也要持续进行。

➢ 特点。改进步伐小,改进频繁。

➢ 优点。将质量改进纳入日常的工作计划中,保证改进全员参与和持续性。

➢ 缺点。缺乏计划性,资源分散,重大的质量改进项目难以推行。

2)跳跃型质量改进

出于客观要求进行质量改进时,领导者要集中最佳的人力、物力和时间来从事这一工作。

➢ 特点。改进的目标值较高,两次质量改进的间隔较长,且投入较大。

➢ 优点。可以获得比递增型改进更高的质量水平。

➢ 缺点。风险较高,需要深厚的积累。

以上两种质量改进类型最好混合使用。利用递增型改进,提升员工的质量意识，在微小的改进中实现突破；对于具有竞争性的重大质量项目，可采取跳跃型改进。

9.1.3 质量改进活动的原则

质量改进活动是一个动态过程，它贯穿于整个组织运营过程，因而，必须遵守一定的原则。质量改进的原则如表 9-1 所示。

表 9-1 质量改进的原则

原则	内容
资源原则	1. 全员参与。在组织中，只有人人都积极参与质量改进活动，质量改进才具有效果 2. 充分授权。明确每个人的质量责任，并授予相应的权利 3. 质量信息利用。质量信息是质量改进的重要资源，通过质量信息的传递和反馈，确保质量改进活动可执行
组织原则	1. 质量改进团队。成立质量改进团队，为提高组织的产品质量、工作质量策划和实施质量改进活动 2. 质量改进评审。通过质量改进评审，确认和巩固改进的效果
PDCA 原则	质量改进应遵循 PDCA 原则，即计划、执行、检查和行动
协调原则	在质量改进活动的实施过程中，协调各种关系，使组织内部各个部门之间的目标、利益、行为一致，保证质量改进顺利进行
环境原则	质量改进需要组织成员在共同的价值观念下，遵守共同的行为准则，形成领导重视、员工积极参与的良好环境条件

在质量改进实施过程中，应坚持上述改进原则，以保证质量改进方向的正确性和行动的可靠性。

9.2 重点工程识别

质量改进可以提升质量管理水平，也可以增加收益，但也存在较大的失败风险，即质量改进没有达到预期目标。为了规避风险，可以着重对重点工程，也就是关键少数因素实施改进，以取得较大的成果。

9.2.1 工艺复查

实施质量改进，要坚持基于现场与现物。对现有工艺进行复查和梳理，能够得到许多意想不到的改善成果。我们无论有多少数据与资料，都不如亲自深入现场了解实际情况来得透彻。

2012年，华为的接入网室外柜是市场主流产品。机柜与主板、模块、电源的连接主要靠螺钉固定，有的机柜螺钉用量多达上百颗，加工时常常出现漏装、松动等问题，导致返工与成本增加，还严重影响交期，成为顾客投诉的主要问题之一。

为此华为成立了质量改善小组，小组成员一早到机柜装配现场，在生产现场观察和统计。经过半个月的观察，他们发现生产线各工程95%以上的问题是由新员工造成的，老员工则很少发生螺钉漏装、错装。老员工为什么能将事情一次做对？他们把观察重心投入连续26个月保持生产零缺陷的老员工罗辉（化名）身上，分析他的每个作业步骤和细节。每次操作，罗辉都用手指着机柜，做到眼到、心到、手到、嘴到。然而，这个方法虽好，操作起来却比较费时，新人无法完全地、熟练地做到。

于是，改善小组决定对罗辉的操作方法进行改良，固化成可快速推广的措施。

经过多次试验，制作了一个类似答题卡板的工装，只要有螺钉的位置就空出来，而且标上螺孔的数字。新员工试用后，取得了良好的效果。作业中，只要把螺孔上标的数字打完，产品也就装配完成了，消除了螺钉漏装的问题。

漏装问题解决了，却又发现螺钉拧得不够牢固。观察老员工的操作，发现每次他拧螺钉都按同一个垂直的方位，不偏不倚，一次到位。改善小组又对卡板工装进行了改良，以螺钉拧紧时的厚度为标准，当螺钉与卡板平齐时，表明螺钉拧紧了。后续改善小组又将作业方法标准化，要求每个螺钉拧5圈，将工装上标识的数字孔钉满，自检时使用指向确认法，触摸螺帽与工装的平整度。

改善方法只能从亲身实践中得来，如果坚持不懈地立足于现场，就可以掌握改善的要领。需要指出的是，复查工艺时，要做好各工程的统计与分析，确定那些对最终工程有影响的工程及问题点，形成一批改善的重点课题。

9.2.2 全工程数据收集点优化

我们一般通过数据统计对全工程数据点进行分析,以确定过程是否存在变异。全工程广义上包括从供应商到采购、制造、出库,再到顾客购买及售后,狭义上指产品制造过程。全工程(SIPOC)模型如图 9-3 所示。

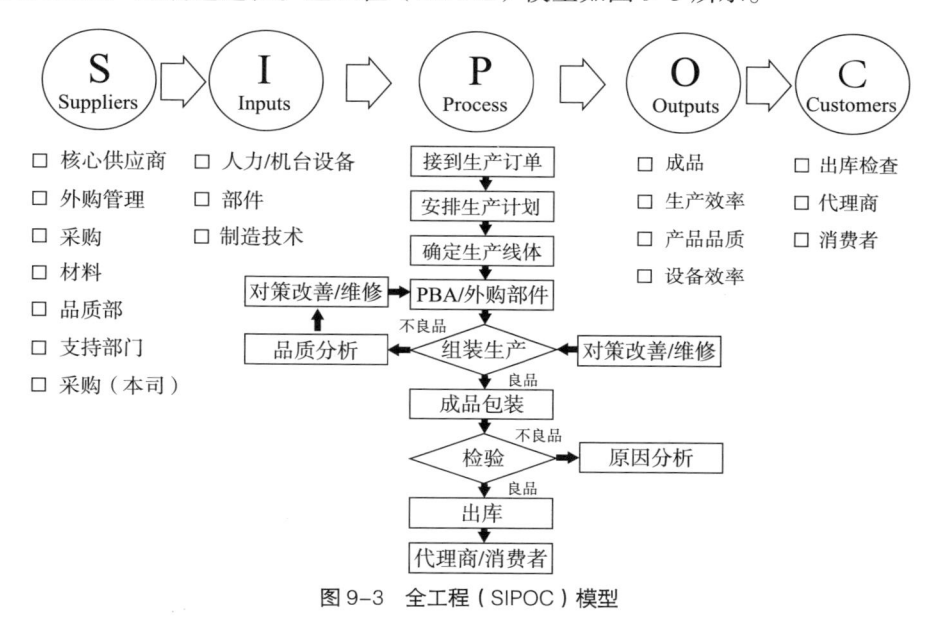

```
S          I         P         O          C
Suppliers  Inputs    Process   Outputs    Customers

□ 核心供应商   □ 人力/机台设备   接到生产订单   □ 成品       □ 出库检查
□ 外购管理    □ 部件           安排生产计划   □ 生产效率   □ 代理商
□ 采购       □ 制造技术        确定生产线体   □ 产品品质   □ 消费者
□ 材料                        PBA/外购部件   □ 设备效率
□ 品质部           对策改善/维修  ↓
□ 支持部门                     组装生产 ─→ 对策改善/维修
□ 采购(本司)      品质分析    ↓ 良品
                              成品包装
                              ↓       不良品
                              检验 ──→ 原因分析
                              ↓ 良品
                              出库
                              代理商/消费者
```

图 9-3 全工程(SIPOC)模型

SIPOC 指供应商(Suppliers)、输入(Inputs)、过程(Process)、输出(Outputs)、顾客(Customers)。使用 SPC(Statistical Process Contrl,统计过程控制)工具对这一过程的每个节点的异常数据进行分析,最终确定工程能力,并确立改进目标。

1. 建立工程不良的评价尺度

在分析或优化工程能力时,需要赋予工程能力一个评价尺度。我们将这个评价尺度定义为"Y",它反映了企业运营中的各种不良率。例如工程不良率、顾客投诉率等。这些不良率都与工程能力有着极强的正相关,当商品返修率高时,意味着工程不良率高(工程能力低),反之则低。因而 Y 也是变量,用 $Y's$ 表示。同时我们将 $X's$ 定义为是导致 Y 的一系列问题。我们以三星公司为例,说明 $Y's$ 在质量改进中的应用。$Y's$ 尺度的应用如表 9-2 所示。

表9-2　Y's 尺度的定义与应用

No.	Y's	Y's信息			变量类型	规格定义			MSA（数据可靠性）	基准线			目标			结果		
		运营定义/指标定义	资料来源	收集周期		USL	LSL			指标	Z_{ST}	指标	Z_{ST}	指标	Z_{ST}
1	工程不良率	月不良数/月生产数	G-MES	2008年1月至12月	局部	1.20%	0	不适用	1.25%	3.74σ	1.20%	3.76σ	—	—
2	年度市场不良率	年度市场不良数/前12月调整销售数	E-QINGS	2008年1月至12月	局部	1.61%	0	不适用	1.76%	3.60σ	1.61%	3.64σ	—	—
								合计 DPMO	15 050		14 050			
								西格玛水平	3.67σ		3.70σ			

说明：DPMO（Defects Per Million Opportunity）为每100万次采样的缺陷数

注：年度市场不良率为累积性指标，2008年1月至12月累计市场不良数99 598台，12个月调整销售总数为5 668 601台，因而2008年年度市场不良率为1.76%。统计工程不良率，得出Z_{LT}（长期西格玛值）=2.10σ，Z_{ST}（短期西格玛值）=2.10σ+1.5σ=3.60σ；2008年年度市场不良率目标1.61%对应的Z_{ST}为3.64σ。

表 9-2 给出了工程不良率、年度市场不良率的数据收集来源、数据收集周期。允许不良率的基准线，以及六西格玛改进目标。

2. 工程能力分析

对工程不良率进行分析，以确认工程能力当下水准。这需要预先满足三个条件：一是数据收集，二是缺陷率指标，三是六西格玛水平。

我们以三星公司的某项目不良率为例对工程能力进行分析。

数据收集发生在 2008 年 12 月，允许缺陷率指标为 1.25%。合格六西格玛水平为 $Z_{st} = 2.24\sigma + 1.50\sigma = 3.74\sigma$。可以使用 p 控制图分析工程不良率数据，需要指出的是，该不良率为变量 Y's，而非 X's。工程不良率二项分布分析过程如图 9-4 所示。

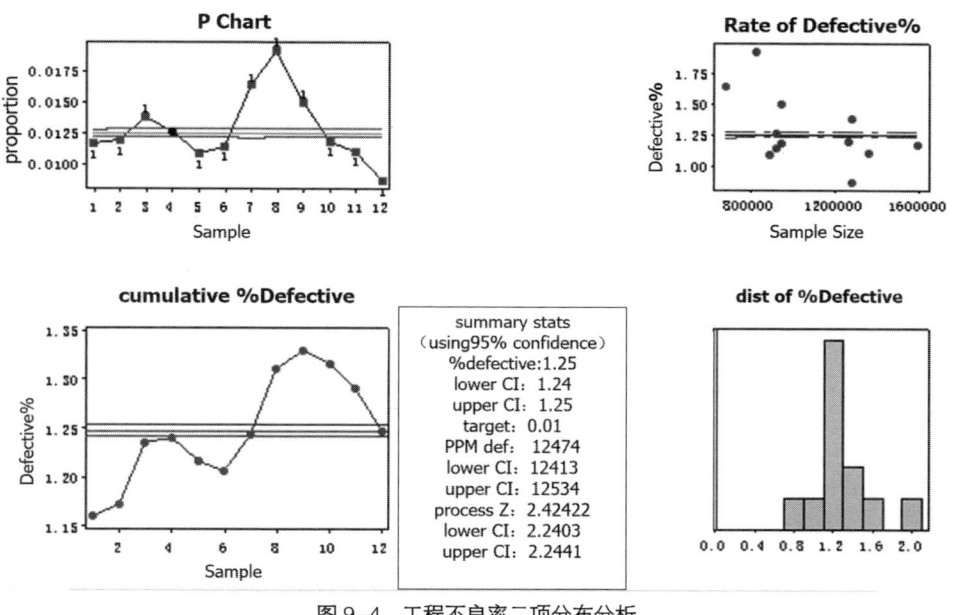

图 9-4　工程不良率二项分布分析

图 9-4 显示了 p 控制图中有 11 个不受控点。为了证明其有效性，我们还需要完成以下分析工作。

（1）利用 p 控制图分析，我们可以看出部分样本不良数严重超出上下界限，表明过程不受控。

（2）通过不良率分布图来验证不良率是否受到所抽取的样本数影响。从图 9-4

不良率分布图可以看出，不良品分布集中，离散程度低，证明 p 控制图的结果可信。

（3）利用不良率累积图，验证所选取的样本数量是否能够对稳定的不良率做出相应的分析。从图 9-4 不良率累积图可以判断出，不良率趋势与 p 控制图趋势一致，证明 p 控制图结果可信。

（4）利用不良率条形图，显示所收集的样本不良率的分布状况。

通过工程不良率二项分布分析，我们确认了工程不良率的状况。分析表明其过程能力已经不受控，处于不稳定状态。接下来就需要对工程能力不佳进行分析，确认 X's 因子，以及它们中间的关键因子，也就是重点工程。

9.2.3　识别重点工程

影响工程能力的 Y's 因素的因子有许多，若是每个问题都花费一样的时间和精力去处理，投入成本会很高，尤其是时间成本。这需要我们识别出关键少数因子，作为重点工程，并将资源集中到这些方面进行改进。

1. 筛选工程不良的所有原因

找出造成工程不良的原因，分析工具有许多种，一般选择鱼骨图进行分析，它以人、机、料、法、环、测系统展开，并借助头脑风暴及 5Why 法进行横纵向分析，穷尽所有可能造成工程不良的原因。工程不良鱼骨图如图 9-5 所示。

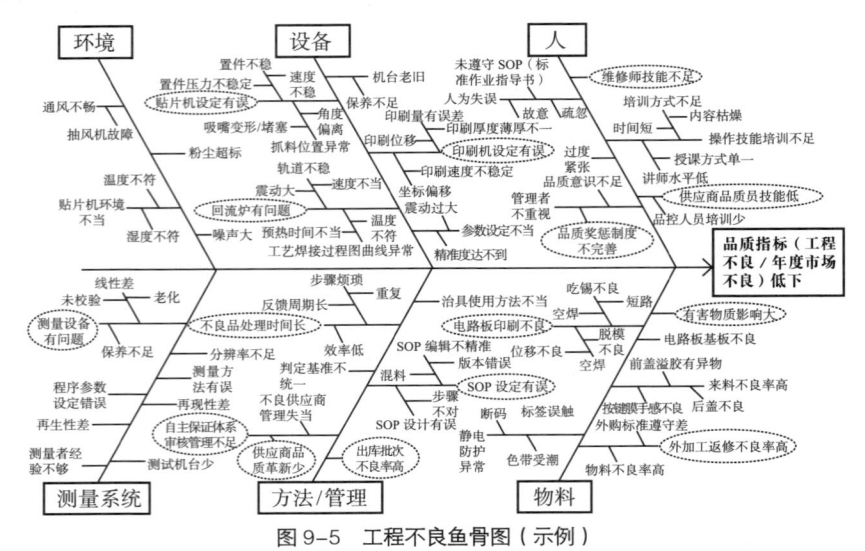

图 9-5　工程不良鱼骨图（示例）

通过鱼骨图找出了15个导致工程不良与市场不良的原因。此时还需要进一步分析它们的关键原因。许多企业会使用质量功能展开来达到这一目的。

2. 不良原因的质量功能展开

我们将经鱼骨图分析得出的原因导入质量屋，通过分析这些问题与顾客关联度，发现改进的重点与方向。鱼骨图分析找出的问题作为质量屋的左墙，表示关键过程输入变量，即已经影响顾客需求的变量，天花板为顾客关键过程输出变量，以及顾客优先权排名。在质量改进中，将顾客需求程度作为改进指标十分重要，这能够帮助我们选择那些影响顾客需求的关键因素作为改善点。工程不良质量功能展开如图9-6所示。

顾客关键过程输出变量	1 工程不良	2 年度市场不良	3	4	5	6	7	8	9	10		
顾客优先权排名	10	7										
关键过程输入变量				关联矩阵							不良数（个）	比例（%）
贴片机设定有误	5	3									71	5.47%
回流炉有问题	2	1									27	2.08%
印刷机设定有误	3	1									37	2.85%
维修师技能不足	3	2									44	3.39%
品质奖惩制度不完善	7	6									112	8.64%
供应商品质员技能低	8	6									122	9.41%
测量设备有问题	2	1									27	2.08%
不良品处理时间长	1	4									38	2.93%
自主保证体系审核管理不足	8	7									129	9.95%
电路板印刷不良	9	8									146	11.26%
SOP设定有误	3	1									37	2.85%
出库批次不良率高	8	9									143	11.03%
外加工返修不良率高	8	8									136	10.49%
供应商品质革新少	6	6									102	7.86%
有害物质影响大	7	8									126	9.71%

图9-6 工程不良质量功能展开

以出库批次不良率高为例说明，出库批次不良率高与工程不良关联度为 8，与年度市场不良关联度为 9，不良数为 143 个，比例为 11.03%。经过分析选择不良占比高的前 8 项问题作为重点关注对象，它们分别是品质奖惩制度不完善、供应商品质员技能低、自主保证体系审核管理不足、电路板印刷不良、出库批次不良率高、外加工返修不良率高、供应商品质革新少、有害物质影响大。

我们还可以通过帕累托图就 15 项问题进行分析，以发现值得改进的关键少数问题。

3. 用帕累托图导出关键少数因素

帕累托图可以将影响质量的关键少数因素从众多琐碎的问题中直观地识别出来。通过改进这些关键少数因素，就能够极大地提升产品的质量水平。工程与年度市场不良帕累托图如图 9-7 所示。

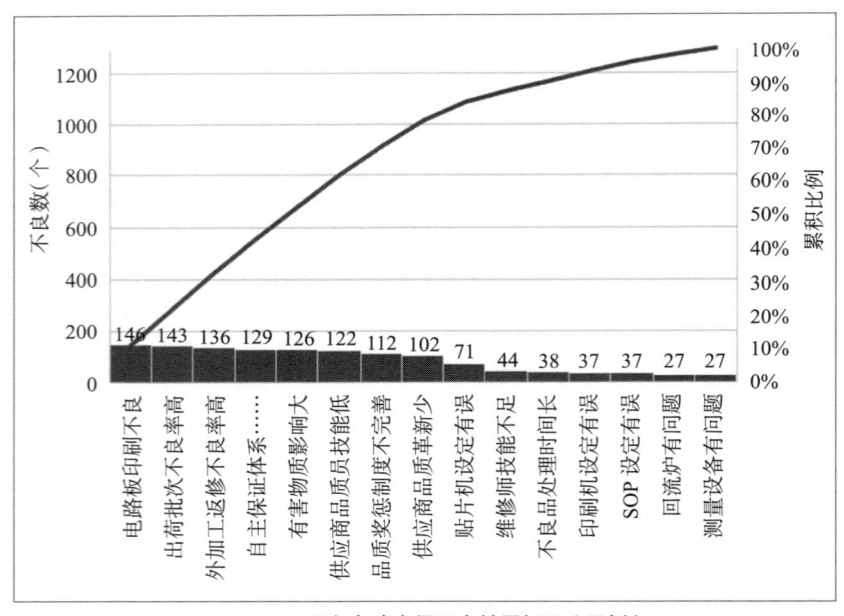

图 9-7 工程与年度市场不良帕累托图（示例）

在图 9-7 中，曲线表示累积比率，横坐标表示影响工程与年度市场不良（Y 因素）的各因素（X 因素），按不良个数多少从左到右排列。越靠左对 Y 因素影响越大。在图中选择了 8 项作为改善内容，即不良数为 100 个以上的 X

因素。关键少数因素 X's 如表 9-3 所示。

表 9-3 关键少数因素 X's

X's	属 性	障碍要因
外加工返修不良率高	X	外加工半成品不良多,且难以确定根本性改善措施
电路板印刷不良	X	电路板印刷不良涉及印刷机参数设定、电路基板质量等因素
自主保证体系审核管理不足	X	自主保证体系审核管理需要总公司,分公司及对应供应商三方共同努力
供应商品质革新少	X	对供应商的互动帮扶方式和力度需要仔细思考
品质奖惩制度不完善	X	需要在制造成本、人员士气和质量间权衡处理
供应商品质员技能低	X	现有培训体系的课程设计和授课方式有待突破
有害物质影响大	X	关系到本公司产品安全和环保法规的遵守等
出库批次不良率高	X	不良类型多,且不易找到根本原因或彻底的改善对策

9.3 验证问题与分析问题

问题管理是一项严谨的管理活动,有时候,一个工程问题落在案头,要由我们来解决,但是当我们急于开展行动时,要确定我们接到的问题是不是要解决的那个问题。

9.3.1 验证问题

有时问题看似被解决了,但实际上没过多久问题又重新出现。这是因为没有针对问题的根源进行改进,表面上看问题导致的不良似乎缓解了,但以后会导致更为严重的后果。这要求我们对问题进行验证,确认其真伪,分析其是否起决定性作用。

笔者在咨询服务中,发现一些企业在质量改进中会通过现场出现的"症状"做出"自我诊断",但因为一些原因,例如改进会影响生产进度、批量报废会增加成本等,会让改进人员在分析问题时避重就轻,使得重点问题无法被呈现出来。

还有一些企业在质量改进中,缺少系统的分析方法和分析工具,导致一部分问题没有被发掘出来,质量改进没有充分发挥应有的作用。

我们要做的，首先要转变观念，针对真正的问题实施改进，这样才能创造价值；反之，"改进"越多，浪费也越大。

其次，不要被问题的表象所迷惑，要坚持用数据说话，通过数据分析、比较，明确哪些是真正的问题，哪些是关键少数问题。

要想厘清我们接手的问题是否是真正的问题，唯一的方法就是深入调查与分析。

9.3.2 分析问题

使用质量改进工具分析问题，主要分析不良现状及影响，确认 X's 与 Y's 的关联。例如电路板印刷不良与工程不良之间的因果联系，若电路板印刷不良高导致了工程不良升高，则电路板印刷不良被视为显著影响因素。

1. 确定问题分析的内容

分析问题时需要预先明确分析内容，包括分析对象、分析目的以及分析工具等。涉及的分析工具需要质量部门进行相关的培训，确保后期参与改进的人员能够熟练使用这些工具。问题分析内容说明如表 9-4 所示。

表 9-4 问题分析内容

序号	分析对象	分析目的	分析工具	数据类型	样本来源	数据来源	数据收集	数据记录方法
1	外加工返修不良率	明确外加工返修不良率现状和不良类型	图表分析	计数型	略	略	略	Excel
2	电路板印刷质量	明确电路板印刷不良与工程不良的关联和不良类型	图表分析	计数型				Excel
3	自主保证体系审核管理	减少自主保证体系审核管理实绩对工程不良率的影响	图表分析、双样本比例检验	计数型				Excel
4	供应商品质革新	减少供应商品质革新对工程不良率的影响	图表分析、双样本比例检验	计数型				Excel
5	品质奖惩制度	改善品质奖惩制度	快速处理					

第9章 质量改进管理　　247

续表

序号	分析对象	分析目的	分析工具	数据类型	样本来源	数据来源	数据收集	数据记录方法
6	供应商品质员技能	提高供应商品质人员技能	快速处理					
7	有害物质的影响	减少有害物质对工程不良率的影响	快速处理					
8	出库批次不良率	找出导致出库批次不良的原因	图表分析	计数型				Excel

2. 使用质量改进工具进行分析

不同的问题使用的质量改进工具也不同，分析同一问题组合使用质量改进工具也非常常见。我们以表9-4中分析对象为例进行分析。

1）外加工返修不良率分析

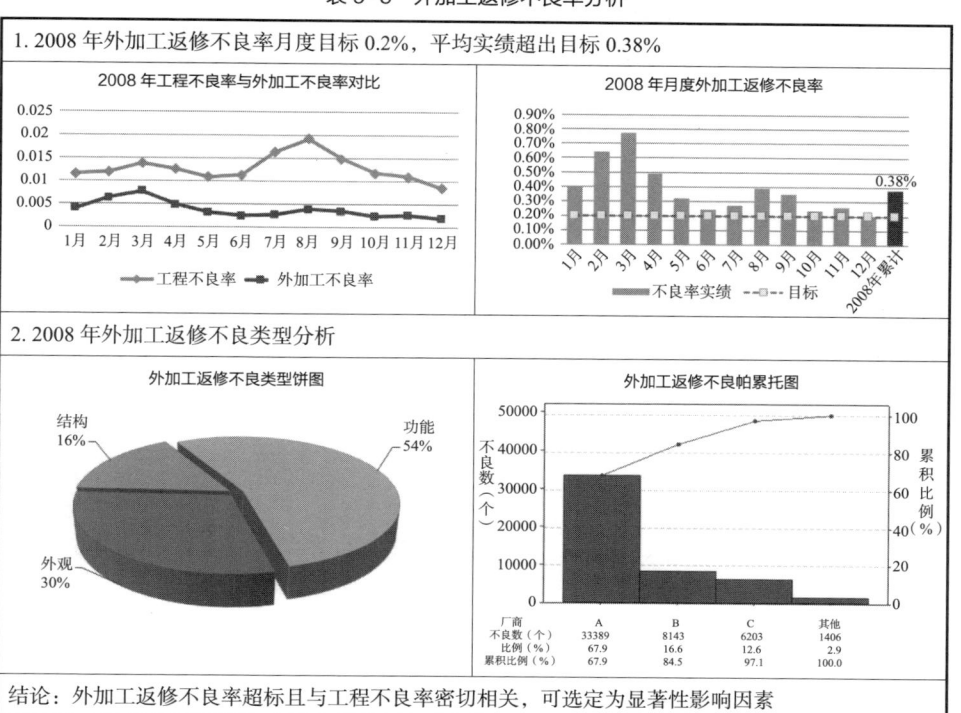

外加工返修不良率分析如表9-5所示。

表9-5　外加工返修不良率分析

1. 2008年外加工返修不良率月度目标0.2%，平均实绩超出目标0.38%

2008年工程不良率与外加工不良率对比

2008年月度外加工返修不良率

2. 2008年外加工返修不良类型分析

外加工返修不良类型饼图：功能 54%，外观 30%，结构 16%

外加工返修不良帕累托图：

厂商	A	B	C	其他
不良数（个）	33389	8143	6203	1406
比例（%）	67.9	16.6	12.6	2.9
累积比例（%）	67.9	84.5	97.1	100.0

结论：外加工返修不良率超标且与工程不良率密切相关，可选定为显著性影响因素

2）电路板印刷质量分析

电路板印刷质量分析如表 9-6 所示。

表 9-6　电路板印刷质量分析

1. 2008 年印刷不良数及不良率与 PBA 不良及工程不良关联图表分析

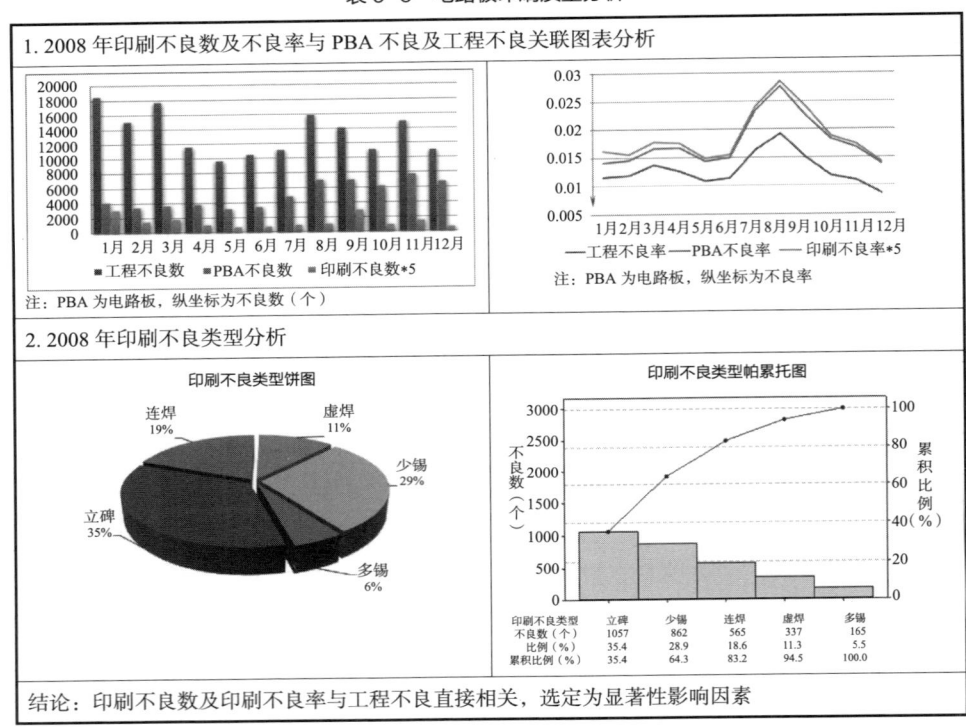

（左图：2008 年 1~12 月工程不良数、PBA 不良数、印刷不良数*5 柱状图，纵坐标为不良数（个），PBA 为电路板）

（右图：2008 年 1~12 月工程不良率、PBA 不良率、印刷不良率*5 折线图，纵坐标为不良率，PBA 为电路板）

2. 2008 年印刷不良类型分析

印刷不良类型饼图：立碑 35%、连焊 19%、虚焊 11%、少锡 29%、多锡 6%

印刷不良类型帕累托图：

印刷不良类型	立碑	少锡	连焊	虚焊	多锡
不良数（个）	1057	862	565	337	165
比例（%）	35.4	28.9	18.6	11.3	5.5
累积比例（%）	35.4	64.3	83.2	94.5	100.0

结论：印刷不良数及印刷不良率与工程不良直接相关，选定为显著性影响因素

3）自主保证体系审核（SQCI）管理分析

自主保证体系审核管理分析如图 9-8 所示。

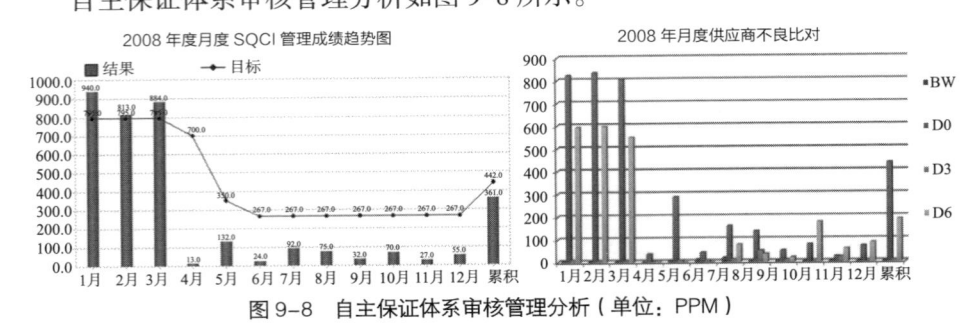

（左图：2008 年度月度 SQCI 管理成绩趋势图，结果与目标对比，1 月 940.0、2 月 884.0、3 月 850.0、4 月 700.0、5 月 330.0、6 月 267.0、7 月 267.0、8 月 267.0、9 月 267.0、10 月 267.0、11 月 267.0、12 月 55.0、累积 442.0/561.0，柱状数据 132.0、13.0、24.0、92.0、75.0、12.0、70.0、27.0 等）

（右图：2008 年月度供应商不良比对，BW、D0、D3、D6）

图 9-8　自主保证体系审核管理分析（单位：PPM）

SQCI 各月成绩有差异，不同月份对当月工程不良率的影响需要通过双样本比例检验来分析。双样本比例检验如表 9-7 所示。

表 9-7　双样本比例检验

分 类	供应商投入数（个）	不良数（个）	双样本比例检验结果
SQCI 管理不良实绩（6月）	1988 754	47	Test and CI for Two Proportions Sample　X　　N　　Sample p 1　　　47　1988754　0.000024 2　　　150　1988798　0.000075 Difference = p (1) - p (2) Estimate for difference: -5.17896E-05 95% upper bound for difference: -4.01815E-05 Test for difference = 0 (vs < 0): Z = -7.34　P-Value = 0.000
SQCI 管理不良实绩（8月）	1988 798	150	
小计	3977 552	197	

分 类	工程投入数（个）	不良数（个）	双样本比例检验结果
工程不良（6月）	920 444	10 455	Test and CI for Two Proportions Sample　X　　N　　Sample p 1　　10455　920444　0.011359 2　　36242　827782　0.043782 Difference = p (1) - p (2) Estimate for difference: -0.0324234 95% upper bound for difference: -0.0320113 Test for difference = 0 (vs < 0): Z = -129.41　P-Value = 0.000
工程不良（8月）	827 782	15 787	
小计	1748 226	26 242	

结论：SQCI 管理成绩有差异，对工程不良有显著影响，故选定 SQCI 管理为影响因子

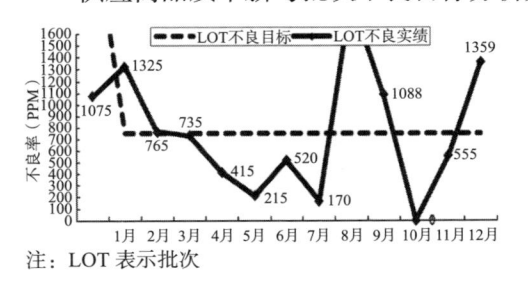

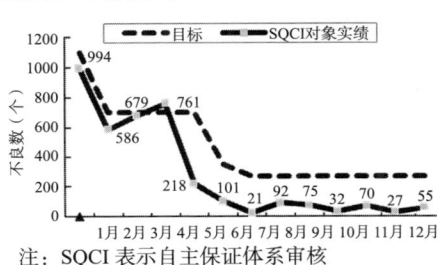

4）供应商品质革新分析

供应商品质革新与批次不良目标分析如图 9-9 所示。

图 9-9　供应商品质革新与批次不良目标分析

从图 9-9 中可看出，零配件 LOT（批次）不良率月度目标为 750PPM，平均实绩为 761 PPM，超出目标。

SQCI 各月成绩有差异，不同月份对当月工程不良率的影响，需要通过双样本比例检验来分析，具体如表 9-8 所示。

表9-8 部品LOT（批次）不良率与工程不良双样本比例检验

分 类	供应商投入数（个）	不良数（个）	双样本比例检验结果
零配件检查批次总数（5月）	13 922	3	Test and CI for Two Proportions Sample X N Sample p 1 3 13922 0.000215 2 16 14703 0.001088
不合格批次数（9月）	14 703	16	Difference = p (1) - p (2) Estimate for difference: -0.000872727 95% upper bound for difference: -0.000380899 Test for difference = 0 (vs < 0): Z = -2.92 P-Value = 0.002
分 类	工程投入数（个）	不良数（个）	双样本比例检验结果
工程不良（5月）	893 602	9 684	Test and CI for Two Proportions Sample X N Sample p 1 9684 893602 0.010837 2 14114 943284 0.014963
工程不良（9月）	943 284	14 114	Difference = p (1) - p (2) Estimate for difference: -0.00412558 95% upper bound for difference: -0.00385221 Test for difference = 0 (vs < 0): Z = -24.82 P-Value = 0.000
结论：零配件LOT（批次）不良显著影响工程不良，故选定供应商品质革新为影响因子			

5）出库批次不良率分析

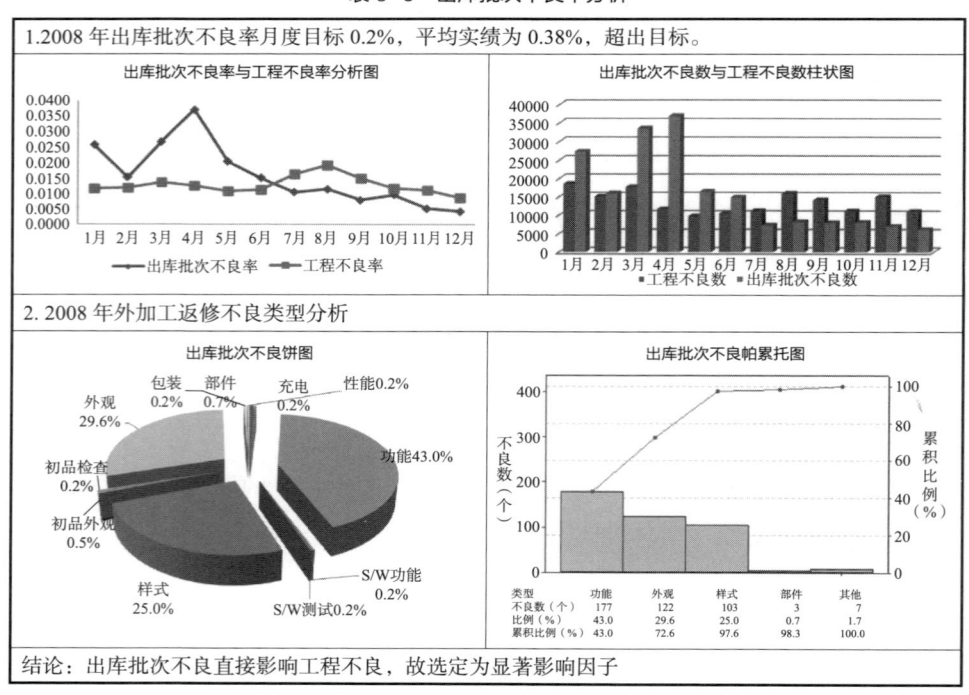

出库批次不良率分析如表9-9所示。

表9-9 出库批次不良率分析

1.2008年出库批次不良率月度目标0.2%，平均实绩为0.38%，超出目标。	
出库批次不良率与工程不良率分析图	出库批次不良数与工程不良数柱状图
2.2008年外加工返修不良类型分析	
出库批次不良饼图 包装0.2% 部件0.7% 充电0.2% 性能0.2% 外观29.6% 初品检查0.2% 初品外观0.5% 样式25.0% S/W测试0.2% S/W功能0.2% 功能43.0%	出库批次不良帕托图 类型 功能 外观 样式 部件 其他 不良数（个） 177 122 103 3 7 比例（%） 43.0 29.6 25.0 0.7 1.7 累积比例（%） 43.0 72.6 97.6 98.3 100.0
结论：出库批次不良直接影响工程不良，故选定为显著影响因子	

分析完问题后及时输出问题报告，便于后期质量管理人员整理成改进的课题。

9.3.3 输出问题报告

经过问题分析阶段可以最终确定关键少数问题，这些将要改进的问题无论是从改善收益，还是从达成顾客期望的角度来看都是十分合适的。关键少数问题（$X's$ 因素）报告如表 9-10 所示。

表 9-10 关键少数问题（$X's$ 因素）报告

目标：工程不良率降低，年度市场不良率降低	
问题	问题描述与改善方向
外加工返修不良率高	原物料表面、栅格异物不良改善 外加工企业按标准操作程度低的改善 外加工产品外观不良的改善
电路板印刷不良	钢网开孔尺寸及位置改善 PCB（印制线路板）焊盘大小改善 擦网纸管破裂应对改善
自主保证体系审核管理不足	导入供应商出库成绩管理系统 将不良供应商纳入自主保证体系审核系统管理 自主保证体系审核管理对象改善事例发表周期化
供应商品质革新少	某供应商产品刮伤、异物和文字不良改善 某供应商全自动及半自动室异物改善 某供应商产品异物、产品污染及刮伤改善
出库批次不良率高	成品划伤、刮伤不良改善 成品与不良品不易区分改善

输出问题报告后，质量管理部门应牵手其他相关部门实施改善活动。

9.4 问题改善活动

通常，企业在开展问题改善活动的时候，需要有严谨的计划、过程和高层团队的支持。

9.4.1 选定课题

改进课题应集中在少数关键问题上。评估课题的可行性时应综合考虑以下几项内容：
- 质量成本、顾客的质量满意度、员工满意度研究和分析。
- 产品销售、顾客服务和顾客开发的信息研究和分析。
- 目标和实际绩效的区别。
- 高管层和员工的信息研究和分析。
- 竞争对手的评价和分析。

针对上述内容，用 RUMBA 法判断所提出课题是否在当前可行。
- 可实现的（Realistic）。目标是否可达成？是否有必要的资源和时间？
- 可理解的（Understandable）。项目提案是否可被管理层、执行者理解？
- 可测量的（Measurable）。是否有正确的测量方法？
- 可信的（Believable）。能确定可以完成此项目吗？
- 可操作的（Actionable）。确保项目能被大家实施吗？阻力能排除吗？

在确定课题后，进行项目的问题说明和使命陈述，以确保准确表达质量改进的意图和方向。

1. 问题说明

以结果的形式来说明可见的缺陷，如上个批次的产品不合格率为 4%。这种说明应该是具体的、可观察的、可执行的和可测量的。此外，问题说明不涉及原因或解决方法。

2. 使命陈述

在问题说明的基础上提出团队的使命和任务。其中项目的目标、完成日期等可确定的内容应明确表述出来。例如，团队在 6 个月内产品不合格率降低至 3% 以内。同样，使命陈述也不涉及原因或解决方法。

3. 案例介绍

我们以深圳三星电子公司某改善课题为例进行介绍。

1）问题描述

在 2008 年 SSKMT（深圳三星电子）公司工程不良率月目标 1.20%，实绩月平均高达1.25%，近50%的月份数据超标。2008年SSKMT月度工程不良率如图9-10所示。

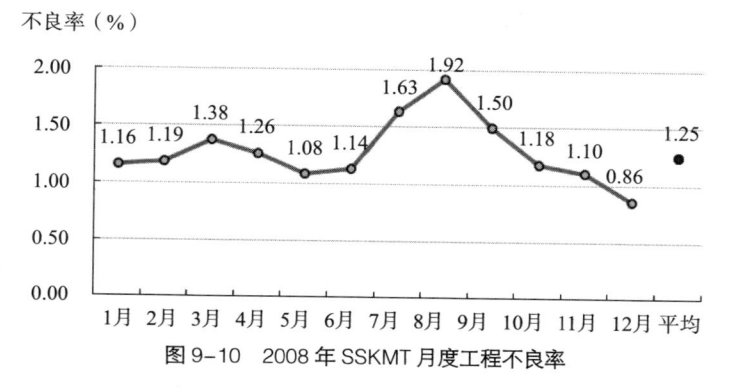

图9-10　2008年SSKMT月度工程不良率

2008年SSKMT年度市场不良率全年实绩基本呈上升恶化趋势，12月指标累积达1.76%。2008年月度市场不良率如图9-11所示。

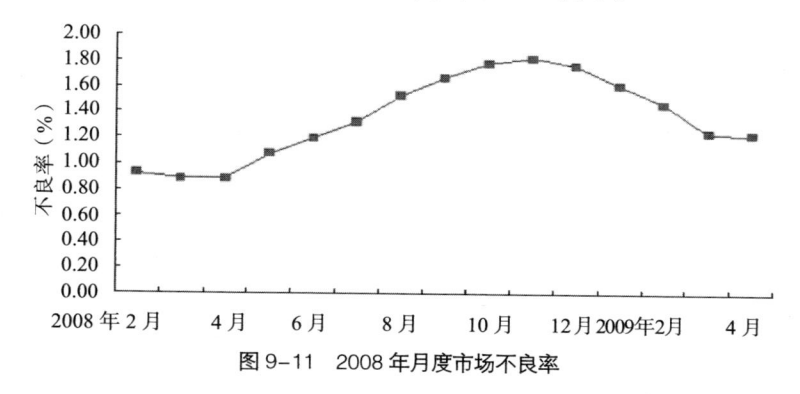

图9-11　2008年月度市场不良率

2）目标设定

年度工程不良率2008年实绩为1.25%（12 500 PPM），2009年目标为1.00%（10 000 PPM）。年度市场不良率2008年实绩为1.76%（17 600 PPM），2009年目标为1.61%（16 100 PPM）。SSKMT 2009年工程不良率与年度市场不良率目标如图9-12所示。

研发、生产、质量等部门确定各自部门的课题。选定的课题不少于10个，如果过少，改善收益将与前期工艺复查、分析的投入不成正比。

改善课题依据难度分为三个等级，每个等级将决定课题组的形式及规模。

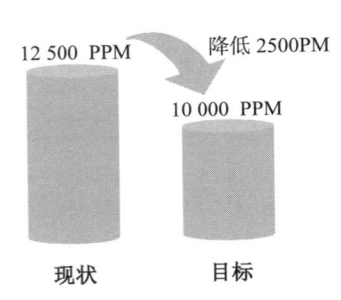

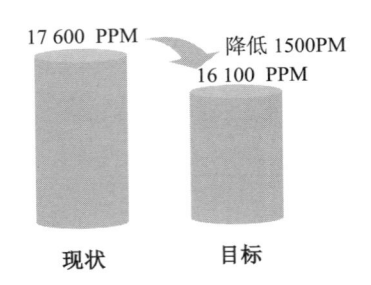

12 500 PPM 降低 2500PM   17 600 PPM 降低 1500PM
            10 000 PPM   16 100 PPM
现状   目标   现状   目标
SSKMT 2009 年工程不良率目标   SSKMT 2009 年市场不良率目标

图 9-12 SSKMT2009 年工程不良率与市场不良率目标

➢ 简单。解决常见的质量问题，有改进现场工作环境、降低消耗、稳定工序质量等。

➢ 较困难。解决较为困难的质量问题，但其级别低于项目团队的任务。

➢ 改善课题困难。课题难度大，投入资源多，但经济效益明显。

4. 改善课题的评估

改善课题提案一般由中层管理人员进行评估，然后由中层管理者向高层领导或质量委员会提出建议，由其做出最终决定。

中层管理人员评估内容包括项目的范围、潜在的益处、项目的先后顺序等。中层管理人员可借助以下一串问题进行评估，来筛选潜在的项目。

➢ 我们可能影响这个项目吗？

➢ 我们可以分析这个项目吗？

➢ 数据可靠吗？

➢ 项目是可测量的吗？

➢ 哪些领域会受到影响？

➢ 控制要达到什么水平？

此外，还可以用帕累托指数进行评估。

$$帕累托指数 = \frac{成本节约 \times 成功概率}{已消耗成本 \times 完成时间}$$

帕累托指数的值越高，意味着该改善课题越应被优先选择。

9.4.2 成立课题组

组建质量改进课题组有助于提高质量改进的效果、效率。以团队改进质量的方式能够调动组织和个人在质量管理方面的积极性。

1. 质量改进课题组的类型

在制造业中有众多类型的改善团队，其中最常见的包括以下几种，如表 9-11 所示。

表 9-11　质量改进团队类型

团队类型	说　明
管理团队	主要由不同职能部门主管，如质量和生产部主管组成，负责协调各类团队间的工作
自我管理团队	经过特别授权的工作团队，一般由 6～15 名出色的员工组成，具有较高自主性，负责特定的工作
质量圈	由一线作业人员和基层管理者组成的团队，定期聚集在一起，解决工作中的质量问题
问题解决团队	成员因某个特定的质量问题集中起来，任务完成后团队就会解散
项目团队	有较高级别的人员，如工程师等组成，负责实施或完成某项复杂或高价值的任务，如六西格玛项目团队

管理团队、自我管理团队主要从事常规的企业活动，如管理一个质量机构、设计纠错系统等，属于工作的组织和设计范畴。而质量圈、问题解决团队和项目团队则主要致力于特定的任务或问题的质量改进。此外，这些团队的成员可以来自同一个部门，也可以来自归属的职能部门。

2. 质量改进课题组的建立

质量改进团队权威专家彼得·朔尔特斯提出了成功组建团队的十个建议。这些建议为我们组建团队指明了方向。组建团队的十个建议如表 9-12 所示。

表 9-12　团队组建的十要素

建　议	说　明
清晰的团队目标	团队就其使命、理念和目标达成共识
改进计划	帮助团队明确所需的建议、阶段性目标、行动时间表、培训、资源
清晰的角色认知	团队的所有成员都应明确自己的工作职责，并清楚了解各自承担的责任
有效的沟通	团队成员应能明确表达自己的意愿、积极听取他人意见，还能及时反馈
有益的团队行为	团队应该鼓励成员运用自己有效的技巧和方法进行讨论
合理的决策程序	团队决策依据应建立在数据分析的基础上，并能在关键问题上达成共识

续表

建议	说明
全员性的参与	每个成员都应该积极参与，团队也必须鼓励这种行为
明确的规则	团队明确参与和提出意见的规则
默契的会议过程	团队成员之间应有默契感，善于了解对方的想法
科学的工具	通过使用结构化的问题解决过程，准确找到问题的根本原因

组建团队应先从调查、思考开始，待考虑周详后开始实施组建计划。组建过程中要对组织的整体进行自我评价。管理者应注意以下事项：

（1）如果个人就能够解决问题，就不应采用团队工作的方式。

（2）管理者应该审视组织的目标、文化，使团队与改进问题相匹配。

（3）评价组织是否做好建立和支持团队的准备，以确定是否组建团队。

（4）管理者努力用自己的激情启动团队建设，以调动参与人员的积极性。

（5）一旦组建团队，管理层必须坚定支持，否则团队活动无法持续。

（6）在团队工作中，企业要提供必要的资源支持，包括授权。

3. 团队运转

一个团队生命周期包括四个阶段，它们分别是组建、冲突与稳定、高绩效、终止。团队运转如表9-13所示。

表9-13 团队运转

过程	团队组建	团队建设	活性化阶段	高绩效阶段
说明	（略）	1. 确定测量指标 2. 分解个人和团队目标 3. 确定改进计划 4. 召开团队会议	1. 解决主要问题 2. 评估绩效指标 3. 控制和改进问题 4. 团队培训	1. 持续改进质量 2. 承担责任 3. 改进个人绩效 4. 成员更新
支持（管理者）	1. 确定目标、责任和时限 2. 提供指导 3. 充分信任 4. 控制预算及进度 5. 监控过程	1. 促进团队交流 2. 消除冲突 3. 控制团队预算	1. 鼓励团队或个人 2. 独自解决问题 3. 进一步授权 4. 自行控制预算	1. 提供课题 2. 审核成果

4. **确定项目实施计划书**

课题组成立后应立即着手制订项目实施计划书，以指导改善课题的开展。

项目实施计划书如表 9-14 所示。

表 9-14　项目实施计划书（示例）

项 目		确保综合品质竞争力			品质革新	过程类型	效果类型
指标	现水准	目标水准	理想水准	财务成果	改善效果	□ 采购 ■ 制造 □ 物流 □ 营销 □ 销售 □ 品质 □ 支持 □ 其他	□ 生产性 □ 成本 ■ 工程品质 ■ 顾客品质 □ 交货期 □ 销售量 □ 投资额 □ 其他
工程不良率	1.25%	1.0%	0.8%		• 确保品质竞争力 • 确保成本竞争力 • 确保制造竞争力 • 提高顾客满意度		
年度市场不良率	1.76%	1.61%	1.40%				
课题选定背景		课题概要				推进团队	
• 稳定工程品质，早日达到业界一流水准 • 随着大环境的变化，为了应对经营危机，需要积极提升能力		1. 推进方向 • 在现环境下，消费者对产品的使用寿命要求会延长 • 须确保产品线安全，在不产出缺陷产品的理念下，构筑完整的品质确保体系 • 入库检查不合格率减少20%，工程不良率减少 25% • 出库批次不合格率≤ 1% 2. 关键特性 • 企业工程技术能力低下而担忧应对能力不足				部门	姓名职级	职责
						革新部		指导
						六西格玛黑带		组长
						MAIN		组员
						SMD		组员
						外购管理		组员
						IQC		组员
						OQC		组员
						制品技术		组员
						采购		组员
						品质		组员
阶段推进日程		预期课题				主　管	指　导
定义/测量：4 月 30 日 分析：5 月 30 日 改进/控制：9 月 30 日		• 源流品质稳定化 • 事先预防及提高出库检出能力		• 减少 MAIN 工程不良率 • 减少 SMD 电路板不良率			
				活动期间			

9.4.3　改善实施与验证

课题组成立之后，应立即着手开展问题改善活动，并就改善效果及收益进行评估。

1. 改善课题实施

课题小组依据项目实施计划书进行改进，并定期或不定期地跟踪实施效果。改善课题实施与督导如表 9-15 所示。表中，CTQ（Critical-To-Quality）为关键质量特性，CTF（Critical to Function）为关键功能参数，CPK（Process Capability Index）为过程能力指数。

表 9-15 改善课题实施与督导（示例）

关键因素 Y's	关键少数因素 (X's)	课题内容	改进实施 管理项目及实施措施	管理周期	责任人
工程不良率、年度市场不良率	外加工返修不良率高	1. 原物料表面、栅格异物不良改善	按型号建立来料记录表，实时追踪	不良发生时	SSKMT 品质负责人
		2. 外加工企业按标准操作程度低的改善	收集保护膜，定期清洗托盘与箱子 实时检查员工指套佩戴情况	日	品质、生产负责人
		3. 外加工产品外观不良改善	审核报告管理	周	SSKMT 审核负责人
	电路板印刷不良	1. 钢网开孔尺寸及位置改善	EM 过滤器缩小，刮刀尺寸变更	新网制作时	程序组负责人
		2. PCB 焊盘大小改善	PCB 设计进程变更管理	机种变更时	设备师
		3. 擦网纸管破裂应对改善	增加双面胶及固定装置	日	操作员及品质负责人
	自主保证体系审核管理不足	1. 导入供应商出库成绩管理系统	出库成绩书无纸化	出库发生时	供应商品质负责人
		2. 将较差供应商纳入自主保证体系审核系统管理	针对较差供应商进行自主保证体系审核管理，跟踪 CTQ、CTF、CPK 以及品质异常数据等	日	SSKMT 的 IQC 检查员
		3. 自主保证体系审核管理对象改善事例发表周期化	定期召开优秀改善案例发表大会	双周	供应商品质负责人 SSKMT 品质负责人
	供应商品质革新少	1. 某供应商产品刮伤、异物和文字不良改善	拉网胶带固定，夹板材质变更、压合 PIN 头变更，擦拭布效果优化等	发生时	供应商品质负责人
		2. 某供应商全自动及半自动室异物改善	增加传送轴清洁及 SOP 化，作业站增加物品放置盒，作业者穿戴围裙	发生时	供应商品质负责人
		3. 供应商异物、产品污染及刮伤改善	印刷机台旁添置报警器装置，烤盘旁增加 PE 保护膜、蘸水静电布及指套	发生时	供应商品质负责人

续表

关键因素 Y's	关键少数因素 (X's)	课题内容	改进实施		
^	^	^	管理项目及实施措施	管理周期	责任人
工程不良率、年度市场不良率	出库批次不良率高	1. 成品划伤、刮伤不良改善	增加离子风热缩套管，气缸变更等	日	SSKMT 改善负责人
^	^	2. 成品与不良品不易区分的改善	升级测试程序管理	机种变更时	稳定化负责人
^	^	^	增加放射变更管理，一对一辅导等	班	稳定化负责人

课题小组针对课题内容明确改进方法、改进时间以及督导人与责任人。课题组组长负责细化任务，责任到人。需要注意的是，改善事项个体能够完成的由个人完成；需要团队合作完成的则由团队共同完成。由某团队完成的改善如表 9-16 所示。

表 9-16 某团队 PBA（电路板）印刷不良改进

PBA 印刷不良	改善前	改善后	改善措施
1. 钢网开孔尺寸不良			·滤波器中间缩小 30μm，长度加长，左右两块向内缩 35μm 开孔（热缩平均 60μm） ·刮刀 200mm 变更为 230mm，增加压力，消除 PCB 与钢网间隙
2. PCB 焊盘大小异常			变更设计，0603 的焊盘左右保持大小一致
3. 钢网开孔相对位置不良			由顶端印刷时会向左或右偏，采取钢网开孔，左右两块各往内倾斜 30μm
4. 擦网纸管破裂			·改双面胶为胶水固定 ·请供应商改善卷纸筒强度及 MPM 机的卷纸筒固定装置，预防不良发生

在实施改善的过程中要随时记录改善内容,包括文字记录、图片记录,并形成改善报告。总之要将改善经验传承下来,便于以后学习及拓展等。

2. 验证改善成果

对于改善活动成果的综合评价应参考以下准则:

➢ 活动的真实性。通过现场检查和材料审查来评价活动的真实性。

➢ 活动的全员性。调查参与成员或参与单位,确认大家是否积极参与,且明确分工。

➢ 活动的科学性。是否科学使用质量管理工具和方法分析解决问题。

➢ 活动的财务性。这是质量改善最终的目的,改善活动是否为企业创造经济效益。

➢ 活动的连贯性。一个课题完成后,是否又进入下一个循环。

企业的竞争压力使得组织必须关注持续改善。组织要不断复制当前质量改善项目的成果,然后提出新的质量改善项目,并采取相应行动来进行改善。

9.5 标准化与扩展应用

标准化与扩展应用对质量十分重要。高技术或者特殊管理技术是实现高质量的重要手段,但不是关键手段。均衡的质量,也就是维持质量水平的过程,需要均衡的作业来实现。因而形成并遵守标准化作业是实现零缺陷的关键。

9.5.1 形成流程与规范

质量改善完成后,要形成新的流程与规范,以指导企业、供应商、相关部门及人员按新的文件要求开展工作。标准化及事后管理要做好以下几个方面的工作:

➢ 改善措施、预防措施应反映在关联标准中,包括 FMEA、QC 工程图、作业标准、检查标准等。

➢ 改善后类似工程和制品要扩大使用范围。

> 改善措施、预防措施事前需要以书面的 PPAP（生产件批准程序）得到顾客的确认后实施。
> 预防活动的最终结果以报告给经营者并得到认可作为终结。
> 质量管理主管部门在内部审查时对预防措施结果进行跟踪，预防措施结果成为经营者总结时的参考资料。

标准化内容要及时进行宣贯，包括通过教育训练，让作业者、检查者熟知改善内容；培训供应商使用新的标准文件等。

9.5.2 标准宣贯和应用示范

企业可利用形式多样的手段推广标准化，包括培训、示范、实地指导等。许多企业在推广标准化过程中，由于参与单位或人员未能全面理解流程、标准和规范，或是执行不到位，导致标准无法落地。

因此，对于标准的宣贯和应用要伴随业务运作的全过程，并实施阶段性检查与督导，提高各单位、人员养成按新标准作业的习惯。标准宣贯与示范过程如图 9-13 所示。

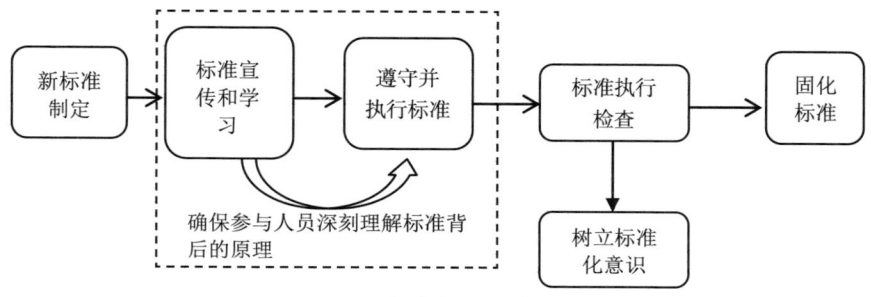

图 9-13 标准宣贯与示范过程

首先要根据业务流程制定好各层级的标准学习内容，组织相关参与者学习标准，宣贯标准，示范标准，以确保参与人员深刻理解标准背后的原理，使标准化逐步内化到参与者的行为中。在标准执行过程中，要时时监控和检查。一方面，通过监控检查，进一步指导标准落实不到位的参与者；另一方面，在组织内部采取措施，树立按标准作业的意识，从而固化标准。

9.5.3 横向纵向扩展应用

标准的扩展应从横向和纵向展开。横向以关联部门互动为主，承担在标准变更中相应的责任，要将新标准加以确认和落实；纵向以业务流程为主，如供应链上下游、生产流程。

每个标准的变更都要记录在案。所有标准的应用都要进行确认和反馈，以检查其是否被执行，是否达到预定改善目标。涉及的相关单位都要有明确的标准化与扩展应用的计划，确保标准落实到位，具体如表 9-17 所示。

表 9-17 标准化与扩展应用计划（示例）

项 目	动员	7月 第4周	8月 第1周	8月 第2周	8月 第3周	8月 第4周	说 明
改善事例标准化 ・标准变更 ・标准教育	----▶ ——▶						・全员教育 ・部门裁决 ・文件归档
实施与检验			------------------▶ ——————————▶				・改善后确认 ・作业员使用标准状况确认
生产日报确认 ・班/生产线现况点检			------------------▶				・班/生产线生产日报 ・过程能力确认
备注： 　计划 ----▶ 　实际 ——▶							

表 9-17 是一个简单的计划，企业可以依据实际改善中形成的标准，制订相应的计划。

世界各地的不同企业都开展了不同程度的质量改善活动，企业利用提案改善活动、品管圈、六西格玛等改进方法，使质量、产量获得了极大改善，成本得到了降低。

第 10 章
质量教育与培训

员工培训是企业风险最小、收益最大的战略性投资。

——管理学教授 沃伦·本尼斯

10.1 质量培训体系

一个完善、有效的质量培训体系，可以为全面质量管理提供不可或缺的质量人才。

10.1.1 质量培训组织

质量培训组织应依附于企业培训组织，但又要突出其本身的特点。质量培训组织结构如图 10-1 所示。

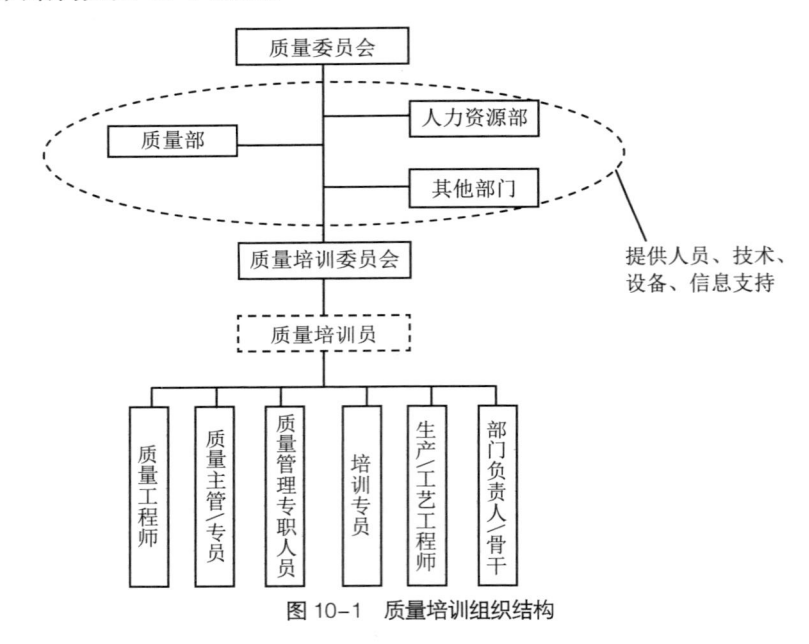

图 10-1 质量培训组织结构

质量培训组织应有企业高层领导的参与，即质量委员会是质量培训组织的最高领导机构，人力资源部负责组织、协调，质量部负责执行。为了体现质量培训组织的职能，可设置质量培训委员会，培训员来自各个部门，履行质量培训中所承担的职责。质量培训员职能体现方式如图 10-2 所示。

当某个过程有质量培训需求的时候，相关质量培训员立即投入培训，这一过程由人力资源部按企业的培训流程和计划执行。

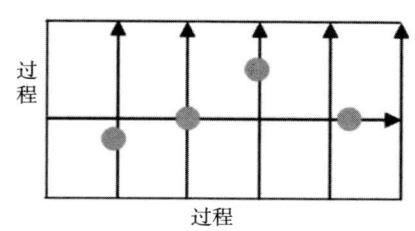

说明：→产品实现过程　↑辅助过程　●质量培训员

图 10-2　质量培训员职能体现方式

10.1.2　质量培训责任

下面以质量培训责任矩阵的形式来阐述质量培训中相关方的责任。质量培训责任矩阵如表 10-1 所示。

表 10-1　质量培训责任矩阵（示例）

阶段	工作内容	说明	培训负责人	培训员	质量委员会	各部门	质量部
培训管理	培训组织	质量培训	●		●		
	培训体系	质量培训	●		●	○	○
	培训责任	质量培训			●	○	●
确定培训需求	组织培训需求	—	○	○		●	●
	高层的需求	—	○	○		●	●
	中层培训需求	—	○	○		●	●
	员工培训需求	—	○	○		●	●
	评审能力	调查对象				●	
	确定能力差距	—		●	●		●
	确定解决办法	—			●	●	
设计和策划培训	确定制约条件	培训资源、预期效果实现可能性				●	
	确定培训方式	—	●	○			
	制订培训计划	年度计划、定期计划以及其他计划.../.../Documents/tencent files/2633784417/filerecv/mobilefile/ 培训计划制定控制程序.doc	●	●			○
	选择培训人员	咨询机构、培训机构、内部	●		○		●

续表

阶　段	培训指南 工作内容	说　明	培训负责人	培训员	质量委员会	各部门	质量部
提供培训	提供资源	场地、设备、资金、人员等	●		●		
	编制教材	—		●			●
	培训前支持	人员召集、人员管理、阻力消除	●			○	○
	培训中支持	过程控制	●	●			○
	培训后支持	效果评估、跟踪、辅导以及必要的资源		●	●		○
评价培训结果	学员测试	质量意识、现场质量水平		●			○
	效果评估	—		●			○
	培训报告	—	○	●			○
	改进	—		○	●	○	●
备注	●承担主要责任；○辅助、配合，提供支持						

10.1.3　质量培训方式

培训的效果在很大程度上取决于培训方式的选择。选择合适的培训方式能够让培训事半功倍，反之则很难达到预期。培训的方式有很多种，各有优劣。常用的培训方式如表 10-2 所示。

表 10-2　常用的培训方式

方　式	操作说明	优　点	缺　点
讲授法	·讲授突出重点、难点 ·语言清晰、生动 ·配备必要的多媒体设备 ·讲授后与学员进行沟通，用问答方式获取学员的反馈	·多人同时进行培训 ·有利于学员系统地接受新知识	·受培训师水平影响大 ·互动性弱，所学知识不易巩固
工作轮换法	·要考虑学员能力、需要、兴趣、态度和职业偏爱，来选择岗位 ·工作轮换时间长短，取决于学员的学习能力和学习效果	·丰富培训工作经历 ·增进对各部门的了解 ·扩展员工的知识面	·所学的知识不精 ·协调岗位麻烦

续表

方式	操作说明	优点	缺点
工作指导法	・准备好所有的用具，摆放整齐 ・让每位学员都能看清示范物 ・指导人一边示范操作，一边讲解动作及操作要领 ・让每位学员反复模仿操作 ・对每位学员的操作给予反馈	・互动性强 ・员工印象深刻 ・培训效果好	对培训者的要求非常高
研讨法	・根据讨论的观点进行分组 ・解释讨论的目的 ・控制讨论的时间 ・保证讨论的方向一致	・学习气氛浓 ・增进学员彼此的人际关系	受培训师、学员水平和课题难易度影响较大
案例研究法	・设计与课程相关的案例 ・安排时间进行讨论 ・介绍要达成的目的 ・每组介绍讨论的结果 ・回顾并讨论学习要点	・教学方式生动具体，直观易学 ・学员参与性加强	案例往往不能满足培训的需求
角色演示法	・三个人一组 ・一个人观察并给出反馈 ・其他两个人练习，轮换角色 ・要求发现三四个优点	・能吸引学员积极参与 ・激发学员的学习兴趣	需要耗费很多时间和精力进行筹划

为了使培训真正有效，管理者必须让学员能够看、听，同时参与到课程中来。基于此，管理者可依据实际需求，确定合适的培训方式。

10.2 质量培训计划

质量培训计划应与企业的培训计划相结合，这有利于企业全体人员学习质量知识和技能，也有利于培训的统筹安排。

10.2.1 年度培训计划

质量委员会依据企业质量目标和方针，结合企业的培训战略，确定企业的年度培训计划。

全面质量管理要求企业的年度培训计划体现出全员参与全过程改进的特

点。因此，质量委员会应与人力资源部共同组成执行小组，专门制定年度培训计划。小组成员要包括其他部门的代表。这种以跨职能方式组织年度培训计划的方式，由于高层和各部门的参与，可以兼顾整个过程，并且制订出的年度培训计划，在执行中阻力会小很多。

在制定年度培训计划过程中，执行小组一方面深入调查，另一方面要求各部门提供各自的培训需求，最后执行小组依据企业的战略、质量目标确定年度培训计划，上报质量委员会审核，总经理批准后执行。

10.2.2 临时专项培训计划

临时专项培训计划是对年度培训计划的重要补充。一般分为临时性内部培训、临时性外部培训、特殊岗位培训和顾客特殊要求培训。

1. 临时性内部培训

因顾客要求、过程变化等需要，各部门临时提出的培训需求，且没有在年度培训计划中体现。

人力资源部负责与相关部门沟通后组织策划专项培训计划，经管理副总经理批准执行。

2. 临时性外部培训

内部培训无法满足培训需求时，需要进行外部培训，但没有在年度培训计划中体现，培训部门可申请外部培训。需要明确培训目的、培训对象及人数、培训时间及地点、培训机构、培训内容及经费预算，报人力资源部，经总经理批准后纳入专项培训计划。

3. 特殊岗位培训

特殊岗位是指持相应岗位资格证的人员，包括但不限于内部质量审核人员、实验室人员、校验人员、设计与开发人员、操作特殊过程工序人员、操作特殊特性工序人员、操作关键设备人员、检验与试验人员，以及其他影响质量的员工。

上述人员应全部纳入专项培训计划，定期、不定期进行培训，以确保资格证的有效性和操作技能的高标准性。

4. 顾客特殊要求培训

所有对产品质量有影响的员工，当顾客有特殊能力要求而这些员工不具备相应能力时，人力资源部必须组织相关人员对其进行专门培训。

上述所有的临时专项培训计划都要有明确的培训对象、培训目的、培训内容、培训课时、责任部门、负责人、培训时间、培训方式、协助单位等。

10.2.3 复合型人才培训计划

所谓复合型人才，也就是指拥有一专多能的员工。他们具有多项开展质量工作或解决质量问题的技能。复合型人才的培训可以为企业提供跨领域工作的人才，有助于质量水平的改进和提高。复合型人才培训计划表如表10-3所示。

表 10-3 复合型人才培训计划表

培训对象	技能1	技能2	技能3	技能4	技能5	技能6	技能7	技能8	技能9	技能10	技能11	技能12
A（多技能）	4	4	4	4	4	4	4	4	4	4	4	3
B（多技能）	3	3	2		2					2		
C（多技能）	3			3								3
可培训他人的人	2	2	2	2	2	2	2	2	2	2	2	1
可独立工作的人	2	1	0	1	0	0	0	0	0	2	0	3
需要进一步培训的人	0	0	1	1	0	0	0	0	0	0	0	0
有任职要求的人	0	0	0	0	0	0	0	0	0	0	0	0
备注	对于"可上岗，须进一步接受辅导"这一状态，员工操作时必须在工位上放置培训卡											
说明	独立工作并可培训他人 100分　　可独立工作 75分　　可上岗，需要进一步培训 50分　　有任职要求/能力											
本表格式可根据各部门实际情况作适当修改												

首先选取全面质量管理中具有高价值的工作岗位、工作环节，作为培训多技能员工的基础；然后通过工作设计，反映多技能性，并固定该岗位；最后将该岗位作为特殊岗位纳入专项培训范畴。

10.3　质量培训实施

质量培训的效果是否能够达到预期，最终还要看质量培训的实施情况。接下来我们就重点阐述如何有效实施质量培训。

10.3.1 培训需求调查

简单地说，缩短岗位能力要求与员工现有能力的差距就是培训需求。为保证员工能够得到有针对性的培训，管理者在日常工作中就应做好准备，调查员工的质量培训需求。

1. 分析需求的方法

分析员工质量培训需求的方法多种多样，这里挑选了最常见的八种方法。员工培训需求分析方法如表10-4所示。

表10-4 员工培训需求分析方法

	方法	优点	缺点
1	观察法	1. 调查时，不影响调查对象的个人工作与部门工作 2. 所收集的资料与实际培训需求间的相关性较高	需要熟悉被观察对象所从事的作业程序和内容
2	问卷法	1. 可以在短时间内收到大量的反馈信息 2. 花费的人财物等资源较少 3. 问卷调查对象可以自由表达自己的想法 4. 容易总结汇报	1. 无法获得问卷内容之外的信息 2. 需要大量的时间和问卷设计能力
3	核心人物咨询法	1. 程序相对简单，且费用低廉 2. 有利于调查对象各抒己见 3. 调查的内容具有较高的价值	1. 容易产生先入之见 2. 片面，可能只反映培训需求的一部分
4	会见法	1. 易于了解调查对象当前所面临的问题及对处理方法的看法 2. 容易让调查对象畅所欲言，从而获得更真实和全面的信息	1. 耗费时间较长 2. 调查结果较难量化 3. 对调查者的能力要求较高
5	分组讨论法	1. 通过讨论充分发掘问题 2. 有助于做出最终的决策	1. 可能影响调查对象的工作 2. 要求有较高的组织能力
6	测试法	能十分准确地评定出造成问题发生的原因	数据量相对少
7	使用记录汇报材料法	1. 为发现问题提供大量的线索 2. 为问题的解决提供客观证据	1. 需要归纳总结方可得出问题的原因和解决方法 2. 缺少针对当前变化的信息
8	工作实践法	能够得到第一手资料	1. 需要很长的时间才能保证有效性 2. 对结论的分析可能会趋于主观

培训需求分析要建立在对客观数据的分析上，不要假设需求。掌握的数据越多、越详细，就越可能设计出合适的培训计划和课程。

2. 需求调查准备

调查人员在执行培训需求调查时，要做好相关的准备工作，包括调查渠道、对调查对象的了解以及沟通方式的选用等。

1）渠道

尽可能多地拜访要参加培训的员工。如果不能拜访所有的人，一定要选择具有代表性的员工进行调查。

2）调查对象背景分析

在调查中，掌握员工的信息，对调查的顺利进行具有重要的意义。可以做好以下准备：

➢ 准备一个问题清单，并尽可能在正式会面前找出答案，然后在会面时进行确认。

➢ 了解员工的基本信息，如工作职能等。

3. 需求调查

表 10-5 归纳了一些实施需求调查的问题，供大家设计调查内容时参考。

表 10-5　需求调查常见问题归纳

探询现状的问题	探询所期望状况的问题
1. 什么情况使你认为培训是必要的？ 2. 现在的业务情况怎样呢？ 3. 过去的情况怎样呢？ 4. 整个团队的工作能力水平怎样？ 5. 与这些情况相关的因素有哪些？为什么？	1. 什么样的结果能够使你真正满意？ 2. 期望我们帮助你达成什么目标？ 3. 你们的员工需要具备什么能力？ 4. 你们部门的长远目标是什么？这和整个组织的长远目标有什么关系？

调查员参考这些问题，结合实际设计调查内容，如问卷、访谈问题等。

10.3.2　培训设计和策划

编制培训计划能够使培训工作有序、稳妥地进行，以保证培训的质量。培训计划的制订以"在什么时间段获得什么能力"为前提。培训计划要尽可能详细、周密,确保培训对每位员工都卓有成效。

1. 确定培训目标

确定培训目标,能够确立培训目的和预期成果,从而有针对性地设置培训,使员工学习更有效,也便于检验培训效果。

(1)确定培训目标的原则

制定培训目标时,要深思熟虑,多方考察,以确保培训目标具有可执行性,督促培训组织者认真完成目标。

(2)明确培训目标的内容

确定培训目标内容,可帮助受训员工理解为什么需要培训;能够使培训目标服从企业目标,为培训结果的评价提供基准。培训目标分类说明如表10-6所示。

表10-6 培训目标分类说明

培训种类	培训目标	举 例
服务技能培训	帮助员工按照规范统一的服务准则为顾客提供服务,提升顾客服务水平	顾客服务
产品知识与管理培训	帮助员工了解产品组合的特点、基本属性、主要卖点、使用方法、注意事项等	产品
作业技能培训	帮助员工按照标准、统一的动作进行作业	作业方法
质量培训	帮助员工树立正确的工作态度、质量意识	质量意识
综合素质培训	提高员工的综合素质,为员工提供良好的发展机会	全面培训

2. 确定培训内容

培训内容要以层级为基础进行安排和划分。质量培训内容大纲如表10-7所示。

3. 编写培训教材

培训教材应分为学员材料和培训员资料。其中,学员材料的内容要与培训员的资料保持一致,以供学员做笔记或培训后阅读。

培训员资料要制作为PPT,或使用白板,便于讲解。

表 10-7 质量培训内容大纲

企业高层	管理者	普通员工
质量管理理论 质量的定义 戴明、朱兰等的质量学说 领导者对于质量的重要性 ISO 体系	质量管理理论 质量的定义 戴明、朱兰等的质量学说 领导者对于质量的重要性 ISO 体系 质量改进 过程改进 过程管理 质量改进团队运作 质量工具介绍 PDCA 循环	质量管理理论简介 质量的定义 过程改进 过程管理 质量改进团队 质量问题改善 PDCA 循环 质量改进工具 质量统计工具

4. 编制培训课程表

实施培训时，需要制作一份培训课程表，以帮助培训员有步骤地安排培训的具体内容。

10.3.3 培训的执行

培训应以讲解和示范为主。

1. 做好准备

培训伊始，培训员要让学员迅速进入受训状态，确保培训能够准时、有效开始。具体做法为让学员放松，激发学员学习兴趣

2. 让学员处于正确的位置

学员的座位安排也会给培训效果带来影响。学员位置说明如图 10-3 所示。

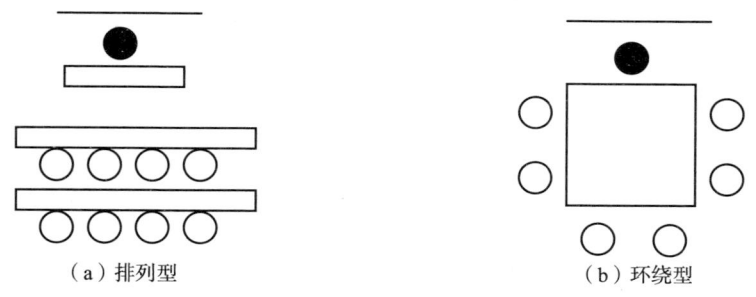

（a）排列型　　　　　　　　　　　（b）环绕型

图 10-3 学员位置说明

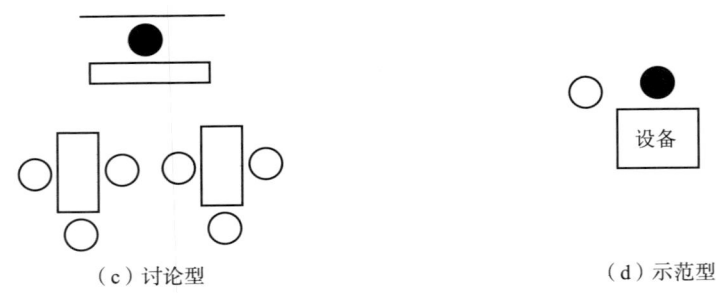

（c）讨论型　　　　　　　　　　　　　（d）示范型

注：黑圈为培训员，白圈为学员；横线为白板。

图10-3　学员位置说明（续）

在图10-3（a）、（b）、（c）中学员位置一目了然，这里介绍一下最后一种位置。在使用示范方法培训学员时，如果培训员与学员面对面站立，那么学员看到的操作方法是与培训员的演示相反的，在培训员讲解时，学员需要在脑海中转换左右手，从而会干扰学员的专注力。

3. 示范

准备工作完成后，就进入培训的核心部分——展示操作技巧。在这一步骤中，培训员向学员说明作业的主要步骤，向他们展示如何执行，示范关键点，解释每个关键点的重要性所在。

4. 学员试操作

在向学员展示操作步骤之后，接下来就应该让他们尝试操作。对于培训员，这是很重要的阶段。讲解完成后，培训员应及时检验学员的学习成效，并给出指导意见。检验的方式多种多样，如提问、考试等，但这要依据培训内容和培训方法而定，如课堂讲授，则可采用提问相关的重点知识方法等。

检验学习成效的目的是发现学员在接受培训中出现的不足，及时予以纠正，避免养成不良习惯。

5. 及时评价和纠正

培训员在培训过程中付出的努力最大，不仅有指导和示范的责任，还有评价和纠正的责任。学员第一次操作时，培训员须密切注意并评估状况，寻找问题，判断该如何采取纠正措施。尝试操作阶段的常见问题及解决方法如表10-8所示。

表 10-8 尝试操作阶段的常见问题及解决方法

常见问题	可能原因	解决方法
学员完全迷失，不确定从何开始	一次教的内容太多，或者每次讲解的顺序有变化，学员把步骤混淆了	·帮助学员开始第一个步骤，使他开始操作 ·重新培训，减少每次培训的内容 ·培训约一半的操作，一次一个步骤，按照正确的顺序，放慢展示速度，用手势强调步骤与关键点
学员在执行操作的某些部分时遇到困难	工作项目或技巧特别困难，或者未有效示范某个关键点	·再次示范导致困难的特定技巧，让学员再尝试一次 ·用稍微不同的技巧教导 ·手把手地教导学员，引导其做出动作

有些学员对培训员提供的帮助会反感，因此，要注意纠正时说话的语气和分寸。尝试操作并复述阶段的常见问题及解决方法如表 10-9 所示。

表 10-9 尝试操作并复述阶段的常见问题及解决方法

常见问题	可能原因	解决方法
学员能够较为妥当地执行操作，但无法口述主要步骤	大脑的视觉部分和听觉部分之间存在阻碍，大脑要同时处理视觉信息和听觉信息具有挑战性	·帮助学员再重复几次 ·重复培训，试着每次只复述一个步骤
学员会操作并知道关键点，但无法复述它们	工作比较复杂，或者培训员在讲解与示范时对关键点强调不够	·在强调关键点时，用"暂停并指出"的方法 ·在说明关键点时使用表示强调的肢体动作 ·在后续阶段提供更多指导

10.3.4 培训效果评价

实施培训效果评价，能让管理者清楚地了解到本次质量培训的概况和员工对培训的意见、建议，有利于在下次培训工作中做出改进。

1. 质量培训评估方法

常见的质量培训评估方法有问卷调查和现场考察两种。质量培训评估问卷调查如表 10-10 所示。

问卷调查是较为简单和实用的评估工具，可以快速获取评估信息、分析效果并反馈，但准确度不是非常高，为了弥补这点可以结合现场考察的方法进行评估，即在培训结束后，观察员工在实际作业过程中，对培训内容的掌握程度和实际操作应用能力，并进行评估。

表 10-10　质量培训评估问卷调查

培训效果调查	
质量培训员：_____	调查日期：_____
培训时间：_____	
培训地点：_____	
培训方式：_____	
培训内容：_____	

一、培训员在以下各方面的能力怎样？（5为最好，1为最差）	5	4	3	2	1
1. 对培训主体的认识与理解					
2. 清晰表达观点、想法的能力					
3. 互动能力					
4. 相关知识和技能的应用能力					
5. 对您提出的问题的响应能力					
6. 对他人意见的接纳程度					

二、对培训的满意度

1. 您认为本次培训的材料怎样？
　□非常适合　□合适　□不适合
2. 本次培训能够满足您的期望吗？
　□超过　□满足　□不满足，原因：_____
3. 本次培训的内容能在工作中使用吗？
　□可以
　□可能会，原因：_____
　□不可以，原因：_____
4. 本次培训，哪些对您最没有价值？
　_____
5. 您有哪些改善培训的意见？
　_____
6. 您对其他哪些培训感兴趣？
　_____

三、整体评价

您对本次培训的整体感觉怎样？
　□非常好　□很好　□满意　□一般　□很差

您的评价将作为我们改进工作的依据。请提供：
部门：_____　　组别：_____
职位：_____　　名字：_____
若有其他建议，可在背面书写

2. 质量培训评估形式

质量培训评估形式，是指在何种状况下进行评估。选择合适的评估形式，可以保证评估的准确性。

1）简单测定

即在培训后进行一次测定。这种方法简单易行，但准确性欠佳，不宜常用（见图10-4）。

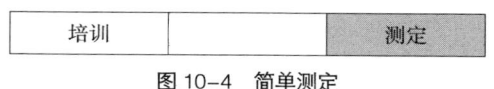

图10-4 简单测定

2）前后测定

在培训前后各进行一次测定，两者的差距即培训的效果（见图10-5）。测定方法的有效性是关键。

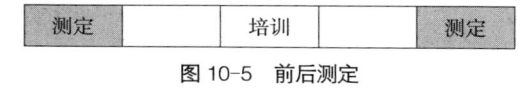

图10-5 前后测定

3）多重测定

一种较为精确的测定方法，即在培训前测定多次，取其平均值，再在培训后测定多次，取其平均值，两个平均值之间的差距就是培训效果（见图10-6）。这种方法多运用在一些较难量化培训效果的培训上。

图10-6 多重测定

4）对照测定

这是一种相对来说最为科学的测定方法，即测定者和被测定者都不知道测定的目的，测定准确性较为理想（见图10-7）。

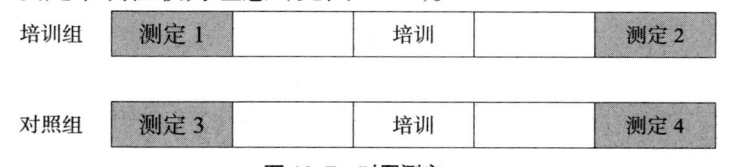

图10-7 对照测定

其操作过程为，先用相同的方法确定培训组和对照组，然后分别进行测定，测定结果应是相似的；接着对培训组进行培训，在同一时期内对照组不进行培训；最后在同一时间内对培训组和对照组分别进行测定。测定后，培训组和对照组的结果差距就是培训的效果。

附录 A　精益质量管理工具和表单明细

1. 顾客满意度调查表
2. 满意度分析统计表
3. 竞品顾客需求记录表
4. 竞品质量特性及特性值记录表
5. 质量特性的理想值和临界值分析表
6. QC 工程图
7. 新产品开发主日程表
8. 试做转量产评审报告
9. 当日产品质量履历
10. 供应商质量过程审核
11. Xbar-R 图
12. 异常发生报告书
13. 异常发生报告时候管理台账
14. 第三方出货检验报告
15. 成品出厂及落地验收表
16. 品质评价通知书
17. 月品质恶化问题点改善邀请书
18. 变更管理台账
19. 供应商变更申请书
20. 供应商变更适用通报书
21. 月变更内容统计现状
22. 质量成本统计与分析报告
23. ISO 1400 内部审核
24. OHSAS 18001 内部审核
25. 内部品质 / 环境 /
26. 安全卫生审查者清单
27. 改正措施
28. 审查事项报告书
29. 品质环境 / 安全 / 卫生审查对策报告书
30. 内部品质 / 环境 / 安全卫生审查事后管理台账
31. 制品品质计划确认书
32. 过程异常质量问题跟踪台账
33. 原材料（外购）异常处理台账
34. 产品可靠性项目与测试设备清单汇总

35. 产品质量协议
36. 成品不合格台账
37. 成品验收项目表
38. 检验指导书
39. 顾客反馈质量周报
40. 客诉不良反馈台账
41. 控制计划
42. 年度计量器具检定计划
43. 认证产品生产过程一致性核查记录
44. 通用性过程巡检标准
45. 吸塑类材料检验规范
46. 一致性确认标准
47. 印刷品类检验规范
48. 纸箱类检验规范
49. 质量部设备、工具、工装检具明细表
50. 质量异常履历
51. 装配过程巡检计划及记录台账

旧质量工具
52. SIPOC 流程图
53. 检查表
54. 直方图
55. 散点图
56. 控制图
57. 因果图
58. 排列图

新质量工具
59. 亲和图
60. 关联图
61. 树图
62. 矩阵图
63. 优先级矩阵判定图
64. 过程决策程序图（PDPC 图）
65. 网络图

注：需要工具和表单的读者请加作者微信领取。

参考文献

[1] 埃文斯. 质量管理 [M]. 苏秦，刘威延，译. 7 版. 北京：机械工业出版社，2020.

[2] 福斯特. 质量管理：整合供应链 [M]. 何桢，译. 6 版. 北京：中国人民大学出版社，2018.

[3] 乌利齐，埃平格. 产品设计与开发 [M]. 杨青，杨娜，译. 北京：机械工业出版社，2018.

[4] 格里纳. 质量策划与分析 [M]. 何桢，译. 4 版. 北京：中国人民大学出版社，2005.

[5] 福斯特. 质量管理的集成方法 [M]. 何桢，译. 2 版. 北京：中国人民大学出版社，2005.

[6] 泰戈. 质量工具箱 [M]. 何桢，施亮星，译. 2 版. 北京：中国标准出版社，2007.

[7] 梅尔. 丰田精益人才模式 [M]. 钱峰，译. 北京：机械工业出版社，2010.

[8] 埃文斯，林赛. 质量管理与质量控制 [M]. 焦叔斌，译. 7 版. 北京：中国人民大学出版社，2010.